LE ROMAN DE LA ROSE,

Par Guillaume de Lorris
& Jean de Meun dit Clopinel.

Revu sur plusieurs Editions & sur quelques anciens Manuscrits.

ACCOMPAGNÉ

De plusieurs autres Ouvrages, d'une Preface historique, de Notes & d'un Glossaire.

TOME II.

PARIS,

Chez la veuve PISSOT, Quay de Conty, à la descente du Pont-neuf, à la Croix d'or.

MDCCXXXV.

Avec Aprobation & Privilege du Roy.

LE
ROMAN
DE
LA ROSE.

Cy, dit l'Amant d'amours, comment
Il vint à luy legierement,   10855
Pour lui oster sa grant douleur,
Et lui pardonna sa foleur,
Qu'il fist quant escouta Raison.
Dont il l'appella sans raison.
        [10860

QUANT Amours m'eut bien esprouvé
Et vit qu'il m'eut loyal trouvé
De tel loyaulté toutesvoye,
Comme vers luy porter dévoye,
Si s'apparust & sur mon chief,
En soubzryant de mon meschief,   10865
Mist la main & me demanda,
Se j'ay fait ce qu'il commanda :
Comment il m'est : & qu'il me semble

Tome II.   A

De la Rose qui mon cueur emble :
Et enquift moult diligemment   10870
De moy tout le contenement.
Si fçavoit-il bien tout mon fait ;
Car Dieu fçait bien tout ce qu'on fait.

Amours.

Sont fait, dift-il, tous mes commans
Que je aux fins Amans commans,   10875
Qu'ailleurs ne les vueil-je partir,
N'ilz ne doyvent jà départir.

L'Amant.

Ne fçay, Sire, mais fais-les ay
Au plus loyaulment que je fçay.

Amours.

Voire, mais tu es trop muable   10880
Ton cueur n'eft mye affez eftable ;
Mais eft malement plain de doubte,
Bien en fçay la vérité toute.
L'autre jour laiffer me vouluz ;
A pou que tu ne me toluz   10885
Mon hommage, & tu fiz d'oifeufe
Et de moy plainte douloureufe ;
Et puis difoye d'efperance,
Qu'elle n'eft certaine en fcience,
Et auffi pour fol te tenoyes,   10890
Quant en mon fervice hantoyes
Et t'accordoyes à Raifon ;
Ce te vient de male achoifon.

DE LA ROSE.
L'Amant.

Sire mercy, confez en fuy,
Si fçavez que pas ne m'en fuy,   10895
Et fiz mon laiz bien m'en fouvient,
Si comme faire le convient
A ceulx qui font en voftre hommage;
Ne m'en tiens pas fans faille à fage,
Mais me repens moult laidement,   10900
Que j'efcoute trop longuement
Raifon, quant à moy voult venir;
Et me fift doubteux devenir
Par ces merveilleufes paroles,
Qui eftoient & doulces & moles :   10905
Et bien cuida par fon prefcher
Votre fervice en empefcher.
Quant Raifon fut à moy venuë
Si ne l'ay-je pas pourtant creuë,
Tant y fceuft mectre fon entente;   10910
Mais fans faille, que je ne mente,
Doubter me fift plus n'y a mais,
Raifon ne m'efmouvra jamais
A chofe qui contre vous aille,
Ne contre autre qui guere vaille,   10915
Se Dieu plaift, quoy qu'il en advienne,
Tant que mon cueur à vous fe tienne,
Qui bien s'y tiendra ce fachiés,
S'il ne m'eft du corps arrachiés
Forment : certes mal gré m'en fçay   10920
De ce qu'oncques je m'en penfay
Et que audience lui donné;

A 2

Si pry qu'il me soit pardonné,
Car je pour ma vie amender,
Comme vous plaist de commander,   10925
Vueil sans jamais Raison ensuyvre
En vostre loy mourir & vivre.
N'est riens qui de mon cueur l'efface
Ne jà pour chose que je face,
Atropos mourir ne me daigne   10930
Fors en faisant vostre besongne ;
Ainçois me prengne faisant l'œuvre,
Dont Venus plus voulentiers œuvre ;
Car nul n'a, ce n'en doubtez point,
Tant de délit comme en ce point.   10935
Et ceulx qui plourer me devront,
Quant ainsi mort me trouveront,
Puissent dire, beaulx doulx amys,
Tu qui t'es en ce point-là mys.
Or est-il vray, sans point de fable,   10940
Bien est ceste mort convenable
A la vie que tu menoyes,
Quant l'ame avec le corps avoyes.

Le Dieu d'amours.

Par mon chief or dis-tu que sage
J'apparçoy bien que mon hommage   10945
Est moult bien en toy employés,
Tu n'es pas des faulx renoyés,
Ne des larrons qui me renoyent,
Quant ilz ont fait ce qu'ilz queroient.
Moult est enterin ton courage ;   10950
Ta nef viendra, quant si bien nage

A bon port & si te pardon
Plus par prieres que par don,
Car je n'en vueil argent ne or ;
Mais en lieu de Confiteor   10955
Vueil ains que tu vers moy t'acordes;
Que mes commandemens recordes ;
Car dix en sont en ce Rommans
Entre deffenses & commans :
Et se bien retenu les as   10960
Tu n'as pas jetté ambezas.

Comment l'Amant sans plus attendre
Veult à Amours sa leçon rendre.

L'Amant.

DY-les ; voulentiers : Vilenye
   Doy fouyr : & que ne mesdie ;   10965
Salus doys tost donner & rendre :
A dire ordure ne doy tendre ;
A toutes femmes honnourer
Me fault en tous temps labourer :
Orgueil fouyr ; cointe me tienne   10970
Joly & resjouy devienne ;
A larges estre m'abandonne ;
En ung seul lieu tout mon cueur donne.

Amours.

Certes tu fçais bien ta leçon,
Je n'en suis plus en suspeçon :   10975
Comment t'est-il ?

LE ROMAN

L'Amant.

                      A douleur vif,
Puifque je n'ay pas le cueur vif.

Amours.

As-tu mes trois confors ?

L'Amant.

                      Nennin;
Doulx regard fault, qui le venin   10980
Me fçeuft ofter de ma douleur
Par fa très-doulcereufe oleur
Tous trois s'enfouyrent ; mais d'eulx
M'en font arriere venus deux.

Amours.

A-tu efperance ?   10985

L'Amant.

                      Ouy, Sire,
Celle ne me l'aift defconfire ;
Tousjours c'eft près de moy tenuë
Encores point ne fe remuë.

Amours.

Bel-acueil qu'eft-il devenu ?

L'Amant.

Il eft en prifon retenu   10990
Le Franc, le doulx, que tant aymoye,

Amours.

Or ne te chault, point ne t'ennoye,
Encor l'auras tu par mon œil
A ton plaisir & à ton veuil ;
Puis que tu sers si loyaulment,   10995
Mes gens veuil mander promptement,
Pour le fort Chastel assieger
Les Barons sont fors & legier,
Ains que nous partons hors du siege,
Bel-acueil sera hors du piege.   11000

Comment Amour le bel & gent
Mande par ses Lettres sa gent
Et les baille à ung messagier
Qui les prent sans faire dangier.

LE Dieu d'Amours sans terme mettre   11005
De lieu, ne de temps, ne de lettre,
Toute sa Baronnye mande ;
Aux ungs prie, aux autres commande,
Si que tantost ses lettres veuës,
Et qu'iceux les auront receuës,   11010
Qu'ilz viennent à son Parlement.
Tous sont venuz sans tardement,
Prestz d'acomplir ce qu'il voulra
Selon ce que chascun pourra.
Briefment les nommeray sans ordre,   11015
Pour pluftost à ma ryme mordre.
Dame Oyseuse la Jardiniere
Y vint à tout sa grant baniere ;
Noblesse de cueur & Richesse,

A 4

Franchise, Pitié & Largesse, 11020
Hardement, Honneur, Courtoisie,
Delict, Simplesse & Compaignie,
Seurté, Déduyt, aussi Jeunesse,
Joliveté, Beaulté, Lyesse,
Humilité, & Pacience, 11025
Bien-celer, Contrainte, Abstinence,
Qui Faulx-semblant avec luy maine ;
Sans luy y venist-elle à paine.
Ceulx y sont avecques leur gent ;
Chascun d'eulx a moult le corps gent, 11030
Ne mais Abstinence Contrainte,
Et Faulx-semblant à Chiere-fainte,
Quelque semblant que dehors facent,
Barat en leurs pensées brassent.
Barat engendra Faux-semblant, 11035
Qui va les cueurs des gens emblant ;
Sa mere eut nom Ypocrisie,
La Larronnesse, la Honnye :
Ceste l'alaicta & nourry
Ypocrisie au cueur pourry, 11040
Qui attrait mainte region
Par habit de religion :
Et quant le Dieu d'amours l'eut veu
Il en eut tout le cueur esmeu.
Qu'est-ce, dit-il, ay-je songé, 11045
Dy Faux-semblant, par quel congié
Es-tu venu en ma presence,
A tant sault contrainte Abstinence ?
Si print Faulx-semblant par la main,
Sire, dist-elle, o moy le main ; 11050

Si vous pry qu'il ne vous desplaise,
Maint confort m'a fait & maint aise.
Cil me soubstient & me conforte
S'il ne fust, de faim fusse morte :
S'il n'el deveriez pas blasmer, 11055
Tant ne vueille les gens amer,
Si ay besoing qu'il soit amé,
Et saint Preud'homme reclamé :
Mon amy est & moy s'amye
Avec moy vient par compaignie. 11060

Comment Amours dist à son ost,
Qu'il veult faire ung assault tantost
Au chastel, & que c'est son vueil
Pour en mettre hors Bel-acueil.

A Donc parla à tous ses gens, 11065
Et leur dist soyés diligens,
Pour Jalousie desconfire,
Qui noz Amans met à martire :
Pource vous ai fait cy venir,
Car contre moy quiert à tenir 11070
Ce fort chastel qu'elle a dressé,
Dont j'ay tresfort le cueur blessé,
Tant l'a fait de force habiller,
Que moult y fauldra batailler,
Ains que par nous puisse estre pris. 11075
Si suis dolent & entrepris
De Bel-acueil qu'elle y a mys,
Qui tant avançoit noz amys.
S'il n'en yst mal je suis bailly,

A 5

Puifque Tibulus m'eſt failly, 1180
Qui congnoiſſoit ſi bien mes teſches,
Pour qui mort je briſay mes fleſches,
Caſſay mes arcs & mes curéés,
Détrainay toutes deſſirées ;
Dont ay tant d'angoiſſes & telles, 11085
Qu'à ſon tombel mes laſſes eſles
Détrainay toutes dérompuës,
Tant les ay de dueil debatuës,
Pour qui mort ma mere pleura,
Tant que preſques ne s'acueura. 11090
Qui pour luy plourer nous euſt veu,
N'eſt pas que pitié n'en euſt eu ;
En noz pleurs n'eſt ne frains, ne brides,
Gallus, Catulus & Ovides,
Qui bien ſçeurent d'amours traictier, 11095
Nous euſſent ores bien meſtier ;
Mais chaſcun d'eulx giſt mort pourris.
Voyés Guillaume de Lorris,
A qui Jalouſie ſa contraire
Fait tant d'angoiſſe & de mal traire, 11100
Qu'il eſt en péril de mourir,
Se ne penſe le ſecourir.
Cil me conſeillaſt voulentiers,
Com cil qui mien eſt tout entiers,
Et droit ce fut ; car par lui-meiſmes 11105
En ceſte paine nous nous meiſmes
De tous noz Barons aſſembler,
Pour Bel-acueil touldre & embler.
Mais il n'eſt pas ce dit ſi ſage,
Si ſeroit-ce moult grant dommage, 11110

Se si loyal Sergent perdoye
Com secourir le puisse & doye,
Qui m'a si loyaulment servy,
Qu'il a bien vers moy desservy,
Que j'assaille & que je m'atour   11115
A rompre les murs de la tour :
Et pour le fort chastel asseoir
A tout tant que j'ay de pouvoir,
   Et plus encor me doit servir ;
Car pour ma grace desservir   11120
Doit-il commencer ung Rommans,
Où seront mis tous mes commans,
Et jusques-là le fournira,
Que luy à Bel-acueil dira,
Qui languist ores en prison   11125
Par douleur & par mesprison.
Moult durement suis esmayez,
Que entroublié ne m'ayez ;
Si en ay dueil & desconfort,
Jamais n'est riens qui me confort   11130
Se je pers vostre bien-vueillance, (*)
Car je n'ay plus ailleurs fiance ;
Et si l'ay-je perdu, j'espoir
A peu que ne m'en despoir.
Cy se reposera Guillaume   11135

A 6

(*) 11131. *Voyez ci-dessus page* 141, *Vers* 4147, *&c. & vous trouverez que Guillaume de Lorts n'avança son Roman que jusqu'à l'endroit où vous lirez ces quatre Vers ; sçavoir, le* 11131 *& les trois qui suivent : après quoi Jean de Menn, dit Clopinel, commença au Vers* 4150 *ci-dessus Tom. I.*

Dont le tombel soit plain de baufine,
D'encens, de mirre, d'aloez,
Tant m'a fervi, tant m'a loez.
 Et puis viendra Jehan Clopinel
Au cueur gentil, au cueur yfnel,   11140
Qui naiſtra fur Loire à Meun,
Lequel & à faoul & à jeun
Me fervira toute fa vie
Sans avarice & fans envie
Et fera fi très-faiges hom,   11145
Qu'il n'aura cure de rayfon,
Qui mes oingnemens hait & blafme,
Qui plus flairent foef que bafme:
Et s'il advient comme qu'il aille,
Qu'il en aulcune chofe faille,   11150
Car il n'eſt nulz homs qui ne peche,
Tousjours a chafcun quelque taiche,
Le cueur vers moy tant aura fin,
Que tousjours au moins en la fin,
Quant en coulpe fe fentira,   11155
Du forfait fe repentira,
Ne ne vouldra pas lors tricher.
Cil aura le Rommant fi chier
Qu'il le vouldra tout parfournir
Se temps & lieu luy peut venir.   11160
Car quant Guillaume ceffera
Jehan fi le recommencera
Après fa mort que je ne mente
Au trefpaffé plus de quarante:
Et dira pour la mefcheance   11165
Pour paour de defefperance,

DE LA ROSE.

Qu'il n'ait de Bel-acueil perduë
La bien-veuillance avant euë.
Et si l'ay-je perduë j'espoir
A pou que ne m'en desespoir, 11170
Et toutes les autres paroles,
Quelz qu'ilz soyent sages ou foles,
Jusqu'à tant qu'il aura cueillie
Sur la branche verd & feuillie
La très-belle rose vermeille, 11175
Ains qu'il soit jour & qu'il s'esveille.
Puis vouldra si la chose espondre
Que riens ne s'y pourra respondre ;
Et se bon conseil mectre y peussent
Promptement conseillié m'en eussent. 11180
Mais par Guillaume ne peult estre,
N'aussi par Jehan qui est à naistre ;
Car cil n'est mye cy present
Si est la chose si pesant,
Que certes quant il sera né 11185
Se je n'y viens tout empenné
Pour luy lire nostre Sentence
Si-tost com il ystra d'enfance,
Ce vous vueil jurer & pleuvir
Qu'il n'en pourra jamais chevir : 11190
Et pour ce que bien pourroit estre
Que celluy Jehan, qui est à naistre,
Seroit je croy bien empêché
Dont se seroit dueil & pechié
Et dommage aux fins amoureux ; 11195
Car moult de bien fera pour eulx,
Pry-je Lucyna la Déesse

D'enfantement , qu'el doint qu'il naisse
Sans mal & sans emcombrement
Si qu'il puist vivre longuement :   11200
Et quant après à ce vendra ,
Que Jupiter vif le tendra
Et qu'il dévra estre abeuvré
Dans le temps qu'il sera sevré ,
Des tonneaulx qu'il a ainsi doubles ,   11205
Dont l'ung est cler & l'autre troubles :
L'ung est doulx & l'autre est amer ,
Plus que n'est suye , ne la mer ,
Ou qu'il en berseau sera mis ,
Pour ce qu'il est tant mes amis ,   11210
Je l'afflubleray de mes esles ,
Et luy chanteray notes telles ,
Que puisqu'il sera hors d'enfance
Endoctriné de ma science ;
Si flageoleras noz paroles   11215
Par quarefours & par escoles ,
Selon le langage de France ,
Par tout le regne en audience ,
Que jamais ceulx qui les orront
De doulx maulx d'amer ne mourront ;   11220
Pour qu'ilz le croyent seurement ,
Car tout en lira proprement ,
Que trestous ceulx qui ont à vivre ,
Dévroient apeller ce Livre ,
Le miroüer aux amoureux ,   11225
Tant y verront de bien pour eulx ;
Mais que Rayson n'y soit pas creuë ,
La chétive , la malotruë ;

Pour ce m'en veulx cy conseiller,
Chascun m'en doit conseil bailler   11230
D'entre vous, cy je prie & clame
Que ce las douloureux Guillame,
Qui si bien s'est vers moy porté
Soit secouru & conforté.
Et se pour luy ne vous prioye,   11235
Certes prier vous en dévroye,
Aumoins pour Jehan alegier,
Qu'il escrive plus de legier,
Que cest avantaige lui faictes;
Car il naistra je suis Prophêtes;   11240
Et pour les autres qui viendront,
Qui dévotement entendront
A mes commandemens ensuivre,
Qu'ilz trouveront escript au Livre;
Si qu'ilz puissent de Jalousie   11245
Surmonter l'engueingne & l'envie,
Et tous les chasteaulx despecer,
Qu'elle osera jamais dresser.
Conseillez-moy que nous ferons
Comment nostre ost ordonnerons;   11250
Par quel part mieulx leur pourrons nuire,
Pour plus-tost leur chastel destruire.

L'Acteur.

Ainsi Amours à eulx parole,
Qui bien reçeurent sa parole;
Quant il eut sa rayson finie   11255
Conseilla soy la Baronnie,
En plusieurs Sentences se mirent,

Plusieurs diverses choses dirent,
Après plusieurs discors s'accordent
Au Dieu d'amours l'accord recordent. 11260

Les gens du Dieu d'amours.

Sire très-chier, accordez sommes
Par l'accord de trestous vos hommes,
Fors de Richesse seulement,
Qui a juré par son serment,
Que jà ce chastel n'assauldra, 11265
Ne jà d'un seul coup n'y ferra
De dart, de lance, ne de hache,
Pour homme qui parler en sache,
Ne de baston, comme disoit;
Mais vostre emprise desprisoit: 11270
Et s'est de vostre ost départie,
Aumoins quant à l'autre partie;
Tant à ce Varlet en despit,
Et pour ce le blasme & despit;
Qu'oncques ce dit cil ne l'eust chiere, 11275
Et pour ce lui fait laide chiere:
Si le hayt & hayra des or
Puisqu'il ne veult faire tresor;
Onc ne luy fist autre meffait,
C'est tout ce qu'il lui a forfait. 11280
Bien dit sans faille que avant hier
L'a requist d'entrer au sentier,
Qui trop donner est appellez,
Et la flatoit illec de lez.
Mais povre fut quant l'en prya, 11285
Pour ce l'entrée luy nya,

Encore n'a pas tant œuvré,
Qu'un seul denyer ayt recouvré
Qui quitte, demouré luy soit,
Comme Richesse nous disoit. 11290
Et quant nous eut ce recordé,
Sans luy nous avons acordé,
Si trouvons en nostre acordance
Que Faulx-semblant & Abstinence
Avec tous ceulx de leur baniere, 11295
Assauldront la porte derriere,
Que Mal-bouche tient & garde
Avec ses gens, que Mal-feu l'arde;
Avec eulx Courtoysie, Largesse
Qui demonstreront leur proesse 11300
Contre la vieille qui maistrie
Bel-acueil, par dure maistrie.

Après délict & bien celer
Iront pour Honte escheveler;
Sur luy leur ost assembleront, 11305
Et celle porte assiegeront:
Contre Paour ont aheurté
Hardement avec Seureté;
Là seront avecques leur suite
Qui ne sçeut oncques riens de fuite: 11310
Franchise & Pitié s'offriront
Contre Dangier & l'assauldront
Dont est l'ost ordonné assez:
Par eulx sera le fort cassez,
Se chascun y met bien s'entente, 11315
Mais que Venus y soit presente,
Vostre mere qui moult est sage,

Et qui bien sçet de cet usage.
Sans elle n'est ceci parfait
Ne par parole ne par fait : 11320
Si fust bon que l'on la mandast,
Car la besoingne en amendast.

Amours.

Seigneurs, ma mere la Déesse,
Qui est ma Dame & ma Maistresse,
N'est pas du tout à mon desir ; 11325
Ne n'en fait ce que je desir.
Si sçet elle moult bien acourre,
Quant il luy plaist pour me secourre
Et mes besoignes achever ;
Mais je ne la veuil pas grever, 11330
Ma mere est, je la crains d'enfance
Et lui porte grant reverence.
Enfant qui craint & pere & mere
Ne peut que bien ne le compere.
Mais non pourtant bien la sçaurons 11335
Mander quand besoing en aurons ;
S'elle fust près tost y venist,
Que riens ce croy ne la tenist.
Ma mere est de moult grant prouesse,
Elle a prins mainte forteresse, 11340
Qui coustoit bien mille besans,
Où je ne fu jamais presens.
Si le me mettoit on asseure,
Mais je n'y entray en nulle heure,
Ne ne me pleut oncques la prinse 11345
De forteresse sans moy prinse ;

Car il me semble, quoiqu'on dye,
Que ce n'est fors que marchandie ;
Qui achapte un cheval cent livres,
Paye-le, si en sera délivres, 11350
Ne n'en doit plus rien au Marchant,
Ne cil n'en va plus riens cherchant.
Je n'appelle pas vente don ;
Car vente ne doit nul guerdon,
N'y affiert grace, ne merite ; 11355
L'ung de l'autre se part tout quitte.

Si n'est-ce pas vente semblable,
Car quant cil a mis en l'estable
Son destrier, il le peut revendre
Et prouffit & gaigne reprendre ; 11360
Aumoins ne peut-il pas tout perdre,
S'il se devoit au cuir aherdre :
Le cuir si luy en demourroit,
Dont quelque chose avoir pourroit ;
Et s'il a si le cheval chier 11365
Qui le gard pour son chevauchier :
Tousjours est-il du cheval, Sire ;
Mais est par trop le marché pire,
Dont Venus se veult entremectre,
Car nul n'y sçaura jà tant mectre, 11370
Qu'il n'y perde tout le chaté
Et tout ce qu'il a achapté,
L'avoir, le pris & la vendure,
Si que tout pert son achapture,
Que jà tant n'y mettra d'avoir, 11375
Qu'il en peust Seigneurie avoir :
Ne que jà il puisse empeschier

Par son donner ne par preschier,
Que malgré soy à tant n'en ayt
Ung estrange, s'il y venoit, 11380
Pour donner tant, ou plus, ou mains
Fust Breton, Angloys, ou Rommains.
Voire je croy tout pour neant,
Tant peut-il aller flaboyant,
Sont doncques sages telz marchans, 11385
Non, mais bien folz, chetifz, meschans,
Qui chose à essient acheptent,
Ou tout perdent ce qu'ilz y mettent,
Et ne leur peut pas demourer
Jà tant n'y sçauront labourer ; 11390
Nonobstant je n'y quiers nyer
Ma mere n'en sceut riens payer,
N'est pas si fole, ne si nice,
Qu'elle se charge de tel vice :
Mais bien sachiez que tel la paye, 11395
Qui puis se repent de la praye
Quant povreté l'a en destresse,
Tant fust-il disciple à richesse,
Qui pour moy est en grant esveil,
Et pour moy seuffre grant travail. 11400
 Mais par saincte Venus ma mere,
Et par Saturnus son vieil pere,
Qui jà l'engendra jeune touse,
Non mye de sa femme espouse,
Dont trestous les enfans mangea, 11405
Fors Jupiter qu'il estrangea
De son régne, & tant le batit,
Que jusqu'en enfer l'abatit,

Luy coupa ce que vous sçavez,
Car maintesfois ouy l'avez. 11410
Mon bon pere puis monta seur
Venus, tant fust-elle sa seur,
Et firent leur joliveté,
De-là vint ma nativité,
Dont je n'ay honte ny esclandre, 11415
Qui bien sçet mon lignage entendre;
Car onc de meilleur ne fut nulz
Par mes troys oncles, Neptunus,
Jupiter, Pluto, par mantin
Juno la vieille, que tant aym, 11420
Que je vouldroye qu'elle fust arse;
Bien l'aym tant que Phebus fist Marse,
Que Midas aux oreilles d'asne,
Par jugement d'homme prophane
Chier comper à la fole Verve. 11425
Mal gist la buissine Minerve,
Quel getta dedans le palu,
De buissiner ne lui chalu,
Pour ce que les deux si rioyent
De ses joës qui luy enfloyent, 11430
Quant il buissinoit à leur table
Le Psalterion accordable;
Non pour ce que la buissinoit,
Mais contre Phebus buissinoit
Et buissinoit mieulx se disoit 11435
Phebus, aussi mieulx se prisoit;
Si firent du Roy Midas Juge,
Qui contre Psalterion juge,
A l'arbre pendu l'escorcha

Phebus tout vif tant l'efforcha, 11440
Par une seule playe qu'il eut,
Que par tout le sang luy courut ;
Et croit, lasse pourquoi l'empris
N'est pas buisine à si grant pris.

 Encor je vous vueil plus jurer, 11445
Pour vous mieulx la chose asseurer,
Par la foy que doy tous mes freres,
Dont nul ne scet nommer les peres,
Tant sont divers, tant en y a,
Que tous ma mere à soy lya, 11450
Encore vous en jure & tesmoing
Le palu d'enfer à tesmoing,
Que je ne buveray de piment,
Devant ung an, se je ne ment ;
Car des Dieux sçavez la coustume 11455
Qui à les jurer s'acoustume,
S'il est ainsi qu'il se parjure,
Je vous dy bien & plus n'en jure,
N'en boit tant que l'an soit passez.
Or en ay-je juré assez, 11460
Malement suis se me parjure ;
Mais jà ne m'en verrez parjure,
Puis que richesse, si me fault,
Chier luy cuid vendre ce deffault :
Car le comperra s'il ne s'arme 11465
Au moins d'espée ou de guisarme.
Et puis qu'elle ne m'eust pas chier
Quant elle sceut que tresbuchier
La forteresse & tour devoye ;
Mal tint elle oncques ceste voye, 11470

Se je puis riche homme ballier,
Vous le me verrés si taillier
Qu'il n'aura jà tant marcs ne livres
Qu'il n'en soit en brief tems delivres.
Voler feray tous ses deniers, 11475
S'ilz ne luy sourdent à greniers;
Si le plumeront noz pucelles,
Qu'il luy fauldra plumes nouvelles;
Et le mettront à terre vendre,
S'il ne s'en scet moult bien deffendre. 11480
Povres homs font de moy leur maistre,
Tant ne m'ayent-ils dequoy paistre,
Je ne les ay pas en despit;
N'est pas preudoms qui les despit;
Moult est richesse infame & gloute, 11485
Qui les vilaines chasse & boute,
Mieulx avant que ne font les riches:
Les autres, les tenans, les chiches,
Et sont foy que doy aux ayaulx
Plus serviables & loyaulx; 11490
Si me suffist à grant planté
Leur bon cueur & leur voulenté;
Mis ont en moy tout leur penser,
A force me fault d'eulx penser,
Tous les meisse en grandes haultesses, 11495
Se je fusses Dieu des richesses,
Ainsi que je suis Dieu d'amours:
Tel pitié me font leurs clamours.
Si convient que cestuy sequeure
Qui tant en moy servir labeure: 11500
Car s'il des maulx d'amours mouroit,

Ne pert qu'en moy point d'amours ayt.

Les gens d'amours.

Sire, font-ils, c'est vérité
De tout ce qu'avez recité :
Bien est le Sacrement tenable 11505
Comme très-bon & convenable,
Que fait avez des riches hommes ;
Ainsi est-il certain en sommes :
Se riches homs vous font hommage,
Ilz ne feront mye que sage ; 11510
Car jà ne vous en parjurez,
Jà la paine n'en endurez,
Que Piment en laissés à boyvre.
Dame leur brasseront tel poyvre
Si peuvent-ils en leurs lacz cheoir, 11515
Qu'il leur en dévra moult mescheoir.
Dames si courtoyses feront,
Que moult bien vous en vengeront :
Jà n'y querrés autres victoires,
Car tant de blanches & de noires 11520
Leur diront ne vous esmayez,
Que vous entendrez a payez.
Jà ne vous en meslés sur elles,
Tant leur conteront de nouvelles
Et tant leur feront de requestes 11525
Par flateries deshonnestes,
Et leur donront si grans collées
De baiseries & d'acolées,
S'ilz les croyent certainement
Ne leur demourra tenement, 11530

DE LA ROSE.

Qui ne vueille le meuble enſuivre,
Dont ilz ſeront premier délivre.
Or commandés ce que vouldroys,
Nous le ferons ſoit tort, ſoit droys :
Mais Faulx-ſemblant de ceſte choſe   11535
Pour vous entremectre ne s'oſe ;
Car il dit que vous le héés
Ne ſçet s'aggrever le béés,
Si vous ſupplions tous, beau Sire,
Que vous luy pardonnés voſtre yre,   11540
Et ſoit de voſtre Baronnie
Avec Abſtinence s'amie,
C'eſt noſtre accord, c'eſt noſtre ottroy.

Amours.

Mes amys je le vous octroy ;
Je conſens qu'il ſoit de ma Court,   11545
Car vienne vers moy toſt & court.
Et il y vint & y acourt.

Comment le Dieu d'amours retient
Faulx-ſemblant qui ſes homs devient,
Dont ſes gens ſont joyeulx & baulx,   11550
Quant il le fait Roy des Ribaulx.

FAulx-ſemblant par tel convenant
Seras à moy tout maintenant,
Qui à noz amys ayderas,
Et que jà nul n'en greveras ;   11555
Ains penſeras d'eulx eſlever
Et de noz ennemis grever :

Tien soit le povoir & le baulx,
Tu seras le Roy des Ribaulx ;
Ainsi le veult nostre chapitre ; 11560
Car sans faillir tu es faulx, traitre,
Et larron, trop desmesuré
Plus de cent foys t'ès parjuré :
Mais touteffoys en audience
Pour oster noz gens de doubtance, 11565
Te commandes que leurs enseignes
Aumoins par generaux enseignes,
En quel lieu ilz te trouveroient,
Se toy trouver besoing avoient,
Et comment on te congnoistra, 11570
Car grant sens à te congnoistre a,
Dy-nous en quel lieu tu converses.

Faux-semblant.

Sire, j'ay mansions diverses,
Que jà ne convient reciter,
S'il vous plaist, à m'en respiter ; 11575
Car se le vray vous en racompte
J'en puis avoir dommaige & honte ;
Se mes compaignons le sçavoyent,
Certainement ilz me hairoyent,
Et me procureroient ennuy : 11580
Doncques leur cruaulté congnuy ;
Car ilz veulent en tous lieux taire
Verité qui leur est contraire ;
Ilz ne la querroient à ouyr,
Trop en pourroyent mal jouyr, 11585
Se je disoye deux parole,

DE LA ROSE.

Qui ne leur fuſt plaiſant & mole :
Car la parole qui les point,
Ne les embellit oncques point,
Se c'eſtoit le ſainct Evangile, 11590
Qui les reprenſit de leur guile,
Car trop ſont cruelz malement ;
Si ſçay-je bien certainement,
Se je vous en dy nulle choſe,
Ja ſi bien n'eſt voſtre court cloſe
Qu'ilz ne le ſaichent quoy qu'il tarde : 11595
Des preudes hommes n'ay-je garde,
Car ja riens ſur eulx ne prendront
Preud'hommes quant ilz m'entendront;
Mais cil qui ſur ſoy le prendra 11600
Pour ſuſpeçonneulx ſe tiendra,
S'il ne veult démener la vie
De Barat & d'Ypocriſie,
Qui m'engendrerent & nourrirent.

Amours.

Moult bonne engendrure ilz en firent, 11605
Diſt amours & moult prouffitable,
Car ilz engendrerent le Diable ;
Mais touteffoys comme qu'il aille,
Comment il dit, amours ſans faille,
Que cy tes menſions nous nommes, 11610
Tantoſt oyant treſtous noz hommes,
Et que ta vie nous deſcœuvre ;
Il n'eſt pas bon que plus la cœuvre.
Mais il convient que tu nous dye
De quoy tu ſers & de ta vie, 11615

B 2

Puisque céans t'es embatus,
Et se pour vray dire es batuz;
Si n'en es-tu pas coustumier,
Tu ne seras pas le premier.

Faux-semblant.

Sire, quant vous vient à plaisir, 11620
Se j'en devoye mort gesir,
Je feray vostre voulenté;
Du faire suis entalenté.
Faux-semblant, qui plus n'y atent,
Commence son sermon à tant 11625
Et dit à tous en audience;
Seigneurs entendez ma Sentence;
Qui Faulx-semblant vouldra congnoistre,
Si le quiere au monde ou en cloistre.
Nul lieu fors en ces deux ne mains 11630
Mais en l'ung plus qu'en l'autre mains:
Briefment je me vois hosteller
Là où je me puis mieulx celer:
C'est la celée bien plus seure
Que soubz la plus humble vesture; 11635
Religieux sont moult couvers;
Séculiers sont plus descouvers,
Si ne vueil-je mye blasmer
Religion, ne diffamer
En quelque lieu que je la truisse; 11640
Jà Religion que je puisse
humble & loyal ne blasmeray,
Mais pourtant jà ne l'aymeray.
J'entens de faulx Religieux

DE LA ROSE.

Des felons & malicieux, 11645
Qui l'abit en veullent veſtir
Mais leurs cueurs ne veullent mattir ;
Religieux ſont moult piteux ;
Jà n'en verrés ung deſpiteux.
Ilz n'ont cure d'orgueil enſuyvre, 11650
Tous ſe veullent humblement vivre ;
Avec telz gens jà ne maindray.
Se je y demeure me faindray,
Leur habit pourray-je bien prendre,
Mais ainçoys me laiſſeroye pendre, 11655
Que jà de mon propos yſſiſſe,
Quelque chiere que j'en feiſſe.
Je ſuis avec les orgueilleux,
Les Uſuriers, les artilleux,
Qui les mondains honneur convoitent 11660
Et les grans beſongnes exploitent,
Et vont querant les grans pitances,
Et pourchaſſent les acointances
Des puiſſans hommes & les fuyvent,
Et ſe font povres & ſe vivent 11665
Des bons morceaulx délicieux,
Et boivent des vins précieux ;
Et la povreté ilz vous preſchent
Et les grandes richeſſes peſchent
Aux grans ſannes & aux traineaux ; 11670
Par mon chief ilz en yſtra maulx,
Ne ſont Religieux, ne monde ;
Ilz ſont ung argument au monde
Ou concluſion à honteuſe :
C'iſt a robe Religieuſe, 11675

Doncques est-il Religieux ;
Cest argument est vicieux,
Il ne vault une vieille Royne,
La robe ne fait pas le Moine :
Non pourtant nul n'y sçet respondre   11680
Tant face hault sa teste tondre
Ou rere au rasouer de lanches,
Qui barat trenche en treze trenches ;
Nul ne sçet si bien distincter,
Qu'il en ose un seul mot tinter :   11685
Mais en quelque lieu que je vienne,
Ne comment que je me contienne,
Nul ne pense à barat, ny cas,
Ne plus que dam Thibert le cas
N'entend qu'à souris & à raz,   11690
N'entens-je riens fors à baratz
Ne jà certes pour mon habit
Ne sçaurez en quel gens je habit :
Non ferez-vous pas aux paroles,
Jà tant soyent simples ou moles ;   11695
Les œuvres regarder devez
Se vous n'avez les yeulx crevez ;
S'ilz ne sont telz que ilz vous dient,
Certainement il vous conchient,
Quelconques robes qu'ilz en ayent,   11700
Ne de conques estat qu'ilz soyent
Soit Clerc, soit Lay, soit Homme ou Femme,
Soit Sergent, soit Abbesse ou Dame.

L'Acteur.

Comme ainsi Faulx-semblant sermonne

Amours derechief l'arrayſonne, 11705
Et dit en rompant ſa parole
Comme celle fuſt fauſſe & fole.

Le Dieu d'amours.

Qu'eſt-ce Dyable eſt-tu effronté ?
Quelz gens nous as-tu cy compté
Peut-on trouver Religion, 11710
En ſeculiere manſion.

Faulx-ſemblant.

Ouy, Sire, & il ne s'enſuit mye
Que ceulx mainent maulvaiſe vie,
Ne que pource leurs ames perdent,
Qui aux draps du ſiecle s'aherdent; 11715
Car ce ſeroit trop grant douleur.
Bien peut en robe de couleur
Saincte Religion flourir :
Pluſieurs ſaintz a l'en veu mourir
Et maintes ſainctes glorieuſes, 11720
Dévotes & Religieuſes,
Qui draps communs touſjours veſtirent
Oncques pour ce mains ne ſaintirent ;
Et je vous en nommaſſes maintes ;
Mais bien preſque toutes les ſaintes, 11725
Qui par Egliſes ſont priées,
Furent chaſtes & mariées,
Qui maintz beaulx enfans enfanterent ;
Les robes du ſiécle porterent,
Et en celles-meſmes moururent, 11730
Qui ſaintes ſont, ſeront & furent ;

Mesmes les onze mille Vierges,
Qui devant Dieu tiennent leurs cierges,
Dont on fait Fête par Eglises,
Furent en draps du siécle prises, 11735
Quant ilz receurent les Martires.
N'encor n'en sont-elles pas pires;
Bon cueur fait la pensée bonne,
La robe n'y toult, ne ne donne
Et la bonne pensée l'œuvre, 11740
Qui la religion descœuvre:
Illec gist la religion
Selon la droitte intention.

 Qui de la toison du belin,
En lieu de mantel sebelin, 11745
Sire ysangrin affubleroit
Le Loup, qui mouton sembleroit,
Puis o les brebis demourast;
Cuidez qu'il ne les devourast?
Jà de leur sang mains n'en beuvroit, 11750
Mais plus tost les déceveroit:
Car puisqu'ilz ne le congnoistroient
S'il fuyoit elles le suyvroient.
S'il est gueres de telz louveaulx
Entre ces Apostres nouveaulx: 11755
Eglise tu es mal baillie,
Se ta cité est assaillie
Par les Chevaliers de ta table.
Ta Seigneurie est moult endable
Se ceulx s'efforcent de la prendre 11760
A qui l'a baillas à deffendre,
Qui la doit vers eulx garentir;

Prinse fera sans coup sentir
De mangonnel, ne de perriere,
Sans desployer au vent baniere ; 11765
Et se d'eulx ne les vas rescourre,
Ainçois les laisse par tout courre,
Lasses mais se tu leur commandes,
Dont n'y a plus que tu te rendes,
Ou leur tributaire deviennes 11770
Par paix faisant, & deulx la tiennes,
Se meschief ne te vient greigneur
Qu'ilz en soient du tout Seigneur.
Bien te sçaivent ores escharvir,
Par jour quierent les murs gravir ; 11775
Par nuyt ne cessent de miner,
Pensans d'ailleurs enraciner
Les entes où tu veulx fruyt prendre.
Là ne te dois-tu pas attendre,
A tant me tais si m'en retour, 11780
Je n'en vueil plus dire à ce tour,
Se je m'en puis à tant passer,
Car trop vous pourroye lasser.

   Mais bien vous vueil convenancer
De tous voz amys avancer, 11785
Par quoi ma compagnye vueillent ;
Si font-ilz mors s'ilz ne m'accueillent,
Et mamye aussi serviront,
Où jà par Dieu n'en cheviront ;
Car sans faillir traistre suis-je 11790
Et pour Larron m'a Dieu jugé ;
Parjure suis, & si ma fin
Sçait-on envys devant la fin ?

B 5

Car plusieurs par moy mort reçeurent,
Qui onc mon barat n'apparceurent; 11795
Qui l'apparcevra s'il est sage,
Garde s'en, ou c'est son dommage;
Mais tant forte est la decevance,
Que trop est grief l'apparcevance;
Car Protheus qui se souloit 11800
Muer en tout ce qu'il vouloit,
Ne sçeut onc tant barat, ne guille
Que je fais; car oncques en Ville
N'entray où je fusse congneu,
Tant y fusse n'ouy ne veu. 11805

Comment le traistre Faulx-semblant
Si va les cueurs des gens emblant,
Pour ses vestemens noirs & gris
Et pour son viz pâle amaisgris.

Trop sçay bien mes habitz changier 11810
Prendre l'ung & l'autre estrangier;
Or suis Chevalier, or suis Moyne,
Or suis Prélat, or suis Chanoyne,
Or suis Clerc & autre heure Prestre,
Or suis Disciple & or suis Maistre, 11815
Or Chastellain, or Forestiers;
Briefvement je suis de tous mestiers.
Ores suis Prince, ores suis Paiges,
Or sçay par cueur trestous langages;
Autre heure suis vieil & chenu, 11820
Or suis-je jeune devenu,
Or suis Robert, or suis Robin,

Or Cordelier, or Jacobin.
Si prens pour faire ma compaigne,
Qui me soulace & acompaigne,   1825
C'est Dame Abstinence contrainte,
Qui porte desguyseure mainte,
Si comme il luy vient à plaisir
Pour accomplir le sien desir;
Autre heure vestz robe de femme,   11830
Or suis Damoiselle, or suis Dame,
Or suis Nonnain, or suis Abesse,
Or suis Novice, or suis Professe,
Et vois par toutes régions
Cherchant toutes Religions: 11835
Mais de Religion sans faille
J'en lais le grain & prens la paille;
Pour gens embacler en habit
Je n'en quiers sans plus que l'abit.
Que vous diroye en telle guyse   11840
Comme il me plaist je me desguyse;
Moult est en moy tourné le vers,
Trop sont les faitz auxditz divers.
Et si fais cheoir dedans mes pieges
Le monde par mes privileges;   11845
Et puis confesser & absouldre,
Ce ne me peut nul Prélat touldre,
Toutes gens ou que je les truisse,
Ne sçay Prélat nul qui ce puisse,
Fors l'Apostole seulement,   11850
Qui fist cest establissement.
 Mais pource que confés doit estre
Chascun & chascune a son Prestre,

Une fois l'an, dit l'Escripture,
Ains qu'on luy face sa droicture :   11855
Car nous avons ung privilege,
Qui de plusieurs faiz les allege ;
S'il lui plaist il pourra lors dire,
En confession vous dy Sire
Que Cil à qui je fuz confez   11860
M'a allegé de tous mes faiz,
Absolu m'a de mes pechiés,
Dont je me sentoye entachiés ;
Ne je n'ay pas intencion
De faire autre confession   11865
Que celle que je luy ay dicte :
Si m'en clamez pour celle quicte,
Et vous en tenez apayés,
Quelque gré que vous en ayés ;
Car se bien vous l'avez juré   11870
Je n'en craings Prelat ne Curé,
Qui de confesser me contraigne,
Autrement que je ne m'en plaigne ;
Car je m'en ay bien à qui plaindre :
Vous ne m'en povez pas contraindre,   11875
Ne faire force ne troubler,
Pour ma confession doubler :
Ne si n'ay pas affection
D'avoir double absolucion.
Assez en ay de la premiere   11880
Si vous quicte ceste derniere :
Deslyé suis, ne puis nyer,
Ne me povez plus deslyer,
Car cil qui le povoir y a

DE LA ROSE.

De tous lyens me deflya 11885
Et fe vous m'en ofez contraindre,
Si que de vous me voife plaindre ;
Jà les Juges imperiaulx
Roys, Prélatz, ne Officiaulx,
Par moy ne tiendront jugement ; 11890
Je m'en plaindray tant feulement
A mon bon Confeffeur nouvel,
Qui n'eft pas mon frere Louvel,
Car forment fe courrouceroit,
Qui par tel nom l'appelleroit : 11895
Ne jà n'en prendroit patience
Qu'il n'en print cruelle vengeance ;
Son povoir aumoins en feroit,
Jà pour Dieu ne me laifferoit,
Et fe jurer l'ofe & pleuvir, 11900
Se fçaura bien de vous chevir ;
Et fe m'aïft Dieu & faint Jaques
Se vous ne me voulez à Pafques
Donner le Corps noftre Seigneur,
Sans vous faire preffe greigneur ; 11905
Je vous lairray fans plus attendre,
Et liray tantoft de luy prendre,
Car fuis hors de voftre dangier,
Si me vueil de vous eftrangier :
Ainfi le peut cil confeffer 11910
Qui veult fon provoire laiffer ;
Et fe le Preftre me refufe,
Je fuis preft que je l'en accufe,
Et de luy punir en tel guyfe,
Que luy feray perdre l'Eglife : 11915

Et qui de tel confeſſion
Entend la conſécucion,
Jamais Prêtre n'aura puiſſance
De congnoiſtre la conſcience
De celluy dont il a la cure.   11920
C'eſt contre la ſainéte Eſcripture
Qui commande au Paſteur honneſte
Connoiſtre le dueil de ſa beſte;
Mais povres femmes, povres hommes,
Qui de deniers n'ont pas grans ſommes, 11925
Veulx-je bien aux Prélatz laiſſer
Et aux Curés à confeſſer;
Car ceulx riens ne me donneroient.

Le Dieu d'amours.

Pourquoy?

Faux-ſemblant.

Pource qu'ilz ne pourroient,
Comme chétives gens & laſſes,   11930
Si que j'auray les brebis graſſes
Et les Paſteurs auront les maiſgres,
Combien que ce mot leur ſoit aigres.
Et ſe Prelatz veulent groucer
Car bien ſe dévront courroucer,   11935
Quant ſi perdront leurs graces beſtes;
Tel coup leur donray ſur les teſtes
Que je leur feray telles boſſes,
Qu'ilz en perdront Mitres & croſſes.
Ainſi les ay tous conchiez   11940
Tant ſuis fort privilegiez.

DE LA ROSE.

L'Acteur.

Si se veult taire Faulx-semblant;
Mais Amours ne fait pas semblant
Qu'il soit ennuyé de l'ouyr;
Ains luy dit pour eulx esjouyr.   11945

Le Dieu d'amours.

Dy-nous plus especiaulment
Comment tu sers desloyaulment,
Ne n'ayes pas du dire honte,
Car com ton habit nous monstre
Tu sembles estre ung saint Hermite.   11950

Faulx-semblant

C'est voir, mais je suis ypocrite.

Le Dieu d'amours.

Et si vas preschant Abstinence.

Faulx-semblant.

C'est voir, mais je remplys ma pense
De bons morceaulx & de bons vins,
Telz comme il affiert à devins.   11955

Le Dieu d'amours.

Tu vas preschant la povreté?

Faulx-semblant.

Voire, & si suis riche a planté;
Mais combien que povre me faigne
Nul povre je ne contredaigne.

J'aymeroye mieulx l'acointance 11960
Cent mille fois du Roy de France,
Que d'ung povre, par noftre Dame,
Pofé qu'il eut auffi bonne ame :
Quant je voy tous nudz ces truans
Trembler fur ces fumiers puans 11965
De froit, de fain crier & braire,
Ne m'entremetz de leur affaire ;
S'ilz font en l'Hoftel-Dieu portez,
Ne feront par moy confortez ;
Car d'une aufmone toute feule 11970
Ne me paiftroient-ils pas la gueulle.
Ils n'ont pas vaillant une feiche :
Que donra qui fon coutel leiche ?
Mais d'un riche ufurier malade
La vifitance eft bonne & fade ; 11975
Celluy vois-je réconforter
Car j'en croy deniers apporter.
Et fe la male mort l'enoffe
Je le conduys jufqu'en la foffe :
Et s'aucun vient qui me le repreigne, 11980
Pourquoy du povre me refraigne ?
Sçavez-vous comment j'en efchappe :
Je fais entendant par ma chappe
Que le riche eft plus entachiés
Que n'eft le povre de pechiés, 11985
Et a plus befoing de confeil,
Pource y vois luy donner confeil.

 Mais quoy nonobftant la perté,
Reçoit l'ame en fa poverté,
Comme elle fait en grant richeffe, 11990

L'une & l'autre également blesse ;
Car ce sont deux extremitez
Que richesses & povretez ;
Le moyen à nom suffisance,
Là gist de vertu l'abondance ; 11995
Car Salomon tout au délivre
Nous en escript en ung sien livre
Qui des paraboles a titre,
Tout droit au trentiesme chapitre ;
Garde-moy Dieu par ta puissance 12000
De richesse & de mendiance.
Car riche homme quant il s'adresse
A trop penser à sa richesse,
Tant met son cueur en la folie,
Que son Créateur en oublie. 12005
Cil que mendicité guerroye
De pechié comme le guerroye,
Envys advient qu'il ne soit lyerres,
Ou parjure, où Dieu est mentierres,
Et Salomon dit de par luy 12010
La lettre dont je vous parle huy ;
Et puis bien jurer sans délay,
Qu'il n'est escript en nulle loy,
Aumoins n'est-il pas en la nostre
Que Jesu-Christ ne si Apostre 12015
Tant comme ilz allerent par terre
Fussent oncques veus leur pain querre ;
Car mandier pas ne vouloient ;
Et ainsi preschier bien souloient.
Jadis par Paris la Cité 12020
Les maistres en divinité,

Si peuſſent-ilz bien demander
De plain povoir ſans truander ;
Car de par Dieu Paſteurs eſtoient,
Et des ames la cure avoient ; 12025
Meſmes après la mort leur maiſtre
Si commencerent-ilz à eſtre
Tantoſt Laboureurs de leurs mains,
De leur labeur ne plus ne moins
Reçoyvoient-ilz leur ſubſtance 12030
Et vivoient en pacience ;
Et ſe demourant en avoient
Aux autres povres le donnoient,
N'en fondoient Pelais ne ſales,
Ains gyſoient en maiſons ſales. 12035
 Puiſſant homs doit, bien le recors,
Aux propres mains du propre corps
En labourant querre ſon vivre,
S'il n'a dont il ſe puiſſe vivre,
Combien qu'il ſoit Religieux 12040
Et de ſervir Dieu curieux :
Et auſſi faire le convient
Fors és cas dont il me ſouvient,
Que bien racompter vous ſçauray,
Quant temps du racompter auray. 12045
Encore dévroit-il tout vendre
Et du labour ſa vie prendre,
S'il eſt bien parfait en bonté,
Ce m'a l'Eſcripture compté.
Car qui oiſeus hante autruy table, 12050
Il eſt flateur, ou ſert de fable,
N'il n'eſt pas ce ſachiés raiſon

D'excuser soy par Oraison :
Car il convient en toute guyse
Entrelaisser le Dieu servise 12055
Pour les autres necessitez ;
Mangier convient, c'est veritez
Et dormir & faire autre chose,
Nostre Oraison lors se repose :
Aussi se convient-il retraire 12060
D'Oraison pour son labour faire,
Car l'Escripture si accorde
Qui la vérité en recorde.
 Et si deffend Justiniens
Qui fist noz livres anciens, 12065
Que nul homme en nulle maniere
Puissant de corps son pain ne quiere,
Puisqu'il le treuve ou en gaigner ;
On le devroit mieulx enchaigner
Ou en faire en appert justice 12070
Que soubstenir en tel malice.
Ne font pas ce que faire doyvent
Ceulx qui telz aumosnes reçoivent,
S'ils n'en ont estroit privilege,
Qui de la paine les alege ; 12075
Mais ne cuide qu'il soit à euz
Se le Prince n'en est deceuz.
Ne si ne cuide pas sçavoir
Qu'ilz le puissent par droit avoir.
Si ne fais-je pas terminance 12080
Du Prince, ne de sa puissance :
Ne par mon dit ne vueil comprendre
S'il le peut en ce cas entendre ;

De ce ne me dois entremettre,
Mais je croy bien selon la lettre, 12085
Les aumosnes qui sont deuës
Aux lasses gens povres & nuës
Foibles & vieulx & mehaignez,
Par qui pains ne sont plus gaignez,
Pour ce qu'ilz n'en ont la puissance : 12090
Et qui les mangue en leur grevance
Il les mangue à son damnement,
Se cil qui fist Adam ne ment.

 Et sachiez quant que Dieu commande
Que Preud'homme tant qu'il a vende, 12095
Et donne aux povres & le suyve :
Pourtant ne veut-il pas qu'il vive
Pour luy servir en mendiance,
Ce ne fut oncques sa Sentence ;
Mais entend que de ses mains œuvre, 12100
Et qu'il le suyve par bonne œuvre.
Car saint Pol commanda trouver
Aux Apostres pour recouvrer
Leurs necessités & leurs vies,
Et leur deffendoit truandies, 12105
En disant, de voz mains œuvrez,
Jà sur autruy ne recourez.
Ne vouloit que riens demandassent
A quelzconques gens qu'ilz preschassent,
Ne que l'Evangile vendissent 12110
Ains doubtoit que s'ilz requerissent,
Qu'ilz ne tolissent au requerre,
Car ilz sont maintz hommes en terre,
Qui pource donnent à voir dire,

Qu'ilz ont honte de l'escondire, 12115
Ou le requerant leur ennuye
Et donne pour ce qu'il s'enfuye.
Et sçavez que ce leur prouffite,
Le don perdent & le merite
Quant les bonnes gens s'y oyoient 12120
Le Sermon saint Pol luy prioyent,
Pour Dieu qu'il voulsist du leur prendre;
Jà n'y a voulu la main tendre,
Mais du labeur des mains prenoit
Ce dont sa vie soubstenoit. 12125

Amours.

Dy-moy doncques comment peut vivre
Fort homs de corps qui Dieu veult suivre,
Puisqu'il a tout le sien vendu
Et aux povres Dieu despendu,
Et veult tant seulement orer 12130
Sans jamais de mains labourer ;
Le peut-il faire ?

Faulx-semblant.

Ouy.

Amours.

Comment ?

Faulx-semblant.

S'il entroit selon le comment
De l'escripture en Abbaye,
Qui fust de propre bien garnye ;

Comme sont ores ces blancs Moynes 12135
Ces noirs & ces riglez Chanoynes,
Ceulx de l'Hospital, ceulx du Temple,
Car j'en puis bien causer exemple;
Et il y print sa soubstenance,
Car là n'a point de mendiance. 12140
Non pourtant les Moynes labeurent
Et puis au Dieu service queurent,
Et pour ce qu'il fut grant discorde
En ung-temps dont je me recorde
Sur l'estat de mendicité; 12145
Brief vous sera cy recité
Comment peut homs mendiant estre,
Qui n'a dont il se puisse paistre;
Les cas en orrés tire à rire,
Si qu'il n'y aura que redire, 12150
Malgré les felonnesses jangles;
Car vérité ne quiert nuls angles,
Si pourray-je bien comparer
Quant onc osay tel champ arer.

L'Acteur.

Faulx-semblant dit cy vérité 12155
De tous cas de mendicité.

CY sont les cas especiaulx,
Car si l'homme est si bestiaulx,
Qu'il n'ayt de nul mestier science,
Ne n'en desire congnoissance, 12160
A mendicité se peut traire,
Tant qu'il saiche aucun mestier faire,

DE LA ROSE. 47

Dont il puisse sans truandie
Bien loyaulment gaigner sa vie ;
Où se cil labourer ne sçeust 12165
Pour la maladie qu'il eust,
Ou pour vieillesse ou pour enfance,
Trouver se peut en mendiance ;
Où s'il a trop par advanture
D'acoustumée nourriture 12170
Vescu délicieusement,
Les bonnes gens piteusement
En doyvent lors avoir pitié
Et le souffrir par amityé
Mendier & son pain querir ; 12175
Non pas laisser de faim mourir :
Où s'il a d'ouvrer la science
Et le vouloir & la puissance,
Prêt de labourer bonnement,
Mais ne trouve pas prestement 12180
Qui labourer faire le vueille
Pour riens qu'il saiche faire ou seulle ;
Bien peut lors par mendicité
Pourchasser sa necessité ;
Où s'il a son labeur gaigné, 12185
Mais il ne peut de son gaigné
Suffisamment vivre sur terre,
Bien se peut lors mettre à pain querre
Et d'huys en huys par tout tracer
Pour le remenant pourchasser : 12190
Où s'il veult pour la faim deffendre
Quelque Chevalerie emprendre,
Ou soit d'armes, ou de lectures,

Ou d'autres convenables cures ;
Se povreté le va grevant, 11195
Bien peut, comme j'ay dit devant,
Mendier tant qu'il puisse ouvrer
Pour ses néceffitez trouver.
Mais qu'il ouvre de mains ytieulx,
Non pas de mains fpiritueulx, 12200
Mais de mains du corps proprement
Sans mettre double entendement
En tous ces cas & en femblables,
Se plus en trouvez raifonnables
Sur ceulx que cy prefens vous livre, 12205
Qui de mendicité veult vivre,
Faire ne le peut autrement
Se cil de faint amour ne ment,
Qui difputer fouloit & lire
Et prefchier de cefte matire 12210
A Paris avec les devins,
Jà ne mendiaft pains ne vins,
S'il n'avoit en fa vérité
L'acord de l'Univerfité
Et du peuple communéement, 12215
Qui oyoient fon prefchement.
Nul Preud'homme doit refufer,
Vers Dieu ne fe peut excufer,
Qui groucer en vouldra fi grouce,
Qui courroucer fi s'en courrouce ; 12220
Car je ne mentiroye mye
Se j'en dévoye perdre la vie,
Ou eftre mys contre droicture
Comme faint Pol en chartre obfcure,

Ou estre banny du Royaulme, 12225
A tort com fut maistre Guillaume
De saint Amour, que ypocrisie
Fist exiller par grant envye.
  Ma mere en exil le chassa
Le vaillant homme tant brassa 12230
Pour vérité qu'il soubstenoit ;
Vers ma mere trop mesprenoit,
Pource qu'il fist ung nouvel livre
Où sa vie fist toute escrivre ;
Et vouloit que je renyasse 12235
Mendicité & Labourasse,
Se je n'avoye de quoy vivre ;
Bien me povoit tenir pour yvre,
Car labourer ne me peut plaire,
De labour nul n'ay-je que faire : 12240
Trop a grant paine à labourer ;
Mieulx veulx devant les gens orer
Et affubler ma regnardie
Du mantel de Papelardie.

Le Dieu d'amours.

Qu'est-ce Diable, quel est ton dit, 12245
Qu'est-ce que tu as icy dit ?

Faux-semblant.

Quoy ?

Amours.

  Grants desloyaultez appertes
Donc ne crains-tu pas Dieu ?

LE ROMAN
Faux-semblant.

      Non certes;
Qu'envis peut à grant chose attaindre
En ce siecle qui Dieu veult craindre ; 12250
Car les bons qui le mal eschivent
Et loyaulment du leur se vivent ,
Et qui selon Dieu se maintiennent ,
Envys d'ung pain à autre viennent.
Telz gens boyvent trop de mal aise : 12255
N'est vie qui tant me desplaise.
Mais regardez que de deniers
Ont usuriers en leurs greniers ,
Faulx Monnoyers , Attermoyeurs ,
Baillifz, Bedeaulx , Prevostz , Mayeurs 12260
Et Procureurs & Advocatz ,
Dont les aucuns en plusieurs cas
Vivent de mauvaise rapine ,
Le menu peuple les encline ;
Et ceulx comme Loups les devourent, 12265
Trestous sur les povres gens courent :
N'est qui despouiller ne les vueille,
Tous s'affublent de leur despueille ,
Et tous de leurs substances hument
Sans eschaulder tous vifz les plument, 12270
Le plus fort le plus foible robe ;
Mais je qui vestz ma simple robe ,
Lobe les lobez & lobeurs ,
Robe les robez & robeurs ,
Par ma lobe entasse & amasse 12275
Maint tresor en tas & en masse

DE LA ROSE.

Qui ne peut pour riens affondrer ;
Car se j'en fais Palais fonder
Et acomplir tous mes délitz
De compaignies en délitz ,   12280
De tables plaines d'entremez ,
Car je ne vueil autre vie , mès
Reçoy mon argent & mon or,
Car ains que soit vuyd mon tresor
Deniers me viennent à resours ;   12285
Ne fais-je bien tumber ses Ours.
En acquerre est toute m'atente ;
Mieulx vault mon pourchas que ma rente,
Son me devoit tuer ou batre
Si me vueil-je par tout embatre ,   12290
Et ne querroye jà cesser
De ces Empereurs confesser,
Ou Roys, ou Ducz , Barons ou Contes ;
Mais de povres gens sont ce hontes ;
Je n'ayme tel confession ,   12295
Et n'est pour autre occasion
Que n'ay cure de povre gent ;
Leur estat n'est ne bel ne gent.
Ces Emperieres , ces Duchesses ,
Ces Roynes & ces Baronnesses ,   12300
Ces autres Dames Palatines ,
Ces Abbesses & ces Beguynes ,
Ces Baillives , ces Chevalieres ,
Ces Bourgoises cointes & fieres ,
Ces Nonnains & ces Damoiselles   12305
Pour qu'ils soient jeunes & belles
Soient nuës ou bien parées,

Jà ne s'en yront eſgarées,
Et pour le ſaulvement des ames
J'enquiers des Seigneurs & des Dames   12310
Et de treſtoutes leurs meſgnies,
Leurs proprietez & leurs vies,
Et leur fais croire & metz és teſtes,
Que leurs Preſtres Curez ſont beſtes
Envers moy & mes compaignons :   12315
Dont moult a de maulvais guygnons,
A qui je ſçay ſans rien celer
Les ſecrets des gens réveler :
Et eulx auſſi tout me revelent,
Qui riens du monde ne me celent,   12320
Et pour les felons parcevoir,
Qui ne ſont que gens décevoir,
Paroles vous diray-je cy
Que nous lyſons de ſaint Macy,
C'eſt aſſavoir l'Evangeliſtre,   12325
Au vingt & troiſiéme Chapitre,
Sur la Chaire de Moyſi,
Car la gloſe le dit ainſi;
C'eſt le Teſtament ancien,
Ce dient Scribe & Phariſien,   12330
Ce ſont les faulſes gens mauldictes,
Que la lettre apelle ypocrites;
Faictes ce qu'ils ſermonneront
Et non mye ce qu'ilz feront;
Du bien dire ne ſont pas lent;   12335
Mais du faire n'ont nul talent,
Ilz lyent aux gens décevables
Griefz faiz qui ne ſont pas portables;

Et sur leurs espaulles leur posent;
Mais à leur doy nouer ne l'osent   12335

Amour.

Pourquoi non?

Faux-semblant.

Pource qu'ilz ne veulent,
Car les espaulles souvent seullent
Aux porteurs des fais douloir,
Pource fuyent-ilz tel vouloir.
S'ilz font œuvres qui bonnes soient   12345
C'est affin que les gens les voyent:
Leurs filatieres eslargissent,
Et leurs fimbries engrandissent,
Et ayment des sieges aux tables
Les plus haulx & plus honnorables,   12350
Et les premiers des Synagogues
Com Sires orgueilleux & rogues,
Et ayment bien qu'on les salue,
Quant ilz trespassent par la rue,
Et veulent estre apellez maistre,   12355
Ce qu'ilz ne devroient pas estre;
Car l'Evangile va encontre,
Qui leur desloyaulté démonstre.

Une autre coustume en avons
Sur ceulx qui contre nous sçavons;   12360
Trop les voulons forment hayr
Et tous par accord envahyr,
Ce que l'ung hayt les autres héent,
Trestous à le confondre béent,

Se nous voyons qu'il puiſt conquerre 12365
Par quelque gent honneur en terre,
Prébendes ou Poſeſſions,
A ſçavoir nous eſtudions
Par quelque eſchielle il peut monter,
Et pour le mieulx prendre & dompter, 12370
Par trayſon le diffamons
Vers tous, puis que point ne l'aymons:
De l'eſchelle les eſchellons
Luy coupons, ainſi les pillons
De ſes amys, qu'il n'en ſçaura 12375
Ja mot quant perdu les aura.
Car s'en apert nous les grevions,
Pour certain blaſmés en ſerions,
Et ſi fauldrions à noſtre eſine,
Car ſe noſtre entention peſine 12380
Sçavoit cil, il ſe deffendroit,
Si que l'on nous en reprendroit.

Si l'ung de nous a grant bien fait;
Pour nous tous le tenons à fait;
Voyre par Dieu s'il le faignoit 12385
Ou ſans plus vanter s'en daignoit
D'avoir avancés aulcuns hommes,
Tous de ce fait parſonniers ſommes,
Et diſons bien ſçavoir devez
Que telz ſont par nous eſlevez; 12390
Et pour avoir des gens louenges,
De riches hommes par loſenges
Impetrons que lettre nous doygnent,
Qui la bonté de nous teſmoignent,
Si que l'en croye par le monde, 12395

Que vertu tout en luy habonde,
Et tousjours povres nous faignons;
Mais comment que nous nous plaignons
Nous sommes & vous fais sçavoir
Ceulx qui tout ont sans rien avoir.   12400
Si je m'entremetz de courtages,
Je fais paix, je joingz mariages,
Sur moy prens excusations,
Et voys en procurations:
Messagier suis & fais enquestes,   12405
Qui ne me sont pas trop honnestes:
Les autres besoignes traictier
Ce m'est ung très-plaisant mestier;
Et se vous avez rien à faire
Vers ceulx entour que je repaire,   12410
Dictes-le moy c'est chose faicte,
Si-tost que la m'aurez retraicte,
Pour ce que m'avez bien servi,
Mon service avez desservi.
Mais qui chastier me vouldroit,   12415
Tantost ma grace se touldroit,
Je n'ayme l'homme ne ne pris,
Par qui je suis en riens repris.
Les autres veuil-je tous reprendre;
Mais ne veuil leur reprinse entendre, 12420
Car je qui les autres chasty
N'ay mestier d'estrange chasty.
    Si n'ay mes cure d'ermitages;
J'ay laissé desers & bocages:
Et si quitte à saint Jean-Baptiste   12425
Du desert, & manoir, & giste,

Trop par eſtoye loing gettez.
Es Bourgs, ès Chaſteaulx, ès Citez,
Fais mes ſales & mes palais,
Où l'en peut courre à plain alays;   12430
Et dy que je ſuis hors du monde,
Mais je m'y plonge & m'y affonde,
Et m'y ayſe, & m'y baigne, & noë
Mieulx que nul poiſſon, de ſa noë.
Je ſuis des Varletz Antechriſt,   12435
Des Larrons dont il eſt eſcript,
Qui ont les habits de ſaintiſe,
Et vivent en telle faintiſe;
Dehors ſemblons aigneaulx pitables,
Dedans ſommes loupz raviſſables,   12440
Si environs nous mer & terre,
A tout le monde avons prins guerre
Et voulons du tout ordonner
Quelle vie on y doit mener;
S'il y a Chaſteaulx, ne Citez,   12445
Où bougres ſoyent recitez,
Meſmes s'ilz eſtoient de Millan,
Car auſſi les en blaſme l'en:
Ou ſe mis l'homme oultre meſure
Vendre à terme, on preſte à uſure,   12450
Tant eſt d'acquerir envieux,
Ou s'il eſt trop luxurieux,
Ou Larron, ou Simoniaux,
Soit Prevoſt, ou Officiaux,
Ou Prélat de jolie vie,   12455
Ou Preſtre qui tienne s'amie,
Ou vieilles Putains hoſtellieres,

DE LA ROSE.

Ou maquereaulx ou bordellieres,
Ou reprins de quelconque vice,
Dont on devroit faire justice : 12460
Par trestous les saintz qui l'en proye
S'il ne se deffent de lemproye,
De luz, de saumon, ou d'anguille,
S'on le peut trouver en la Ville,
Ou de tartres ou de flaons, 12465
Ou de fromages angelons,
Qu'aussi est se moult bel jouel ;
Ou la poire de caillouel,
Ou d'oysons gras ou de chappons,
Dont par les gueulles nous frappons ; 12470
Ou s'il ne fait venir en haste
Chevreaulx lardez, connils en paste,
Ou de porc aumoins une longe,
Il aura de corde une alonge,
A quoy on le menra brusler, 12475
Si que l'on l'orra bien hurler
D'une grant lieue tout entour,
Ou sera prins & mis en tour,
Pour estre tousjours enyvré,
S'il ne nous a bien procuré : 12480
Ou sera pugny du meffait
Plus je croy qu'il n'aura meffait.
 Mais il se tant d'engin avoit
Qu'une grand tour faire sçavoit,
Ne luy chaulsist jà de pierre, 12485
Fust sans compas & sans esquierre,
Mesmes de motes ou de fust,
Ou d'autre chose quelque fust ;

G 5

Mais que cil euſt dedans aſſez
De biens temporelz amaſſez,   12490
Et dreſſaſt ſur une pierriere,
Qui getaſt devant & derriere
Et de deux coſtes enſement
Encontre nous eſpeſſement,
Telz cailloux que m'oyez nommer,   12495
Pour ſoy faire bien renommer ;
Et getaſt à grans mangonneaux
Vins en baris & en tonneaux,
Ou grans ſacz de centaine livre,
Toſt en pouroit eſtre délivre ;   12500
Et s'il ne trouve telz pitances,
Eſtudie en équipolences,
Et délaiſſe lieux & fallaces,
Si bien n'en cuyde avoir noz graces,
Ou tel teſmoing lui porterons,   12505
Que tout vif ardre le ferons,
Ou luy donrons tel pénitence,
Qui vauldra pis que la pitance.

Ja ne les congnoiſtrez aux robes
Des faulx traiſtres tous plains de lobes,   12510
Les faitz vous convient regarder,
Se d'eulx vous voulez bien garder ;
Et ſe ne fuſt la bonne garde
De l'Univerſité qui garde
Le chief de la Creſtienté   12515
Tout euſt eſté bien tormenté,
Quant par maulvaiſe intention
En l'an de l'incarnation
Mille deux cens cinq & cinquante,

N'est homs vivant qui m'en démente, 11520
Fut baillé & c'est chose voire
Pour prendre commun exemplaire
Ung livre de par le grant diable,
Dit l'Evangile pardurable,
Que le saint Esperit Ministre, 11525
Si comme il apparut au tiltre,
Ainsi est-il intitulé
Bien est digne d'estre brulé.
A Paris n'eust homme ne femme
Au Parvis devant Nostre-Dame, 11530
Qui lors bien avoir ne le peust
A transcrire se bien luy pleust :
Là trouvast par gar grant mesprisons
Maintes telles comparaisons,
Autant que par sa grant valeur, 11535
Soit de clarté, soit de chaleur,
Surmonte le Soleil la Lune,
Qui trop est plus trouble & plus brune
Et le noyau des noys la coque
Ne cuidez pas que je vos mocque, 11540
Sur m'ame le vous dy sans guille;
Tant surmonta ceste Evangille
Ceulx que les quatre Evangelistres
Jesu-Christ firent à leurs tiltres,
De telz comparaisons grant masse 11545
Y trouvast-on, que je trespasse.
   L'Université qui lors yere
Endormie, leva la chiere
Du bruit du livre s'esveilla,
Donc puis gueres ne someilla; 11550

Ains s'armà pour aller encontre,
Quant apparçeut l'horrible monstre
Toute preste de batailler
Et du livre au Juge bailler ;
Mais ceulx qui là le livre mirent　　　12555
Saillirent sus & le reprirent
Et se hasterent de mussier ;
Car ne le sçeurent tant mussier,
Par espondre ne par gloser
A ce qu'il vouloit proposer　　　12560
Contre les paroles mauldites,
Qui en ce livre sont escriptes.
Or ne sçay qu'il en adviendra,
Ne quel chief ès livre tiendra,
Mais encor luy convient attendre　　　12565
Tant qu'ilz le puissent mieulx deffendre.
Ainsi Antechrist attendrons,
Tous ensemble à luy nous rendrons :
Ceulx qui ne s'y vouldront aherdre
La vie leur conviendra perdre.　　　12570
Les gens encontre eulx esmouvrons
Par les baratz que nous trouvrons,
Et les ferons desglavier,
Ou par autre mort devier,
Puisqu'ilz ne nous vouldront ensuivre,　　　12575
Qu'il est ainsi escript au livre,
Qui ce racompte & signifie
Tant comme Pierre ait Seigneurie,
Que ne peut Jehan monstrer sa force.
Or vous ay dit du sens l'escorce　　　12580
Qui fait l'intention mucer,

DE LA ROSE. 61

La nouvelle vous vueil noncer.
Par Pierre vueil le Pape entendre,
Et les Clercs féculiers comprendre,
Qui la Loy Jefu-Chrift tendront   12585
Et garderont & deffendront
Contre treftous les empefcheurs :
Et par Jehan entens les Prefcheurs,
Qui diront qu'il n'eft Loy tenable,
Fors l'Evangile pardurable,   12590
Que le faint Efperit envoye,
Pour mectre gens à bonne voye :
Par la force de Jehan entent
La grace dont fe va vantant,
Qui veult les Prefcheurs convertir,   12595
Pour eulx faire à Dieu revertir.
Moult y a d'autres diableries
Commandées & eftablies
En ce livre que je vous nomme,
Qui font contre la Foy de Romme,   12600
Et fe tiennent à Antechrift,
Comme je treuve au livre efcript :
Lors occiront & feront guerre
A ceulx de la partie Pierre ;
Mais jà n'auront povoir d'abatre,   12605
Ne pour occire, ne pour batre
La Loy Pierre je vous plevis,
Qu'il n'en demeure affez de vifz,
Qui toujours bien la maintiendront,
Tant que tous en fin y viendront.   12610
Et fera la Loy confonduë
Qui par Jehan eft jà entenduë :

Mais je ne vous en vueil plus dire
Car trop efloingne ma matire :
Mais fe ce livre fuft paffez ; 11615
En greigneur eftat fuffe affez ;
Si ay jà moult de grans amys
Qui en grant eftat m'ont jà mis.
De tout le monde emperiere
Barat mon Seigneur & mon pere, 11620
Me mere en eft empereis :
Malgré qu'en ayt le faint Efpris
Noftre puiffant lignage regne,
Nous regnons ore en chafcun regne.
Et bien eft droit que nous regnons, 11625
Car treftout le monde tenons,
Et fçavons fi les gens déçoivre
Qu'on ne s'en peut apparçoivre ;
Ou s'il le fçet appercevoir,
N'en ofe-il defcouvrir le voir : 11630
Mais cil en l'ire Dieu fe boute
Qui plus que Dieu mes freres doubte ;
N'eft pas en foy bon champion,
Qui craint tel fimulation,
Ne qui veult paine refufer 11635
Qui puift venir d'eulx accufer :
Tel homs ne veult entendre voir,
Ne Dieu devant fes yeulx avoir ;
Si l'en punira Dieu fans faille,
Mais ne m'en chault comment il aille, 12640
Puifque l'amour avons des hommes,
Pour fi bonnes gens tenuz fommes,
Que de reprendre avons le pris,

Sans estre de nulluy repris.
Quelz gens doit-on donc honnorer, 12645
Fors nous qui ne cessons d'orer
Devant les gens apertement
Tant soit-il derriere autrement ?

  Est-il plus grant forcenerie
Que d'exaucer Chevalerie, 12650
Et d'aymer gens nobles & cointes,
Qui robes ont gentes & cointes ?
S'ilz sont telz comment ilz apparent
Combien que nectement se parent,
Que leur dit s'acorde à leur fait, 12655
N'est-ce grant dueil ne grant meffait.
S'ilz ne veulent estre ypocrites ?
Telles gens soient maledictes,
Jà certes ne les aymerons,
Mais beguins à grans chapperons 12660
Aux chieres basses & alizes,
Qui ont ces larges robes grises
Toutes fretelées de crotes,
Houseaulx froncis & larges bottes,
Qui resemblent bource à cailler ; 12665
A ceulx doivent Princes bailler
A gouverner eulx & leurs terres,
Ou soit par paix, ou soit par guerres.
A ceulx se doit Prince tenir
Qui veult à grant honneur venir : 12670
Et s'ilz sont autres qu'ilz ne semblent,
Qu'ainsi la grace du monde emblent,
Là me vueil embatre & fichier,
Pour décevoir & pour trichier.

Si ne vueil-je pas pour ce dire 12675
Que l'en doye humble habit defpire,
Mais que deſſoubz orgueil n'abit ;
Nul ne doit hayr pour habit
Les povres qui en font veftuz,
Mais Dieu ne prife deux feftuz 12680
S'il dit qu'il a laiſſé le monde
Et de gloire mondaine habonde
Et de délices veult ufer.
Qui peut tel beguin excufer,
Tel Papelart quant il fe rend, 12685
Puis va mondains délitz querant,
Et dit que tous les a laiſſiez
Et il en veult eftre engraiſſiez :
C'eft le matin qui gloutement
Retourne à fon vomiſſement ; 12690
Car à vous n'ofay-je mentir,
Mais fe je pouvoye fentir
Que vous point ne l'apparçeuſſiez
La menfonge au poing vous euſſiez,
Certainement je vous mocquaſſe, 12695
Jà pour pechié ne le laiſſaſſe,
Si vous pourroys-je bien faillir
Se vous m'en déviés mal baillir.

L'Acteur.

Le Dieu fe rit de la merveille,
Chafcun d'eulx s'en rit à merveille ; 12700
Et dient vecy bons Sergens,
Ou bien fe doyvent fier gens.

Le Dieu d'amours.

Faux-semblant, dist Amours, dy moy,
Puisque de moy tant t'aprivoy,
Qu'en ma court tant de povoir as, 12705
Que Roy des Ribaulx y feras;
Me tiendras-tu ta convenance ?

Faux-semblant.

Ouy, je le jure, & convenance,
N'onc n'eurent Sergent plus loyal
Vostre pere ne vostre ayal. 12710

Amours.

Comment : c'est contre ta nature ?

Faux-semblant.

Mettez-vous-en à l'advanture,
Car se plaiges en requerez,
Jà plus asseur vous n'en serez,
Non pas se j'en bailloye hostages,
Ou lettres, ou tesmoings, ou gages; 12715
Car à tesmoings vous en appel,
On ne peut oster de sa pel
Le Loup tant qu'il soit escorchié
Jà tant n'est batu ne torchié.
Cuidez que ne triche ne lobe, 12720
Pourtant que je vestz simple robe,
Soubz qui j'ay maint grant mal œuvré,
Jà par Dieu mon cueur n'en mouvré;
Et se j'ay chiere simple & coye,

Que de mal faire me recroye ;   12725
Mamye contrainte abstinence
A besoing de ma pourveance,
Pieça fust morte ou mal baillie,
S'elle ne m'eust en sa baillie ;
Laissez-nous luy & moy chevir.   12730

Amours.

Or soit : je t'en croy sans pleuvir ;
Et le larron en ceste place
Qui de trahyson eust la face
Blanc dehors & dedans noircy
S'agenouilla & l'en mercy.   12735

Le Dieu d'amours.

Donc n'y a fors de l'atourner,
Dist lors Amours sans séjourner ;
Sus à l'assault appertement :
Lors s'arment tous communément
De telz armes comme armer deurent.   12740
Armez sont : & quant armez furent,
Si saillent sur tous abrivez
Au fort Chastel sont arrivez,
Dont jà n'entendent à partir,
Tant que tous y seront martir,   12745
Ou qu'il soit prins ains qu'ilz se partent.
Leur bataille en quatre parts partent ;
Si s'en vont en quatre parties
Comme leurs gens eurent parties,
Pour assaillir les quatre portes,   12750
Dont les Gardes n'estoient pas mortes,

Ne malades, ne paresseuses,
Mais tresfortes & vigoureuses.

Comment Faulx-semblant cy sermonne
De ses habitz & puis s'en tourne, 12755
Luy & Abstinence-contrainte
Vers Male-bouche tout par fainte.

OR vous diray la contenance
De Faux-semblant & d'Abstinence,
Qui contre Male-bouche vindrent 12760
Encontre eulx ung Parlement tindrent,
Sçavoir comment se contiendroient,
Ou se congnoistre se feroient ;
Ou s'ilz yroient déguysé :
Si ont par accord advisé 12765
Qu'ils s'en yront en tapinage,
Ainsi comme en pelerinage
Comme gent très-piteuse & sainte.
Tantost Abstinence-contrainte
Vest une robe cameline, 12770
Et s'aourne comme beguyne
Et eut d'ung large couvrechief
Et d'ung blanc drap couvert son chief :
Son Psaultier mye n'oublia,
Unes Patenostres y a 12775
A ung blanc latz de fil pendaës,
Qui ne luy furent pas venduës :
Donnéeses luy eut ung frere,
Qu'elle disoit estre son pere
Et la visitoit moult souvent 12780

Plus que les autres du Couvent;
Et il souvent la visitoit
Maint bel sermon luy recitoit.
Jà pour Faulx-semblant ne laissast
Que souvent ne la confessast 12785
Et par si grant dévocion
Faisoient leur confession,
Que deux testes avoient ensemble
En ung chapperon ce me semble.
De belle taille est à devys; 12790
Mais ung pou fut pale de vis
Et ressembloit la pute lice,
Le cheval de l'Apocalipse,
Qui signifie la gent male,
D'ypocrisie taincte & pâle; 12795
Car ce cheval sur soy ne porte
Nulle couleur fors pâle & morte,
De tel couleur alangourée,
Fut Abstinence coulourée,
De son estat se repentoit 12800
Comme son viz representoit,
De larrecin eut ung bourdon
Qu'el reçeut de Barat par don :
De triste pensée roussi,
Escharpe eut plaine de soucy, 12805
Et avoit ceinte une ceinture,
Tyssue de Male-nature;
Quant preste sur elle s'en tourne,
Faulx-semblant qui bien se retourne,
Eut ainsi que pour essayer, 12810
Vestuz les draps frere Sohyer,

DE LA ROSE.

La chiere eut moult simple & piteuse,
Ne la regardeure orgueilleuse
N'eut-il pas ; mais doulce & paisible ?
A son col portoit une Bible,
Après s'en va sans Escuyer,
Et pour les membres apuyer :
Eut ainsi que par impotance,
De trahison une Potance,
Et fist en sa manche glacier,
Ung trenchant rasouer d'acier,
Qui fut forgé à une forge,
Que l'on appelle coupegorge,
Et fut trempé sur ung tyson,
Que l'on appelle trahyson :
En tel guyse s'appareillerent,
En allant point ne sommeillerent ;
Ains va chascun tant & s'approuche,
Qu'ilz sont venuz à Male-bouche,
Qui à sa porte se seoit,
Et tous les trespassans veoit :
Les Pelerins choisit qui viennent,
Qui moult humblement se contiennent.

Comment Faulx-semblant, Abstinence
Pour l'Amant s'en vont sans doubtance
Saluer le faulx Male-bouche,
Qui des bons souvent dit reprouche.

INclinés sont moult humblement,
Abstinence premierement
Le salue, & de luy va près

Faulx-semblant, le saluë après,
Et cil eulx ; mais onc ne se meut,
Il ne les doubta, ne cremeut ;
Car quant il les eut veuz au vis
Bien les congneut, si luy fut vis   12845
Que congnoissoit bien Abstinence ;
Mais ne sçeut pas la contraignance,
Ne larronnesse vie fainte,
Ne sçavoit pas que fust Contrainte,
Ains cuidoit qu'el venist de gré ;   12850
Mais descendoit d'autre degré,
Et celle le gré commença,
Faillit le gré dès lors en ça.
Semblant avoit autresfois veu,
Mais faulx n'avoit-il pas congneu,   12855
Faulx estoit, mais de faulseté
Ne l'eust-il jamais attesté ;
Car le semblant si fort ouvroit
Que sa faulseté luy couvroit :
Mais se devant le congneussiez,   12860
Quant en ces draps veu vous l'eussiez,
Bien jurissiés le Roy celestre,
Que cil qui devant souloit estre,
De la dance le beau Robin,
Estoit devenu Jacobin.   12865
Mais sans faille s'en est la sommes,
Les Jacobins sont tous Preud'hommes.
Maulvaisement l'Ordre tendroient
Se telz Menestrelz en estoient ;
Et saichent tous les autres Freres   12870
Les Celestins, tous ces beaulx Peres,

DE LA ROSE.

Les Cordeliers & les Barrés,
Tant soient-ilz gros & quarrés ;
N'est nul qui n'appere Preud'hom,
Dont on peut bien dire abandon, 11875
Que jà ne verrés d'apparence
Conclurre bonne conséquence,
En nul argument que l'en face,
Ce default existence efface,
Tousjours y trouverez Sophime, 11880
Qui la conséquence envenime.
Se vous avez subtilité
D'entendre la dupplicité.

L'Acteur.

Quant les Pelerins venuz furent
A Male-bouche, où venir deurent ; 11885
Tous leurs harnois auprès d'eulx mirent
Delez Male-bouche s'assirent
Qui leur a dit : or çà venez,
De voz nouvelles m'aprenez,
Et me dictes quel achoison 11890
Vous amaine en ceste maison.
Sire, dist Contrainte-abstinence,
Pour faire nostre pénitence,
De fins cueurs netz & enterins,
Sommes devenuz Pelerins, 11895
Presques tousjours de pied allons,
Pouldreux moult avons noz tallons :
Si sommes-nous d'eux envoyés,
Parmy ce monde dévoyés,
Donner exemple & preschier 11900

Pour plus de grans pécheurs peschier;
Autre peschaille ne voulons;
Et pour Dieu comme nous soulons,
Hostel vous voulons demander,
Et pour vostre vie amander;   12905
Mais qu'il ne vous en deust desplaire,
Nous vous vouldrions bien cy retraire
Ung bon sermon à brief parole.
 Adonc Male-bouche parole,
L'Hostel, dist-il, comme véez   12910
Prenez, jà ne vous est nyés;
Et dictes ce qu'il vous plaira,
J'escouteray que ce sera.

Abstinence-contrainte.

Grant mercy, Sire, puis commence
Premierement Dame Abstinence.   12915

Comment Abstinence reprouche
Les Paroles à Male-bouche.

SIre, la vertu primeraine,
La plus grant, la plus souveraine,
Qu'homme mortel si puist avoir,   12920
Par science ne par avoir,
C'est de sa langue refrener:
A ce se doit chascun pener,
Car trop mieulx vault-il qu'on se taise,
Que dire parole mauvaise.   12925
Et cil qui voulentiers l'escoute,
N'est pas Preud'homs, ne Dieu ne doubte;
        Sire,

DE LA ROSE. 73

Sire, sur tous autres pechiés
De cestuy estes entachiés.
Une truffle pieça vous distes, 12930
Dont trop malement mesprenistes
D'ung Varlet, qui cy repairoit;
Car vous distes qu'il ne queroit
Fors à Bel-acueil decevoir;
Vous ne distes pas de ce voir, 12935
Mais en mentistes cy devient,
Il ne va plus cy, ne ne vient,
N'espoir jamais ne l'y verrez,
Bel-acueil en est enserrez,
Qui avecques vous se jouoit 12940
Des plus beaulx jeux que mieulx povoit,
Le plus des jours de la sepmaine,
Sans nulle pensée villaine:
Or ne s'ose mais solacier,
Le Varlet avez fait chacier, 12945
Qui se venoit icy deduyre.
Qui vous esmeut à luy tant nuyre?
Fors que vostre male pensée,
Qui mainte mensonge a pensée,
Aussi vostre fole loquence, 12950
Qui brait & crye, noyse & tence,
Et les blasmes aux gens eslieve
Et les deshonnore & les griefve
Par chose qui n'a point de preuve,
Fors de cuidance & de controuve? 12955
Dire vous vueil tout en appert,
Qu'il n'est pas voir quant qu'il appert.
Si est pechié de controuver

Tome II D.

Chose qui fait à réprouver ;
Et vous-mesmes bien le sçavez, 12960
Pourquoy plus grant tort en avez :
Mais non pourtant il n'en fait force,
Ne n'en donroit pas une escorce
De chesne, comment qu'il en soit,
Sachiés que nul mal n'y pensoit ; 12965
Car il y allast & venist,
Nulle essoigne ne le tenist.
Or n'y vient plus, ne n'en a cure :
Ce n'est par aucune advanture,
En trespassant moins que les autres, 12970
Et vous guetiés jambes sur autres
A ceste porte sans sejour,
L'a musé si musart, toute jour,
La nuyt & le jour y veillez,
Par droit neant vous travaillez. 12975
Jalousie qui s'en attent
A vous, ne vous vauldra ja tant ;
Si est de Bel-acueil dommage,
Qui sans riens accroire est en cage,
Sans forfait en prison demeure : 12980
Là languist le chetif & pleure
Nuyt & jour sans soy retarder,
C'est grant pitié du regarder.
Se vous n'aviez pas plus meffait
Au monde que cestuy forfait, 12985
Vous deust-on, & n'en doubtez mye,
Bouter hors de ceste baillie,
Mettre en chartre, ou lyer en fer,
Vous en yrez au feu d'Enfer

DE LA ROSE.

Se vous ne vous en repentez.   12990

Male-bouche.

Certes, ce dit-il, vous mentez,
Que mal soyez ores venuz.
Vous ay-je pour ce retenuz,
Pour moy dire honte & laidure?
Par vostre grant mesadventure   12995
Me tenez-vous cy pour bergier;
Or allez ailleurs hebergier,
Quant vous m'appellez cy menteur:
Vous estes ung droit enchanteur,
Qui m'estes cy venu blasmer,   13000
Et pour vrai dire & entamer.
Qu'allez-vous cy endroit querant,
A tous les grans Diables me rent?
Et vous beau Dieu me confondez,
S'ains que le Chastel fut fondez,   13005
Ne passerent jours plus de dix,
Qu'on le me dist, & je redis
Que celluy la Rose baisa,
Ne sçay se de plus s'en aisa?
Pour quoy me fist-on donc accroyre   13010
La chose, s'elle ne fut voyre.
Par Dieu je dis & le diray,
Et croy que jà n'en mentiray,
Et corneray à mes buisines,
Et aux voysins & aux voysines,   13015
Comment par cy vint & par-là.

L'Acteur.

Adoncques Faulx-semblant parla.

Comment Male-bouche escouta
Faulx-semblant qui tost le mata.

Sire, ce n'est pas Evangile 13020
Tout ce qu'on dit parmy la Ville,
Or n'ayez pas oreilles sourdes,
Prouver vous vueil que ce sont bourdes;
Vous sçavez bien certainement
Que nul n'ayme enterinement, 13025
Pour tant qu'il le puisse sçavoir,
Tant ayt en luy peu de sçavoir,
Homme qui mesdye de luy.
Or est vray, car oncques de luy
Ne fustes hay, mais aymé, 13030
Et son très-chier amy clamé.
Tous amans voulentiers visitent
Les lieux où leurs amours habitent;
Cil vous honnore & tient moult chier,
Et vous tient à amy très-chier: 13035
Cil par tout où il vous rencontre,
Belle chiere & lye vous monstre
Et de vous saluer ne cesse,
Si ne vous fait pas si grand presse;
Vous n'estes trop par luy lassez. 13040
Autres y viennent plus assez;
Sachiez se son cueur bien pensast
A la Rose, il s'en appressast

Et si souvent vous le veissiez,
Que tout prouvé le prenissiez ; 13045
Nul ne s'en sceust en riens garder,
S'on le devoit tout vif l'arder ;
Il ne fust pas or en ce point :
Donc sachiez qu'il n'y pense point,
Non fait Bel-acueil vrayement, 13050
Tant en ayt-il mal payement,
Par Dieu ce ils bien le voulsissent,
Malgré vous la Rose cueillissent.
Quant du Varlet mesdit avez,
Qui vous ayme, bien le sçavez ; 13055
Sachiez, s'il y avoit beance,
Jà n'en soyez en mescreance,
Jamais nul jour ne vous aymast,
Ne son amy ne vous clamast,
Et vouldroit penser & veiller 13060
Du chastel prendre & exiller,
S'il fust vray & que bien le sceust
Que quiconques ce dit luy eust :
De soy le peut-il bien sçavoir,
Puis qu'un autre n'y peut avoir, 13065
Si comme avant il avoit eu,
Tantost l'eust-il bien aperceu.
Or le fait-il tout autrement ;
Doncques avez oultréément
La mort d'Enfer bien deservie, 13070
Quant tel gent avez asservie.

L'Acteur.

Faulx-semblant ainsi ce luy preuve :

Cil ne scet respondre à la preuve,
Et voit bien aucune apparance,
Près qu'il ne chiet en repentance, 13075
Et leur dit :

Male-bouche.

    Par Dieu bien peut-estre ;
Semblant, je vous tiens à bon maistre,
Et Abstinence moult à sage,
Bien semblés estre d'ung courage :
Que m'ordonnez-vous que je face ? 13080

Faulx-semblant.

 Confez ferez en ceste place,
Et ce pechié sans plus direz,
De cestuy vous repentirez ;
Car je suis d'Ordre, & si suis Prestre
De confesser le plus grand maistre 13085
Qui soit, tant que le monde dure :
J'ay de tout le monde la cure.
Ce n'eut onc Prestre ne Curé,
Tant fust à son Prelat juré ;
Et si ay par la haulte Dame 13090
Cent foys plus pitié de vostre ame,
Que voz Prestres Paroissiaulx,
Jà tant vous soit especiaulx :
Et si j'ay ung grand advantage,
Vostre Prelat n'est pas si sage, 13095
Ne si lectré de trop com je,
J'ay de divinité congié ;
Voyre par dieu pieça l'ay eu

Pour confesser; & m'ont esleu
Le meilleur qu'on puisse sçavoir 13100
Par mon sens & par mon sçavoir ;
Se vous voulez cy confesser
Et ce pechié tantost laisser,
Sans plus en faire mention,
Vous aurez absolution. 13105

Comment la langue fut coupée,
D'ung rasouer non pas d'une espée
Par Faul-semblant à Male-bouche,
Dont il cheut mort comme une souche.

MAle-bouche tantost s'abaisse, 13110
Si s'agenouille & se confesse,
Comme contrit & repentant;
Car cil par la gorge le prent
A deux poins l'estrainct & l'estrangle,
Et luy a tolluë la jangle ; 13115
La langue d'ung rasouer luy oste.
Ainsi chevirent de leur hoste,
Ne l'ont autrement enossé,
Puis le tumbent en ung fossé,
Sans deffense la porte cassent; 13120
Quassée l'ont, oultre s'en passent ;
Si trouverent leans dormans
Trestous les souldoiers Normans,
Tant ils eurent beu à Gersay
Du vin que pas je ne versay : 13125
Car eulx-mesmes l'eurent versé,
Tant que tous furent enversé,

D 4

Ivres & dormans les eſtranglent,
Jamais ne ſeront telz qu'ilz janglent.

         13130
Comment Faulx-ſemblant qui conforte
Maint Amant, paſſa toſt la porte
Du Chaſtel avecques Faintiſe,
Avec Largeſſe & Convoytiſe.

A Donc Courtoyſie & Largeſſe
La porte paſſe ſans pareſſe : 13135
Si ſont là tous quatre aſſemblez,
Et bien ſecretement emblez.
La vieille qui ne s'en gardoit,
Qui Bel-acueil leans gardoit,
Onc euſt tous quatre enſemble veuë, 13140
De la tour eſtoit deſcenduë ;
Si s'eſbatoit parmy la boille
D'ung Chapperon en lieu de voille ;
Sur la guimple euſt couvert ſa teſte,
Contre elle coururent en haſte ; 13145
Et la ſaluerent tous quatre,
Si doubta que l'en l'alaſt batre,
Quant les veit tous quatre aſſemblés.

La Vieille.

Vrayment, dit-elle, vous ſemblés,
Bonne gent, vaillant & courtoyſe : 13150
Or me dictes ſans faire noiſe,
Si ne me tiens-je par pour priſe,
Que querez en ceſte pourpriſe ?

DE LA ROSE. 81
Les quatre respondent :

Pour prise, doulce mere tendre ?
Nous ne venons pas pour vous prendre ; 13155
Mais tant seulement pour vous veoir,
Et s'il vous peut tant plaire & seoir,
Nos corps offrons tout plainement
A voſtre doulx commandement,
Et quanques nous avons vaillans, 13160
Sans eſtre à nul jour deffaillans :
Et s'il vous plaiſoit, doulce mere,
Qui oncques ne fuſtes amere,
Nous vous requerons qu'il vous pleuſt,
Sans ce que point de mal y euſt, 13165
Que plus là dedans ne languiſt.
Bel-acueil, ainçoys en yſſiſt.
Et vint avecques vous jouër,
Sans gueres ſes piedz embouër ;
Ou au moins vueillez qu'il parole 13170
A ce Varlet une parole,
Et que l'ung l'autre reconfort,
Ce leur ſera moult grant confort,
Ne gueres ne vous couſtera :
Et cil voſtre homs lige ſera, 13175
Et voſtre ſerf, dont vous pourrez
Faire tout ce que vous vourrez ;
Ou pendre, ou vendre, ou engagier.
Bon fait ung tel amy gaignier,
Et voyez cy de ces jouellez, 13180
Ces fermeaulx d'or, ces nouvellez
Vous donne, auſſi ung garnement

D 5

Vous donra-il prochainement.
Moult à Franc-cueur courtoys & large,
Et si ne vous fait pas grant charge :   13185
De luy estes forment aymée,
Et si n'en serez jà blasmée :
Car il est moult sage & celez,
Si prions que vous le celez,
Ou qu'il aille sans vilenie,   13190
Si luy aurez rendu la vie.
Et maintenant ce chappelet
De par luy de fleurs nouvelet,
A Bel-acueil le presentez,
Et de par luy le confortez,   13195
Et l'estrenés d'ung bel salu,
Ce lui aura cent mars valu.

La vieille respond.

Se Dieu m'aist, se faire peust,
Que Jalousie ne le sceust,
Et jà nul blasme je n'en eusse,   13200
Dit la vieille faire le peusse ;
Mais trop est malement jangleur
Male-bouche & maulvais flateur ;
Jalousie là fait sa guette,
C'est celluy qui tous nous agaite :   13205
Il brait, il crie sans deffence,
Et jangle trestout ce qu'il pense,
Et contreuve de mal le pire,
Quant il ne scet de quoy mesdire,
S'il en devoit estre pendu,   13210
N'en seroit-il pas deffendu ?

DE LA ROSE. 83

S'il le difoit à Jaloufie,
Ce larron il m'auroit trahie.

Les quatre respondent :

De ce dient, ne fault doubter, 13215
Jamais n'en peut riens efcouter,
Ne rien veoir en nulle maniere;
Mort gift dehors en lieu de biere
En ces foflez à gueulle bée :
Sachiez, ce n'eft chofe faée,
Jamais d'eux deux ne genglera; 13220
Car pas ne refufcitera,
Se le Diable ne fait miracle,
Ou par venins, ou par triacle;
Jamais ne les peut accufer.

La Vieille respond :

Donc ne quiers-je jà reffufer, 13225
Mes chiers amys, voftre Requefte :
Mais dictes-luy que toft fe hafte,
Et ne demeure longuement;
Puis s'en vienne bien celéement,
Quand je lui feray affavoir, 13230
Et gard fon corps & fon avoir,
Que nulluy ne s'en apperçoive,
Ne riens n'y face qu'il ne doyve,
Bien die fa voulenté toute.

Les quatre.

Dame ainfi fera-il fans doubte, 13235
Font-ils, & chafcun l'en mercye,
D 6

Ainsi ont ceste œuvre batye.

L'Acteur.

Mais comment que la chose soit,
Faulx-semblant, qui ailleurs pensoit,
Dist à voix basse à part luy-mesme. 13240

Faulx-semblant.

Se celluy pour qui nous empreisme
C'est œuvre, de chose ne creust,
Mais que d'aymer ne se recreust:
Se ne vous y accordissiez,
Jà gueres vous n'y gaignassiez 13245
Au long aller, au moyen'essient,
Que cil n'y entrast espiant,
S'il en eust le tems & le lieu.
On ne voit pas tousjours le leu,
Ains prent bien où toult la brebis, 13250
Tant la garde-on par les herbis.
Une heure allissiez au Monstier,
Vous y demourastes moult hyer,
Jalousie qui si le guille,
Ralast je croy hors de la Ville; 13255
Où que soit convient-il qu'il aille,
Il venist lors en repostaille,
Ou par nuyt devers les courtilz
Seul sans chandelle & sans tortilz,
Sinon d'amours qui le gaitast, 13260
Je croy si l'en admonestast
Par confort tost le conduisist,
Mais que la Lune ne luysist.

DE LA ROSE.

Car la Lune par son cler luyre
Seult aux amans mainteffoys nuyre; 19265
Ou il entraſt par les feneſtres,
Car il ſçet de l'Hoſtel les eſtres;
Par une corde s'avalaſt,
Ainſi y veniſt & alaſt.
Bel-acueil je croy deſcendiſt 12270
Es Jardins, où il entendiſt,
Ou s'en fouiſt hors du pourpris,
Où tenu l'avez maint jour pris,
Et veniſt au Varlet parler,
Se devers luy povoit aler, 13275
Ou quant bien endormis vous ſçeuſt,
Si le tems & lieu avoir peuſt,
Les huys entr'ouvers luy laiſſaſt,
Ainſi du bouton s'aprouchaſt
Le fin amant, qui tant y penſe, 13280
Et le cueilliſt lors ſans deffence;
Si pourroit par autre manire
Les autres Portiers deſconfire.

L'Amant.

Et moy qui guere loing n'eſtoye,
Me penſay qu'ainſi le feroye, 13285
Se la Vieille me veult conduyre,
Ce ne me doit grever ne nuyre,
Tout ainſi comme l'a promis
Aux quatre, qui ſont mes amis;
Et ſe le veult j'y entreray 13290
Par-là ou mieulx mon point verray,
Comment Faulx-ſemblant l'eut penſé,

Du tout me tiens à son pensé.
La Vieille illec plus ne sejourne,
Tout court à Bel-acueil s'en tourne, 13295
Qui tout oultre son gré regarde,
Qui bien se souffrist de tel garde;
Tant va qu'elle vint à l'entrée
De la Tour, où tost est entrée:
Les degrez monte lyéément, 13300
Plus tost que peut hastivement,
Et luy trembloient tous les membres:
Bel-acueil quiert parmy les chambres
Qui est aux creneaulx apuyé
De la Prison, tout ennuyé; 13305
Pensif le treuve & triste & mourne,
De luy réconforter s'atourne.

La Vieille.

Beau filz, dist-elle, moult m'esmay,
Quant vous treuve en si grant esmay;
Dictes-moy tout vostre penser, 13310
Se de riens vous puis avancer,
Jà ne m'en verrez ung jour faindre.

L'Acteur.

Bel-acueil ne s'ose complaindre,
Ne luy dire quoy ne comment;
Il ne sçet s'el dit vray ou ment, 13315
Trestout son penser luy nya;
Car point de service n'y a,
De riens en luy ne se fioit,
Mesmes son cueur s'en deffioit,

Qu'il avoit paoureux & tremblant, 13310
Mais n'en ofoit monftrer femblant;
Tant l'avoit tousjours deboutée
La pute vieille redoubtée.
Garder fe veult de mefprifon,
Car il a paour de traifon; 13325
Ne lui defclot pas fa mefaife,
Mais en foy-mefmes fe rapaife
Par femblant & lyée chiere.

Bel-acueil.

Certes, ma doulce Dame chiere,
Combien que fus mys le m'ayez, 13330
Je ne fuis de riens efmayez,
Fors fans plus de voftre demeure;
Envis fans vous ceans demeure,
Car en vous moult grant amour ay,
Où avez-vous tant demouré. 13335

La Vieille.

Et par mon chief toft le fçaurez,
Et du fçavoir grant joye aurez.

Comment la Vieille à Bel-acueil,
Pour le confoler en fon dueil,
Luy dift de l'Amant tout le fait, 13340
Et le grand dueil que pour luy fait.

SE point eftes vaillant ne fage,
Car en lieu d'eftrange meffage,
Le plus courtoys Varlet du monde,

Qui de toutes graces abonde, 13345
Plus de mille foys vous faluë;
Car je le vy en une ruë,
Ainfi qu'il trefpaffoit la voye.
Par moy ce chapel vous envoye,
Voulentiers ce dit vous verroit, 13350
Jamais plus vivre ne queroit,
N'aura ung feul jour de fanté,
Se n'eft par voftre voulenté,
Se Dieu le gard & faincte foys;
Mais qu'une toute feule foys 13355
Parler à vous, ce dit-il, penft
A loyfir, mais que bien vous pleuft,
Pour vous fans plus aymer fa vie,
Tout nudz vouldroit eftre à Pavie,
Par tel convenant qu'il fçeuft faire, 13360
Chofe, qui très-bien vous peuft plaire,
Ne luy chauldroit qu'il deveniſt,
Mais que près de luy vous tenift.

L'Acteur.

Bel-acueil enquiert toutesvoye,
Qui eft cil qui ce luy envoye, 13365
Ains que reçoyve le prefent
Pour ce que doubtable fe fent,
Et qu'il peut de tel lieu venir,
Qu'il ne le vouldroit retenir:
Et la Vieille fans autre compte, 13370
Toute la verité luy compte.

La Vieille.

C'est le Varlet que vous sçavez,
Dont tant ouy parler avez,
Qui pieça tant vous agrea,
Que le blasme vous esleva   13375
Feu Male-bouche de jadis :
Jà n'aille s'ame en Paradis,
Maint Preud'homme a desconforté ;
Or l'en ont Diables emporté :
Il est mort, eschapez nous sommes,   13380
Ne prise sa langue deux pommes ;
A tousjours en sommes délivre,
Et s'il povoit encor revivre,
Ne nous pourroit-il pas grever,
Tant vous sçeust-il blasme eslever ; 13385
Car je sçay plus que ne fist oncques.
Or me créez, & prenez doncques
Ce chappel, & si le portez
De tant aumoins le confortez,
Qu'il vous ayme, n'en doubtez mye ;   13390
De bonne amour sans villenie ;
Et cil à autre chose tent,
Ne m'en desclot-il mye tant :
Mais bien vous y povez fier,
Vous luy sçaurez bien denier,   13395
S'il requiert chose qu'il ne doyve ;
S'il fait folie, si la boyve,
Si n'est-il pas fol, mais est sage,
Que par luy, ne fut fait oultrage ;
Dont mieulx le prise & si je l'ain,   13400

N'il ne sera jà si villain,
Que luy de chose vous requiere,
Qui à requerir ne s'affiere.
Loyal est sur tous ceulx qui vivent;
Ceulx qui sa compaignie suyvent 13405
L'en ont tousjours porté tesmoing,
Et je mesmes vous le tesmoing :
Moult est bien de meurs ordonné,
Onc ne fut homs de mere né,
Qui de luy nul mal entendist, 13410
Fors tant que Male-bouche en dist.
Si là ont tout mis en oubly,
Et je mesmes par moy l'oubly,
Ne me souvient plus des paroles,
Fors qu'ils furent faulses & foles ; 13415
Et le Larron les controuva,
Qu'oncques mais ja ne les prouva.
Certes bien sçay que mourir l'eust
Fait le Varlet, se riens en sçeust,
Qui est preux & hardy sans faille, 13420
En ce Païs n'a qui le vaille;
Tant a le cueur plain de noblesse,
Qu'il surmonteroit de largesse
Le Roy Artus, voire Alexandre,
S'il avoit autant à despendre 13425
D'or & d'argent comme ceulx eurent,
Qu'oncques ilz tant donner ne sçeurent,
Que cil autant plus en donnast ;
Par dons tout le monde estonnast,
Tant a bon cueur en soy planté, 13430
S'il eust de l'avoir a planté ;

DE LA ROSE. 91
De Largeſſe ſçeuſt bien apprendre,
Ce chappel ſi vous prye à prendre,
Dont les fleurs ſentent mieulx que baſme.

Bel-acueil.

A certes j'en craindroys le blaſme, 13435
Diſt Bel-acueil, qui toſt fremiſt,
Et tremble, & treſſault, & gemiſt,
Rougiſt, paliſt, pert contenance;
Et la Vieille en ſa main luy lance,
Et luy veult faire à force prendre; 13440
Car il n'oſoit la main y tendre,
Mais dit pour ſoy mieulx excuſer,
Que mieulx luy vaulſiſt reffuſer,
Si le voulſiſt-il jà tenir,
Quoy qu'il luy en deuſt advenir; 13445
Moult eſt bel & gent ce chappeaulx;
Mais mieulx m'y vauldroit mes drapeaulx
Avoir tout ars & mis en cendre,
Que de par luy l'oſaſſe prendre;
Mais ſuppoſé que je le praingue 13450
A Jalouſie la griffaingne,
Que pourrions-nous en ores dire;
Bien ſçay qu'elle enragera d'ire,
Et ſur mon chief le deſſira
Piece à piece, & puis m'occira, 13455
S'el ſçet qu'il ſoit de-là venu;
Lors ſeray prins & pis tenu,
Qu'oncques en ma vie ne fuy,
Et ſe je luy eſchappe & fuy,
Quelle part m'en pourray fouyr? 13460

Tout vif me verrez enfouyr,
Se je suis prins après la fuite ;
Si croy-je que j'auroye suyte,
Et se seroys prins en fuyant,
Tout le monde m'iroit huant ; 13465
Ne le prendray.

La Vieille.

Si ferez certes,
Jà n'en aurez blasmes ne pertes.

Bel-acueil.

Et s'el m'enquiert dont il vint.

La Vieille.

Responses aurez plus de vingt.

Bel-acueil.

Touteffoys s'elle me demande, 13470
Que puis-je dire à sa demande ?
Se j'en suis blasmé, ne repris,
Quel part luy diray ou l'ay pris ?
Car il me convient luy respondre,
Ou quelconque mensonge escondre ; 13475
S'elle sçavoit, je vous pleuviz,
Mieulx vouldroye estre mort que viz.

La Vieille.

Que vous direz, se n'el sçavez,
Se meilleur responce n'avez,
Dictes que je le vous donnay ? 13480

Bien sçavez que tel renom ay,
Que n'aurez blasme, ne vergongne
De prendre riens que je vous donne.

Comment tout par l'enhortement
De la Vieille, joyeufement 13485
Bel-acueil receut le chappel,
Pour erres de vendre sa pel.

BEl-acueil, sans dire autre chose,
Prend le chappel & si le pose
Sur ses crins blons, & puis s'asseure; 13490
Et la Vieille luy rit & jure
S'ame, son corps, ses oz, sa pel,
Qu'onc si bien ne luy fist chappel.
Bel-acueil souvent se remire
Dedans son mirouer se mire, 13495
Sçavoir s'il est si bien seans.
Quant la Vieille voit que leans
N'avoit qu'eulx deux tant seulement,
Lez luy s'assiet tout bellement,
Et si luy commence à preschier. 13500

La Vieille.

Haa Bel-acueil tant vous ay chier,
Tant estes bel & tant valez,
Mon joliz temps est tout alez,
Et ly vostres est à venir.
Pou me pourray mais soubstenir 13505
Fors à bastons ou à potence;
Vous estes encor en enfance,

Si ne sçavez que vous ferez,
Mais bien sçay que vous passerez
Quanque ce soit ou tost ou tart 13510
Parmy la flamme, qui tout art,
Et vous baignerez en l'estuve,
Où Venus les Dames estuve.
Bien sçay, le brandon sentirez,
Si vous dys que vous attirez, 13515
Ains que là vous allez baigner,
Comme vous m'orrez enseigner;
Car perilleusement se baigne
Jeunes homs, s'il n'a qu'il l'enseigne;
Mais se mon conseil ensuivez, 13520
A bon port estes arrivez.

 Saichiez se je fusse aussi sage,
Quant j'estoye de vostre âage,
Des jeux d'amours que je sçay ores;
Car de trop grant beaulté fus lores; 13525
Mais or me fault plaindre & gemir,
Quant mon vis effacier remir,
Et voy que froncer le convient,
Quant de ma beaulté me souvient,
Qui ces Varletz faisoye triper, 13530
Tant les faisoye desfriper.
Ce n'estoit que merveille non,
J'estoie lors de grans renom,
Par tout alloit ma renommée
De ma grant beaulté renommée: 13535
Telle alée eut en ma maison,
Qu'oncques telle ne vit m'és hom:
Moult fut mon huys la nuyt hurté,

DE LA ROSE.

Trop leur faysoye de durté,
Quant leur failloye de convent; 13540
Et ce m'avenoit bien souvent;
Car j'avoye autre compaignie,
Faicte en estoit mainte folyes,
Dont j'avoye courroux assez;
Souvent estoient mes huys cassez, 13545
Et faictes maintes telz meslées,
Qu'ainçoys quelz fussent desmeslées,
Membres y perdoient & vies,
Tout par haynes & par envyes,
Tant y advenoit de contemps, 13550
Que maistre Argus le bien contens
Y voulsist bien mettre ses cures,
Et venist o ses dix figures;
Parquoy tout certiffie en nombre,
Si ne peust-il mye le nombre 13555
Des grans contemps certiffier,
Tant sçeust-il bien multiplier.
Lors fut mon corps fort & delivres,
J'eusses ores plus de mille livres
De blancs Esterlins que je n'ay; 13560
Mais trop nicement me menay.
Belle fuz, jeune, nice & sole,
N'onc d'amours ne fuz à l'escole,
Où on y leust de theorique;
Mais je sçay tout par la practique, 13565
Expressement m'en ont fait sage
Que j'ay hanté tout mon âage:
Or en sçay jusqu'à la bataille,
Si n'est pas droit que je vous faille

Des biens aprendre que je sçay, 13570
Puis que tant esprouvez les ay.
Bien fait qui jeunes gens conseille ;
Sans faulte ce n'est pas merveille,
Si n'en sçavez quartier, ne aulne :
Car vous avez le bec trop jaune, 13575
Mais tant y a que ne finay,
Que la science en la fin ay,
Dont puis-je bien en chaire lire,
Ne fait à fouyr, n'a despire
Tous ceulx qui sont en grant ââge ; 13580
Là trouve l'en sens & usage,
Cela feust esprouvé de maint,
Qu'au moins en la fin leur remaint
Usage & sens pour le chaté,
Quelque pris qu'ilz l'ayent achapté ; 13585
Et puisque j'ay sens & usage,
Que je n'ay pas sans grans dommage ;
J'ay maint vaillant homme deceu,
Quant en mes latz l'ay trouvé cheu :
Mais avant fuz de mains deceuë, 13590
Que je ne m'en fusse apperceuë.
Ce fut trop tard, lasse dolente !
J'estoys jà hors de ma jouvente ;
Mon huys qui si souvent ouvroit,
Car par nuyt & par jour ouvroit, 13595
Se tient adez près de l'huyssier :
Nul n'y entra, ne huy, ne hier ;
Pensay à moy lasse chétive,
En tristeur convient que je vive ;
De dueil me voult le cueur partir. 13600

Si

DE LA ROSE. 97

Si voulu du païs partir,
Quant veis mon huys en tel repos,
Et j'eus perdu tous mes suppos;
Plus ne peus la honte endurer,
Comment y peusse jà durer, 13605
Quant ces jolis Varlets venoient,
Qui ja si chiere me tenoient,
Qu'ilz ne s'en povoient lasser;
Et je les veoye trespasser,
Qui me regardoient de costes, 13610
Et jadis furent mes chiers hostes,
Lez moy s'en alloient saillant,
Sans moy priser un œuf vaillant.
Et cilz qui jadis plus m'amoyent,
Vieille ridée me clamoient, 13615
Et pis disoit chascun d'assez
Ains qu'il s'en fust oultre passez.

   D'autre part, mon enfant jolis,
Nul s'il n'est très-bien ententis,
Ou grans dueilz essayés n'auroit, 13620
Ne penseroit, ne ne sçauroit
Quel douleur au cueur me tenoit,
Quant en pensant me souvenoit
Des beaulx dons plaisans & legiers,
Des doulx déduitz, des doulx baisiers, 13625
Et des plaintes & acollées,
Qui s'en furent tantost allées.
Allées : voire & sans retour,
Mieulx me vaulsist en une Tour
Estre à tousjours emprisonnée, 13630
Que d'avoir esté si-tost née.

Tome II. E

Dieu ! en quel soucy me mettoient
Les beaulx dons, qui faillis m'estoient;
Et ce que laissé leur estoit
En quel torment me remettoit ! 13635
Lasse pourquoy si-tost nasqui,
A qui me doy-je plaindre, à qui,
Fors à vous filz, que j'ay tant chier;
Ne m'en puis pas bien despeschier,
Que par aprendre ma doctrine; 13640
Pource, beau filz, vous endoctrine,
Et quant endoctriné serez,
De ces ribaux me vengerez :
Car se Dieu plaist, quant là viendra,
De ce sermon vous souviendra; 13645
Car sachiés que du retenir,
Si qu'il vous en puist souvenir,
Aurez-vous moult grant advantage,
Par la raison de vostre ââge :
Car Platon dit, c'est chose voire, 13650
Que plus tenable est la memoire
De ce qu'on aprent en enfance,
De quiconques soit la science.
  Certes, chier filz, tendre jouvente,
Se ma jeunesse fust presente, 13655
Si comme est la vostre orendroit,
Ne pourroit estre escript à droit
La vengeance que j'en prenisse;
Car tous à honte les tenisse,
Et lors feisse tant de merveilles, 13660
Qu'oncques n'ouystes les pareilles,
Des ribaulx, qui si pou me prisent,

DE LA ROSE.

Et me ledengent & defprifent,
Et fi vilment près moy s'en paffent,
Et eulx & autres comperaffent 13665
Leur grant orgueil & leur defpit,
Sans avoir pitié, ne refpit :
Car au fens que Dieu m'a donné,
Comme je vous ay fermonné,
Sçavez-vous en qu'il point les meiffe, 13670
Tant les plumaffe & tant preniffe
Du leur à tort & à travers,
Que devourer les feiffe aux vers,
Et gefir tous nudz en fumiers ;
Et mefmement ceulx les premiers, 13675
Qui de plus loyal cueur m'aymaffent,
Et plus loyaulment fe penaffent
De moy fervir & honnourer,
Ne leur laiffaffe demourer
Vaillant ung ail, fe je le peuffe, 13680
Que tout en ma bourfe je n'euffe ;
A grant povreté tous les meiffe,
Et treftous après moy les feiffe
Par vive rage tripeter.
Mais riens n'y vault le regreter, 13685
Qui eft allé, ne peut venir,
Jamais n'en pourray nul tenir ;
Car tant ay ridée la face,
Qu'ilz n'ont garde de ma menace.
Pieça bien ilz le me difoient 13690
Les ribaulx, qui me defprifoient ;
Si me prins à plourer des ores,
Par Dieu fi me plaift-il encores,

E 2

Quant je me suis bien pourpensée,
Moult me délicte en ma pensée, 13695
Et me ribauldissent mes membres,
Quant de mon bon temps me remembres
Et de la joliette vie,
Dont mon cueur a si grant envye :
Tant me resjouvenist le corps, 13700
Quant j'y pense & je le recors,
Tous les biens du monde me fait,
Quant me souvient de tout le fait :
Aumoins ay-je bien ma joye euë,
Combien qu'ilz m'ayent moult deceuë. 13705
Jeune Dame n'est pas oyseuse,
Quant elle tient vie joyeuse;
Et mesmement celle qui pense
D'acquerre à faire sa despense.

 Lors m'en vins en ceste contrée, 13710
Où j'ay vostre Dame encontrée,
Qui cy m'a mis en son servise,
Pour vous garder en sa pourprise.
Dieu, qui Sire est & tout engarde,
Doint que j'en face bonne garde; 13715
Si feray-je certainement,
Pour vostre bel contentement;
Mais la garde est si perilleuse,
Pour la grant beauté merveilleuse,
Que Nature a dedans vous mise, 13720
S'elle ne vous eust tant aprise
Prouesse, sens, valeur & grace,
Et pource que tems & espace
Vous est or venu si apoint,

DE LA ROSE.

Que de deftourbier n'y a point, 13725
De dire ce que nous voulons,
Ung pou mieulx que nous ne foulons,
Tout vous doy-je bien confeiller;
Ne vous devez pas merveiller,
Se ma parole ung pou recoup, 13730
Je vous dy bien avant le coup,
Ne vous vueil pas en amour mettre;
Mais fe vous voulez entremettre,
Je vous monftreray voulentiers
Et les chemins & les fentiers, 13735
Par où je deuffe en eftre allée,
Ains que ma beaulté fuft allée.

L'Amant.

Lors fe taift la Vieille & foufpire,
Pour ouyr ce qu'il vouldra dire;
Mais n'y va gueres attendant, 13740
Car quant le veit bien entendant
A efcouter & à foy taire,
A fon propos fe prend à traire,
Et fe penfe fans contredit
Tout ottroyé, qui mot ne dit, 13745
Quant il lui plaift à efcouter.
Lors a recommencé fa verve,
Et dift com faulfe Vieille & ferve,
Qui me cuida par fes doctrines
Faire lefchier miel fur efpines, 13750
Quant voult que fuffe amy clamé,
Sans eftre par amours amé,
Si comme cil me racompta,

E 3

Qui tout retenu le compte a ;
Car s'il fust à tel qu'il la creust, 13755
Certainement moult trahy l'eust :
Mais pour nulle riens qu'elle dist,
Tel traïson ne me meffist,
Ce me fiançoit & juroit,
Ne autrement ne m'asseuroit. 13760

La Vieille.

Beau très-doulx filz, belle chair tendre,
Des jeux d'amours vous vueil aprendre,
Que vous n'y soyés point deçeuz,
Quant vous les aurez bien receuz,
Selon mon art vous conformez ; 13765
Car nul s'il n'est bien informez,
Ne peut passer sans beste vendre.
Or pensez doncques bien d'entendre,
Et de mettre tout à memoire ;
Car j'en sçay trestoute l'hystoire. 13770

Comment la Vieille sans tençon,
Lyt à Bel-acueil sa leçon,
Laquelle enseigne bien les femmes
Qui sont dignes de tous diffames.

Beau fils, qui veut jouyr d'aimer 13775
Des doux maux, qui tant sont amer,
Les commandemens d'amours saiche ;
Mais gard qu'amours à soy ne saiche,
Et aussi trestous les vous deisse,
Se certainement je ne veisse, 13780

DE LA ROSE.

Que vous en aurez par Nature
De chascun à comble mesure,
Autant que vous devez avoir ;
Et se ceulx vous voulez sçavoir,
Dix en y a qui bien les nombre ;   13785
Mais moult est fol cil qui s'encombre
Des deux qui sont au derrenier,
Qui ne vallent ung faulx denier ;
Bien vous abandonne les huit.
Mais qui les autres deux ensuit,   13790
Il pert son estude & s'affole,
On n'en doit pas lyre en l'escole ;
Trop malement les Amans charge,
Qui veult qu'Amant ait le cueur large,
Et qu'en ung seul lieu le doit mettre ;   13795
C'est faulx texte, c'est faulse lettre,
Cy ment amours le filz Venus,
De ce ne le doit croire nulz :
Qui l'en croit, chier le comperra,
Ainsi comme enfin appairra.   13800

   Mon beau filz, avers ne soyés,
En plusieurs lieux le cueur ayés,
En ung seul lieu ne le mettez,
Ne le donnez, ne le prestez :
Mais le vendez bien chierement,   13805
Et tousjours par enchierement,
Et gardez que nul qui l'achapt,
N'y puisse faire bon achapt
Pour riens qui doint jà point n'en aye,
Mieulx s'arde, ou se pende, ou se naye ;   13810
Sur toutes riens gardez ces poins,

E 4

A donner ayés clos les poings,
Et à prendre les mains ouvertes.
Donner est grant folie certes,
Se n'est ung pou, pour gens attraire,   13815
Quand on en cuide son preu faire;
Ou pour le don tel chose attendre
Qu'on ne la puisse pas moins vendre:
Tel donner je vous abandonne.
Bon est donner, où cil qui donne,   13820
Son don si multiplie & gaigne,
Qu'il est bien certain de sa gaigne;
Ne se peut du don repentir,
Tel don vueil-je bien consentir.

 Après de l'arc & des cinq flesches,   13825
Qui sont tant plains de bonnes taches,
Et tant frappent subtilement,
Traire en sçavez si sagement,
Qu'oncques amour le bon archier,
Des flesches que tire l'arc chier,   13830
Ne tira mieulx, beau filz, que faictes;
Car maintesfois les avez traictes,
Mais vous n'avez pas tousjours sçeu
Quelle part chascun coup est cheu;
Et quant l'en trait à la volée,   13835
Tel peut recevoir la colée,
Dont l'archier ne se donne garde;
Mais qui vostre maniere esgarde
Si bien sçavez & traire & tendre,
Que riens ne vous en puis aprendre;   13840
Tel en pourra estre navrez,
Dont grant preu, se Dieu plaist, aurez.

Si ne fault jà que je m'atour,
Pour vous en aprendre le tour,
Des robes, ne des garnemens, 13845
Dont vous ferez vos paremens,
Pour sembler aux gens mieulx valoir ;
Il ne vous en peut jà chaloir,
Quant par cueur la chanson sçavez,
Que tant ouy chanter avez ; 13850
Si comme jouer allion
de l'ymage Pymalion,
Et prendrez garde à vous parer,
Plus en sçaurez que beuf d'arer :
De vous aprendre ce mestier, 13855
Ne vous est besoing ne mestier.
　Et se ce ne vous peut souffire,
Aucune chose m'orrez dire
Cy-après, si voulez entendre,
Ou bien pourrez exemple prendre ; 13860
Mais cecy vous puis-je bien dire :
Se vous voulez amy eslire,
Bien veuil que vostre amour soit mise
En beau Varlet, qui tant vous prise,
Mais n'y soit pas trop fermement : 13865
Aymez des autres sagement ;
Et je vous en querray assez,
Dont grans biens seront amassez.
Bon acointer fait hommes riches,
S'ilz n'ont les cueurs avers & chiches, 13870
S'il est qui bien plumer les faiche,
Bel-acueil ce qu'il veult en saiche,
Mais qui donne à chascun entendre,

E 5

Qu'il ne vouldroit autre amy prendre
Pour mil marcs de fin or moulu ; 13875
Et jure que s'il eust voulu
Souffrir que la Rose fust prise
par autre qui bien la requise,
D'or fust chargié & de joyaulx ;
Mais tant est son fin cueur loyaulx, 13880
Que jà nul la main n'y mettra,
Fors cil seul qui lors la tiendra.

S'ilz font mil à chascun doit dire,
La Rose avez tout seul, beau Sire,
Jamais autre n'y aura part, 13885
Faille-moy Dieu se je la part :
Ce leur jure & la foy luy baille,
S'el se parjure, ne luy chaille,
Car Dieu se ryt de tel serment,
Et le pardonne lyement. 13890
Jupiter & les Dieux ryoient,
Quant les Amans se parjuroient ;
Et mainteffois se parjurerent
Les Dieux qui par amours aymerent.
Car quant Jupiter asseuroit 13895
Juno sa femme & luy juroit
Le palu d'Enfer haultement,
Il se parjuroit faussement.
Ce devroit-il moult asseurer
Les fins Amans de parjurer 13900
Saintz & sainctes, moustiers & temples,
Quant les Dieux leur donnent exemples ;
Mais moult est fol se Dieu m'amant,
Qui pour jurer croit nul Amant.

DE LA ROSE.

Car ilz ont les cueurs trop muables, 13905
Jeunes gens ne sont pas estables,
Non sont les vieulx souventesfois;
Ains parjurent serment & foys,
Et sachiés une chose voire,
Cil qui le Sire est de la foyre, 13910
Doit par tout prendre son toulin,
Et qui ne peut à ung moulin,
Aille à l'autre trestout le cours.
Moult à souris povre recours,
Et met en grand peril la druge, 13915
Qui n'a qu'ung partuys à refuge.
Tout ainsi est-il de la femme,
Qui de tous ses marchiés est Dame,
Qui chascun fait par luy avoir,
Prendre doit par tout de l'avoir; 13920
Car moult auroit sole pensée,
Quant bien se seroit pourpensée,
S'el ne vouloit amys fors ung;
Car par saint Lyeffroy de Meun,
Qui s'amour en ung seul lieu livre, 13925
N'a pas son cueur franc, ne delivre;
Ains l'a malement asservy:
Bien a tel femme desservy,
Qu'elle ait assez ennuy & paine,
Qui d'ung seul homme aymer sa paine. 13930
S'elle fault à luy de confort,
El n'a nul qui la reconfort;
Et sont celles qui plus y faillent,
Qui leur cueur en ung seul lieu baillent,
Toutes enfin trestous les fuyent, 13935

E 6

Quant las en sont & s'en ennuyent,
N'en peut femme à bon chief venir.

Comment la Royne de Cartage
Dido, par le villain oultrage
Qu'Eneas son amy luy fist,   13940
De son espée tost s'occist;
Et comment Philis se pendit,
Pour son amy qu'elle attendit.

ONe ne peut Eneas tenir
Dido, la Royne de Cartage,   13945
Qui tant luy eut fait d'avantage.
En povreté l'avoit receu
Et revestu, chaussé & peu,
Las & fuytif du beau Pays
De Troye, dont il fut nays.   13950
Ses compaignons moult honnoroit,
Car en luy grant amour avoit,
Et fist ses nefz toute refaire,
Pour le servir & pour luy plaire;
Luy donna pour s'amour avoir   13955
Sa cité, son corps, son avoir,
Et celluy si l'en asseura,
Qui luy promist & luy jura,
Que sien fut tousjours & sera,
Ne jamais ne la laissera.   13960
Mais celle gueres n'en jouyt;
Car le maulvais si-tost s'enfuyt,
Et sans congié par mer navye,
Dont la belle perdit la vie,

Et s'en occist ains lendemain 13965
D'une espée à sa propre main,
Qu'elle luy donna en sa chambre ;
Dido, qui son amy remembre,
Et voit que s'amour est perduë,
L'espée prent, & toute nuë 13970
La dresse encontremont la pointe,
Soubz ses deux mamelles la pointe,
Sur l'espée se laissa cheoir.
Or ce fut grant pitié à veoir,
Et qui tel fait faire luy veist, 13975
Dur fust qui grant pitié n'en preist :
Quant ainsi fut Dido la belle
Sur la pointe de l'alumelle
Parmy le corps se la ficha ;
Tel dueil eut, dont il la tricha. 13980
 Philis aussi tant attendit
Demophon, qu'elle se pendit,
Pour le terme qu'il trespassa,
Dont serment & foy il cassa.
Que fist Paris de Henoné, 13985
Qui cueur & corps luy eut donné ?
Et cil s'amour luy redonna,
Tantost retolu le don a
Si l'en eust-il en l'arbre escriptes
A son coutel lettres petites 13990
Dessus la rive au lieu de chartre,
Qui ne valurent une tartre.
Ces lettres en l'escorce estoient
D'ung pouplier & representoient
Que Xantus s'en retourneroit 13995

Si-toſt comme il la laiſſeroit.
Or fut Xantus à la fontaine,
Qui la laiſſa puis pour Helene.
  Que refiſt Jaſon de Medée,
Qui vilement fut lobée, 14000
Que le faulx ſa foy luy menty,
Puis qu'elle eut de maulx garanty,
Quant ſes Thoreaulx, qui feu jettoient
Par leur gueulle, & puis qui venoient
Jaſon ardoir ou deſpecier 14005
Sans feu ſentir & ſans blecier.
Par ces charmes le délivra,
Et le ſerpent luy enyvra,
Si qu'il ne ſe peut eſveiller,
Tant le fiſt forment ſommeiller: 14010
Des Chevaliers de terre nez
Bataillereux & forcenez,
Qui Jaſon vouloient occiere,
Quant il entr'eulx jetta la pierre;
Fiſt-elle tant qu'ilz s'entreprirent, 14015
Et qu'iceulx meſmes s'entr'occirent;
Et luy fiſt avoir la toyſon
Par ſon art & par ſa poyſon.
Puis fiſt Eſon resjouvenir,
Pour mieulx Jaſon entretenir, 14020
Ne riens de luy plus ne vouloit,
Fors qu'il l'amaſt, comme il ſouloit,
Et ſes merites regardaſt,
Pource que mieulx ſa foy gardaſt:
Puis la laiſſa le mal tricherres, 14025
Le faulx, le deſloyal, le lyerres,

Dont ſes enfans quant elle ſceut,
Pource que de Jaſon les eut,
Eſtrangla de dueil & de rage;
Dont elle ne fiſt pas que ſage,   14030
Quant délaiſſa pitié de mere,
Et fiſt pis que maraſtre amere.
Mil exemples dire en ſçauroye,
Mais trop grant compte à faire auroye;
Briefment tous les mocquent & trichent, 14035
Tous ſont ribaulx par tout ſe fichent,
Si les doit on auſſi tricher,
Non pas ſon cueur en ung ficher.
Fole eſt femme qu'ainſi l'a mys,
Ains doit avoir pluſieurs amys,   14040
Et faire ſe peut que tant plaiſe,
Que tous les mette à grant mal-aiſe;
Se grace n'a, ſi les acquiere
Et ſoit touſjours vers eulx plus fiere,
Qui plus pour s'amour deſſervir   14045
Se peneront de la ſervir,
Et de ceulx accueillir s'efforce
Qui de s'amour ne feront force.
Saiche bien des jeux & chançons
Et fuye noyſes & tençons: 14050
Se belle n'eſt, ſi ſe cointait,
La plus laide atours plus coints ait;
Et s'elle ſe voit trop décheoir,
Dont grant dueil en ſeroit à veoir,
Les beaulx crins de ſa teſte blonde: 14055
Ou s'il convenoit qu'on les tonde
Pour aucune grant maladie,

Dont beaulté est trop enlaidye ;
Ou s'il advient que par courroux
Les ait aucun ribault desroux ,   14060
Si que de ceulx ne puisse ouvrer,
Pour grosses tresses recouvrer,
Face tant que l'en luy apporte
Cheveulx de quelque femme morte ,
Ou soye blonde de bourreaulx ,   14065
Et boute tout en ses fourreaulx ;
Sur les oreilles ait telz cornes ,
Que ne cerf , ne beuf, ne licornes
S'il se devoient effronter ,
Ne puissent telz cornes porter ;   14070
Et s'ils ont mestier d'estre tainctes ,
Taigne-les en jus d'herbes painctes ;
Car moult ont force en medicines
Fruyt , fust , escorces & racines.

 Et s'elle perdoit sa couleur ,   14075
Dont moult auroit au cueur douleur ,
Face qu'elle ait oingtures moistes
En sa chambre dedans ses boettes ,
Tousjours pour soy farder repostes ;
Mais garde que nul de ses hostes   14080
Ne les puist ne sentir , ne veoir :
Trop luy en pourroit mal meschoir ,
S'elle a beau col & gorge blanche ,
Garde que cil sa robe trenche ,
Si très-bien la luy escolette ,   14085
Que sa chair pare blanche & nette ,
Demi pied derriere & devant,
Si en sera plus decevant :

Et s'elle a trop grosses espaulles,
Pour plaire à dances & à baulles, 14090
De délyé drap robe port,
Si sera de moins lait deport :
S'elle n'a mains belles & nettes,
Ou de cirons, ou de bubettes,
Gard que laisser ne les y vueille, 14095
Face-les oster à l'esgueille,
Ou ses mains dedans ses gans mette,
Si ne perra nulle bubette ;
Et s'elle a trop grosses mamelles,
Prengne couvrechief ou touailles, 14100
Dont sur le pis se face estraindre,
Et tout autour ses cottes ceindre ;
Puis atachier, couldre & nouer,
Lors se peut bien aller jouer.
 Et comme bonne bachelette 14105
Tienne la chambre Venus nette ;
S'elle est sage & bien enseignée,
N'y laisse entour nulle iraignée,
Qu'elle n'arde, arrache ou ne housse ;
Si qu'il n'y puisse cueillir mousse. 14110
S'elle a lais piedz, estroit se chausse,
Et grosse jambe a tenuë chausse :
Brief s'elle sçait sur soy nul vice,
Couvrir le doit se moult n'est nice,
Et s'elle avoit maulvaise alaine, 14115
Ne luy doit estre grief, ne paine
De soy garder que point ne jeune,
Ne qu'elle ne parole jeune ;
Et si garde si bien sa bouche,

Que près du nez aux gens ne touche ; 14110
Et s'il luy prent de ryre envye,
Si bel & si sagement rye,
Qu'elle descouvre deux fossettes
Des deux costés de ses jouettes.
Ne par ris n'enfle trop ses jouës, 14115
Ne ne restraigne pas ses mouës ;
Jà ses levres par ris ne s'euvrent,
Mais repoignent les dens & cueuvrent.
Femme doit rire à bouche close ;
Car ce n'est mye belle chose, 14130
Quant elle ryt bouche estenduë,
Car trop semble large & fenduë ;
S'elle n'a dens bien ordonnées,
Mais laides & sans ordre nées,
Se les monstroit par sa risée, 14135
Moins en pourroit estre prisée.
Au plourer affiert-il maniere,
Mais chascune est bien coutumiere
De pleurer en quelconque place ;
Car jaçoit ce qu'on ne leur face, 14140
Ne grief, ne honte, ne molestes,
Tousjours ont-elles larmes prestes :
Toutes pleurent & pleurer seullent.
En telle guyse qu'elles veullent ;
Mais homme ne se doit mouvoir, 14145
S'il veoit telles larmes plouvoir
Aussi espés comme oncques pleut ;
Onc a femme tel pleur ne pleut,
Ne telz dueiulx, ne telz marrimens,
Que ce ne fussent conchimens. 14150

DE LA ROSE.

Pleur de femme n'est fors qu'agait,
Lors n'est barat qu'elle n'agait;
Mais gard que par fait, ne par œuvre,
Riens de son penser ne descueuvre.
Il affiert bien que soit à table   14155
De contenance convenable;
Mais ains qu'elle se voise seoir,
Face soy par tout l'hostel veoir,
Et à chascun entendre donne
Qu'elle fait la besongne bonne,   14160
Aille & vienne avant & arriere,
Et se siée la derreniere;
Et se face ung petit attendre,
Ains qu'elle puisse à eulx entendre :
Et quant sera à table assise,   14165
Face s'el peut à tous servise;
Devant les autres doit tailler,
Et du pain entour soy bailler;
Et doit pour grace desservir,
Devant le compaignon servir,   14170
Qui doit mangier en son escuelle.
Devant luy mette cuisse, ou esle,
Ou beuf, ou porc devant luy taille,
Selon ce qu'ilz auront vitaille,
Soit de poisson, ou soit de chars :   14175
N'ait jà cueur de servir eschars,
Si n'est que souffrir ne luy vueille;
Et bien se gard qu'elle ne moeille
Ses doys au brouet jusqu'ès jointes,
Ne qu'elle n'ayt ses levres ointes   14180
De souppe, d'aulx, ne de chair grasse,

Ne que trop de morceaulx n'entasse,
Ne trop gros ne metre en sa bouche.
Du bout des doys le morcel touche,
Que devra moiller en la sausse, 14185
Soit verd, ou camelline, ou jausse;
Si sagement port sa bouchée,
Que sur son pied goutte n'en chée
De souppe, ne de saulse noyre.
Et si doit si sagement boyre, 14190
Que sur soy n'en espande goutte;
Car pour trop rude, ou pour trop gloute
La pourroit bien aucun tenir,
Qui ce luy verroit advenir.
Et garde que hanap ne touche 14195
Tant qu'elle ait morcel en sa bouche:
Et doit si bien sa bouche terdre,
Tant qu'el n'y laisse gresse aherdre,
Au moins en la levre desseure;
Car quant gresse en elle demeure, 14200
Ou vin emperent les maillectes,
Qui ne sont ne belles, ne nectes;
Et boyve petit à petit,
Combien qu'elle ait grant appetit;
Ne boyve pas à une alaine, 14205
N'a hanap plain, ne coupe plaine;
Mais boive petit & souvent,
Que ne voit chascun esmouvant
A dire que trop en engorge,
Et que trop boit à gloute gorge: 14210
Mais deliéément le coule;
Le bort du hanap trop n'engoule,

comme font maintes nourrisses,
Qui sont si gloutes & si nices,
Qu'ilz versent vin en gorge creuse, 14215
Tout ainsi comme en une heuse;
Et tant à grans gors en entonnent,
Qu'ils se desvoyent & estonnent.
Bien se garde que ne s'enyvre;
Car en femme, ne en homme yvre 14220
Ne peut estre chose celée;
Car puisque femme est enyvrée,
El n'a point en soy de deffence,
Et jangle tout ce qu'elle pense,
Et est à tous abandonnée, 14225
Quant à tel meschief est donnée:
Et se gard de dormir à table,
Trop en seroit moins aggreable,
Moult de laides choses adviennent
A ceulx qui tel dormir maintiennent. 14230
Il n'est pas bel de sommeillier
Es lieux establis à veiller;
Plusieurs en ont esté deceuz,
Et mainteffoys en sont bien cheuz
Devant, ou derriere, ou de coste, 14235
Eulx brisant bras, ou teste, ou coste.
Gard que tel dormir ne la tienne,
De Palamirus luy souvienne,
Qui gouvernoit la nef Enée,
Veillant l'avoit bien gouvernée: 14240
Mais quant dormir l'eut envaï,
Du gouvernail en mer cheï,
Et des compaignons noya près,

Qui moult le plourerent après.
　Si doit la Dame prendre garde, 14245
Que trop à loüer ne se tarde ;
Car elle pourroit tant attendre,
Que nul n'y vouldroit la main tendre :
Querir doit d'amours le deduict,
Tant que jeunesse la deduit. 14250
Car quant vieillesse femme assault,
D'amours pert la joye & l'assault :
Le fruit d'amours, se femme est sage,
Cueille en la fleur de son ââge ;
Car tant de son temps pert la lasse, 14255
Comment sans oyr d'amours passe.
S'elle ne croit ce mien conseil,
Que pour commun prouffit conseil,
Saiche que s'en repentira,
Quant vieillesse la flairira. 14260
Mais bien sçay qu'elles me croyront,
Aumoins ceulx qui sages seront,
Et se rendront aux rigles nostres,
Et diront maintes patenostres
Pour m'ame quant je seray morte, 14265
Qui les enseigne & les conforte.
Car bien sçay que ceste parole
Sera moult leuë en mainte escole.
　Beau très-doulx filz, se vous vivez,
Car bien sçay que vous escrivez 14270
Au livre du cueur voulentiers
Tous mes commandemens entiers ;
Puis quant de moy departirez,
Se Dieu plaist, encor en lirez ;

DE LA ROSE.

Si en serez maiſtre, com jé, 14275
Du livre vous donne congié,
Malgré treſtous les chanceliers,
Et par chambres & par celiers,
En prez, en jardins, en gaudines,
Soubz pavillons & ſoubz courtines; 14280
Et d'en former les eſcolliers
Par garderobes & ſoliers,
Par deſpenſes & par eſtables,
Se n'avez lieux plus delectables:
Mais que ceſte leçon ſoit leuë, 14285
Quant vous l'aurez bien retenuë,
Gardez que trop ne ſoit encloſe;
Car quant plus à l'oſtel repoſe,
Moins elle eſt de toutes gens veuë
Et ſa beauté eſt moins congneuë, 14290
Moins convoitée & moins requiſe.
Souvent voiſe à la Mere Egliſe,
Et face viſitations
Aux nopces, aux proceſſions,
Aux jeux, aux feſtes, aux caroles; 14295
Car en telz lieux tient ſes eſcoles;
Et chante à ſes diſciples Meſſes
Le Dieu d'Amours & les Deeſſes:
Mais bien ſe ſoit ainçoys mirée,
Sçavoir s'elle s'eſt bien mirée; 14300
Et quant à point ſe ſentira,
Et par les ruës s'en yra,
Si ſe marche de belle allure,
Non pas trop molle, ne trop dure,
Trop eſlevée, ne trop courbes: 14305

Mais biens plaisans en toutes tourbes :
Les espaules, les costez meuve
Si noblement que l'en ne treuve
Nulle de plus bel mouvement ;
Et marche joliettement 14310
De ces beaux soleretz petis,
Que faire aura fait si fetis,
Qui joindront au pied si à point
Que de fronce n'y aura point.
Et se sa robe longue treine, 14315
Qui près du pavement s'encline,
Si la lieuë à coste ou devant,
Comme pour prendre ung peu de vent,
Ou pour se que faire le sueille,
Aussi com recoursier se vueille, 14320
Pour avoir le pas plus délivre ;
Lors gard que si le pas délivre,
Que chascun qui passer la voye,
La belle forme du pied voye.

Et se telle est que mantel porte, 14325
Si le doit porter de tel sorte,
Que point trop la veuë n'encombre
Du gent corps à qui il fait ombre ;
Et affin que le corps mieulx pare,
Et le tissu dont el se pare, 14330
Qui n'est ne trop gros, ne trop gresles,
D'argent doré a menuës perles,
Et l'aumosniere toutesvoye ;
Qu'il est bien droit que l'en la voye ;
A deux mains doit le mantel prendre, 14335
Les bras eslargir & estendre,

Soit

DE LA ROSE.

Soit par belle voye, ou par boë,
Et luy souvienne de la roë,
Que le Paon fait de sa queuë;
Face aussi du mantel la seuë, 14340
Si que la penne vaire ou grise,
Ou telle qu'on y aura mise,
Tout le gent corps en appert monstre
A ceux qu'el voit muser encontre.

 S'elle n'est belle de visaige, 14345
A tourner doit s'y comme saige,
Ses belles tresses, blondes chierres,
Et tout le Haterel derrieres;
Car plus en sera advenante:
C'est une chose moult plaisante, 14350
Que la beaulté de chevelure.
Tousjours doit femme mettre cure,
Qu'el puist la louve ressembler,
Quant el veult la brebis embler;
Qui de paour qu'el ne puist faillir, 14355
Pour une en va mil assaillir;
Et ne sçet laquelle prendra,
Devant que prinse la tiendra.
Ainsi doit femme par tout tendre
Ses retz pour tous les hommes prendre; 14360
Car pour ce qu'el ne peut sçavoir
Des quelz elle puist grace avoir,
Aumoins pour ung à soy cherchier,
A tous doit son croc atachier;
Lors ne devra pas advenir 14365
Que n'en doye aucun pris tenir
Des folz entre tant de milliers,

Tome II.   F

Qui luy frotera les illiers,
Voyre plusieurs par adventure;
Car art ayde moult à Nature. 14370
  Et s'elle plusieurs en accroche,
Qui mettre la veuillent en broche;
Garde comment la chose queure,
Qu'elle ne boute à deux une heure;
Car pour deceuz moult se tiendroyent, 14375
Quant plusieurs ensemble viendroyent;
Si la pourroyent bien laisser,
Cela pourroit moult abaisser;
Ou aumoins luy eschapperoit
Ce que chascun emporteroit. 14380
Elle ne leur doit riens laisser,
Dont ilz se puissent engreisser;
Mais mettre à si grans povretez,
Qu'ils meurent las & endebtez;
Et elle en soit riche manans, 14385
Car perdu est le remenans.
D'aymer povre homme ne luy chaille,
Il n'est riens que povre homme vaille,
Et fut-il Ovide ou Hommer
Ne vauldroit-il pas ung gomer; 14390
Ne ne luy chaille d'aymer hoste,
Car ainsi comme il met & oste
Son corps en divers hebergeages,
Ainsi leur est le cueur volages.
Hoste aymer ne luy conseil pas, 14395
Mais touteffoys en son trespas,
Se deniers ou joyaulx luy offre,
Prenne tout & mette en son coffre,

Et face lors cil son plaisir,
Ou tout en haste ou à loysir. 14400
Et bien garde qu'elle ne prise
Nul homme de trop grant cointise,
Ne qui de sa beaulté se vante,
Car c'est orgueil qui si le tente ;
Si s'est en l'ire Dieu boutez 14405
Homs qui se plaist jà n'en doubtez.
Car ainsi le dit Ptholomée,
Par qui fut moult science aymée :
Tel n'a povoir de bien aymer,
Tant a maulvais cueur & amer, 14410
Et ce qu'il aura dit à l'une,
Autant dira-il à chascune ;
Et plusieurs en yra lober,
Pour les despouiller & rober.
Maintes complaintes j'en ay veuës 14415
Et maintes pucelles deceuës.
 Et s'il vient aucun prometteur,
Soit loyal homme ou hoqueleur,
Qui la vueille d'amour prier,
Et par promesse à soy lier ; 14420
Et celle aussi luy repromette,
Mais gard bien qu'elle ne se mette
Pour nulle riens en sa manaye,
S'el ne tient ainçoys la monnoye.
Et s'il mande riens par escript, 14425
Gard se cil faintement l'escript,
Ou s'il a bonne intention
De fin cueur sans deception ;
Après luy rescrive en peu d'heure,

F 2

Mais ne soit pas fait sans demeure. 14430
Demeure les Amans atise,
Mais que trop longue ne soit prise;
Et quant elle orra la requeste
De l'Amant, gard que ne se hast.
De s'amour du tout octroyer, 14435
Ne ne luy doit du tout nyer,
Mais le doit tenir en balance,
Qu'il aye paour & esperance.
 Et quant cil plus la requerra,
Et celle moins luy offrera 14440
S'amour, qui si formant l'enlace;
Et se garde bien que tant face
Par son engin & par sa force,
Que l'esperance luy renforce,
Et petit à petit s'en aille 14445
La paour, tant qu'elle deffaille,
Et qu'ilz facent paix & concorde;
Celle qui puis à luy s'accorde
Et qui tant sçet de guilles sainctes,
Doit Dieu jurer, & saintz & sainctes 14450
Qu'oncques ne le voult octroyer
A nul tant la sçeust-il pryer;
Et dire, Sire, c'est la somme,
Foy que doy sainct Pierre de Romme,
Par amour à vous m'abandon: 14455
Mais ce n'est pas pour vostre don.
N'est nul homme pour qui le feisse,
Ne pour nul don tant grant le veisse;
Maint vaillant homme ay refusé,
Plusieurs en ont à moy musé: 14460

Si croy que m'avez enchantée
Par la leçon qu'avez chantée ;
Lors le doit eſtroit accoller,
Et baiſer pour mieulx l'affoller.
Mais s'el veult mon conſeil avoir, 14465
Ne tende à riens fors à l'avoir ;
Fole eſt qui ſon amy ne plume
Juſques à la derniere plume ;
Car qui mieulx plumer le ſçaura,
C'eſt celle qui meilleur l'aura, 14470
Et plus chiere ſera tenuë,
Quant plus chiere ſe ſera venduë.
Car ce que l'en a pour neant,
Eſt-on de tant plus villenant,
Et ne le priſe-on une eſcorce ; 14475
Se l'en le pert, on n'y fait force,
Aumoins ſi grant, ne ſi notée,
Que qui l'auroit chier achaptée.
Mais au plumer raffiert maniere :
Son varlet & ſa chamberiere, 14480
Auſſi ſa ſœur & ſa nourrice,
Et ſa mere, ſe moult n'eſt nice,
Puiſqu'ilz conſentent la beſoingne,
Facent tous tant que cil leur doigne
Surcotz ou robe, ou gans, ou moufles, 14485
Et ſi raviſſent comme eſcoufles
Ce qu'ilz en pourront attrapper,
Si que cil ne puiſt eſchapper
De leurs mains en nulle maniere,
Tant qu'il ait faicte ſa derniere ; 14490
Comme cil qui jouë aux noyaulx,

F 3

Tant leur donne argent ou joyaulx.
Moult est plus-tost proye achevée,
Quant par plusieurs mains est levée.
Autre foys luy redient, Sire, 14495
Puisque le vous convient à dire,
A ma Dame une robe fault,
Comment souffrez-vous tel deffault ;
S'el voulsist faire par saint Gille
Pour tel a-il en cette Ville 14500
Comme une Royne fust vestuë
De robe richement tyssuë ;
Dame pourquoy tant attendez,
Que vous ne la luy demandez ;
Trop estes-vous vers luy honteuse 14505
Quant si vous laissez souffreteuse :
Et celle combien qu'ilz luy plaisent
Leur doit commander qu'ilz se taisent,
Que tant espoir en ont levé,
Que trop malement l'ont grevé. 14510
Et s'elle voit qu'il s'apparçoyve
Qu'il luy donne plus qu'il ne doyve,
Et que formant grevé cuide estre
Des grans dons, dont il la sçeut paistre,
Et sentira que de donner, 14515
Ne l'ose-elle mais sermonner.
Lors luy doit prier qu'il luy preste,
Et puis luy jure qu'elle est preste
De luy rendre à tel jour dicté
Tel comme il luy aura presté : 14520
Mais bien est par moy deffendu,
Que jamais riens n'en soit rendu.

DE LA ROSE.

Et se son autre amy revient,
Au moins qui pour tel bien se tient;
Mais en nal d'eux son cueur n'aist mys   14525
Tant les clame-elle ses amys;
Si se complaigne comme sage,
Que sa meilleur robe est en gage,
Chascun jour courant à usure,
Dont elle est en si grant arsure;   14530
Et tant est son cueur à mesaise,
Que riens ne fera qui luy plaise,
S'il ne rachapte tous ses gages :
Et le Varlet, se moult n'est sages,
Puisque pecune luy est sourse,   14535
Mettra tantost main à la bourse,
Ou fera quelque chevissance,
Dont ly gage aura delivrance,
Qui n'ont de délivrer Raison :
Car je croy sont en la maison   14540
Pour le bachelier enserrez
En aucuns coffres bien barrez;
Et ne luy chault je croy s'il cherche
Dedans sa huche ou à sa perche,
Pour estre de luy tant mieulx creuë,   14545
Tant qu'icelle ait la pecune euë.
Le tiers reserve d'autel lobe,
Ou crespine, ou chapel, ou robe,
Ou guimple vueil qu'elle demande;
Et puis deniers qu'elle despende;   14550
Et s'il ne lui a que porter,
Et jure pour la conforter,
Et fiance de pied & main,

F 4

Qu'il luy apportera demain :
Face-luy les oreilles sourdes, 14555
Ne croye riens, car ce sont bourdes;
Car ils sont tous appers menteurs.
Plus m'ont menty ribaulx flateurs,
Et faulsé leurs sermens jadis,
Qu'il n'a de saintz en Paradis : 14560
Aumoins puisqu'il n'a que payer,
Face au vin son gage envoyer
Pour deux deniers, pour trois, pour quatre,
Ou voise hors ailleurs esbatre.

 Si doit femme s'el n'est musarde, 14565
Faire semblant d'estre couarde,
De trembler & d'estre paoureuse,
D'estre destrainte & angoisseuse,
Quant son amy veult decevoir;
Et luy fasse entendre de voir, 14570
Qu'en trop grant peril le reçoit,
Quant son mary pour luy deçoit,
Ou ses gardes, ou ses parens,
Et se la chose estoit parens,
Qu'elle veult faire en repostaille 14575
Morte seroit sans nulle faille.
Jure qu'el ne peut demourer,
S'on la devroit vive escueurer :
Puis demeure à sa voulenté,
Quant elle l'aura enchanté. 14580

 Si lui doit très-bien souvenir,
Quant l'autre amy devra venir,
S'el voit que nul ne l'apparçoyve,
Par la fenestre le reçoyve,

Tant le puist faire par la porte ; 14585
Jure qu'elle est destruicte ou morte,
Et que de luy seroit neans
Se l'en sçavoit qu'il fust leans.
Nel gardroit ames esmoluës,
Heaulmes, haulbers, ne massuës, 14590
Ne husches, ne soliers, ne chambres,
Que fendu ne soit par les membres.
Puis doit la Dame souspirer,
Et par semblant à soy yrer,
L'assaillir & luy courir seure, 14595
Et dye que si grant demeure
N'a-il pas faicte sans raison,
Et qu'il tenoit en sa maison
Autre femme, où se deduysoit,
Dont le soulas moult luy plaisoit ; 14600
Et qu'elle est ores bien trahye,
Quant il l'a pour autre enhaye ;
Et doit estre lasche clamée,
Quant elle ayme sans estre amée.
Et quant orra ceste parole 14605
Cil qui la pensée aura fole,
Si cuydera certainement,
Que celle l'ayme loyaulment,
Et que plus de luy soit jalouse,
Qu'onc ne fut de Venus s'espouse 14610
Vulcanus, quant il eut trouvée
Avec Mars & prise & prouvée,
Es latz qu'il eut d'arain forgiés,
Les tenoit tous deux en fors gyés,
Au jeu d'amours joinctz & lyés, 14615

130 LE ROMAN
Tant les eut le fol espyés.

Comment Vulcanus espya
Sa femme & moult fort la lya
D'ung latz avec Mars, ce me semble,
Quant couchiés les trouva ensemble.

(14620

SI-tost que Vulcanus ce sçeust,
Que prins prouvé eulx deux les eust
Es latz qu'entour le lit posa,
Moult fut fol quant faire l'osa :
Car cil a moult pou de sçavoir, 14625
Qui seul cuide sa femme avoir.
Les Dieux si fist venir en haste
Qui moult rirent & firent feste,
Quant en tel point les apparceurent,
De la beaulté Venus s'esmeurent 14630
Tous les plusieurs des Dames Dieux,
Qui moult faisoit plaintes & deulx,
Comme honteuse & courroucée,
Qu'ainsi estoit prise & lassée,
Qu'onc n'eust honte à ceste pareille. 14635
Si n'est-ce pas trop grant merveille,
Se Venus o Mars se mettoit ;
Car Vulcanus si lait estoit,
Et si charbonné de sa forge,
Par mains, par visage & par gorge, 14640
Que pour riens Venus ne l'aymast,
Combien que mary le clamast :
Non pas par Dieu se ce fust ores
Absalon à ses tresses sores,

Où Paris fils au Roy de Troye, 14645
Ne luy portast-elle pas joye :
Car bien sçavoit la debonnaire,
Que toutes femmes sçavent faire :
D'autre part ilz sont franches nées,
Loy les a condicionnées, 14650
Qui les oste de leurs franchises,
Où Nature les avoit mises :
Car nature n'est pas si sote
Qu'elle face naistre Marote
Tant seulement pour Robichon, 14655
Se l'entendement y fichon,
Ne Robichon pour Mariette,
Ne pour Agnès, ne pour Perrette :
Ains nous a fait beau filz n'en doubtes
Toutes pour tous & tous pour toutes, 14660
Chascune pour chascun commune,
Et chascun commun pour chacune.
Si que quant eulx sont assiées,
Par loy prinses & mariées,
Pour oster dissolucions, 14665
Contemps, noises, discensions,
Et pour aider les nourritures,
Dont ilz ont ensemble les cures ;
Si s'efforcent en toutes guyses
De retourner à leurs franchises 34670
Les Dames & les Damoiselles,
Quelz qu'ilz soient laides ou belles.
Franchise à leur povoir maintiennent,
Dont trop de maulx viendront & viennent
Et vindrent à plusieurs jadis, 14675

F 6

Dont en nommeroye jà dix,
Voire cent, mais je les trefpaffe ;
Car j'en feroye toute laffe :
Et vous d'ouyr tout encombrez,
Ains que je les euffe nombrez ;   14680
Car quant chafcun jadis veoit
La femme qui mieulx luy feoit,
Maintenant ravyr la voulfift,
Se plus fort ne la luy toulfift,
Et la laiffaft, fe bien luy pleuft,   14685
Quant fon vouloir or fait en euft ;
Si que jadis s'entretuoient,
Et les nourritures laiffoient,
Ains que l'en fift nuls mariages,
Par le confeil des hommes fages :   14690
Et qui vouldroit Horaces croire,
Bonne parole en dit & voire ;
Car moult bien fçeut lire & ditter,
Si la vous vueil cy reciter ;
Car fage femme n'a pas honte   14695
Quant bonne auctorité racompte.
 Jadis au temps Helene furent
Batailles, que les cons efmeurent,
Dont ceulx à grand douleurs perirent,
Qui pour eulx les batailles firent :   14700
Mais les morts n'en font de riens fceuës,
Quant en efcript n'en font pas leuës ;
Car ce ne fut pas le premier,
N'onc ne fera-ce le dernier,
Par qui guerres viendront & viennent,   14705
Entre ceulx qui tiendront & tiennent.

Leurs cueurs mys en amour de femme,
Dont maint ont perdu corps & ame,
Et perdront, se le siecle dure.
Mais prenez-bien garde à Nature ; 14710
Car pour plus clerement y veoir,
Comme elle à merveilleux povoir,
Maints exemples vous en puis mettre,
Qui bien font à veoir en la lettre.

Cy nous est donné par droicture 14715
Exemple du pouvoir Nature.

L'Oysel du jolys vert boscage,
Quant il est pris & mis en cage,
Et nourry ententivement
Leans délicieusement, 14720
Et chante tant que sera vifz,
De cueur gay, ce vous est advis :
Si desire il les boys ramez,
Qu'il a naturelment amez,
Et vouldroit sur les arbres estre : 14725
Jà si bien ne le sçait-on paistre,
Tousjours y pense, & s'estudie
A recouvrer sa franche vie.
Sa viande à ses piedz demarche,
Pour l'ardeur que son cueur luy fache, 14730
Et va par sa cage trassant
A grant angoisse pourchassant,
Comment fenestre ou partuys truisse,
Par où voler au boys s'en puisse.
Aussi sachiez que toutes femmes, 14735

Soient Damoiselles ou Dames,
De quelconque condicion,
Ont naturelle intencion,
Qu'elles chercheroient voulentiers
Par quelz chemins, par quelz sentiers   14740
A franchise venir pourroient :
Car tousjours avoir la vouldroyent.
Aussi vous dy-je que ly hom,
Qui se met en religion,
Et vient après qu'il s'en repent,   14745
Par pou que de dueil ne se pend,
Et se complaint & se demente,
Si que tout en soy se tormente,
Tant luy print grand desir d'ouvrer,
Pour sa franchise recouvrer;   14750
Et se repent qu'oncques s'y mist.
Là fault que sa vie finist,
Qu'il ne s'en peult plus revenir,
Pour honte qui luy fait tenir,
Et contre son gré y demeure :   14755
Là vit à grant mesaise ; & pleure
La franchise qu'il a perduë,
Qui ne luy peut estre renduë,
Se n'est que Dieu grace luy face,
Que sa mesaise luy efface,   14760
Et le tienne en obedience,
Par la vertu de pacience.
Car quant se met illec en muë,
Sa voulenté point ne se muë
Pour nul habit qu'il puisse prendre,   14765
En quelque lieu qu'il s'aille rendre.

C'est le fol poisson qui s'en passe
Parmy la gorge de la nasse,
Et quant il s'en veult retourner,
Malgré soy là fault sejourner   14770
A tousjours en prison leans ;
Car du retourner est neans.
Les autres qui dehors demeurent,
Quant ilz le voyent si aqueurent,
Et cuydent que cil s'esbanoye   14775
A grant déduyt & à grant joye,
Quant là le voient tournoyer,
Et par semblant esbanoyer.
Et pour la cause mesmement
Qu'ilz voyent bien appertement,   14780
Qu'il y a leans assez viande,
Telle comme chascun demande,
Moult voulentiers y entreroient ;
Si vont entour & tant tournoyent,
Tant y heurtent, tant y aguettent,   14785
Que le trou trouvent & s'y jettent.
Mais quant ilz sont dedans venus,
Ilz sont tous prins & retenus,
Puis ne se peuvent-ilz tenir,
Qu'ilz ne s'en vueillent revenir.   14790
Là les convient à grant dueil vivre
Tant que la mort les en délivre.

 Tout telle vie va querant
Le jeune homme, quant il se rend :
Car jà si grans souliers n'aura,   14795
Ne jà tant faire ne sçaura,
Grant chapperon, ne large aumuce,

Que Nature au cueur ne se muce.
Lors est cil très-mal acueilly,
Quant franc estat luy est failly, 14800
S'il ne fait de necessité
Vertu, par grant humilité.
Mais Nature ne peut mentir,
Qui franchise luy fait sentir :
Car Horaces si nous racompte, 14805
Qui bien sçet que tel chose monte,
Qui vouldroit une force prendre,
Pour soy de Nature deffendre,
Et la boutteroit hors de soy,
Reviendroit-elle, bien le sçay. 14810
Tousjours Nature retourra,
Jà pour habit ne demourra,
Que vault, se toute créature
Veult retourner à sa Nature.
Jà ne lairra pour violence, 14815
Pour force, ne pour convenance.
Ce doit moult Venus excuser,
Quant vouloit de franchise user,
Et toutes Dames qui se jouent,
Combien que mariage vouent ; 14820
Car ce leur fait Nature faire,
Qui les veult à ceste fin traire.
Trop est forte chose Nature,
Car elle passe nourriture.

 Qui prendroit, beau filz, ung chaton, 14825
Qui oncques rate ne raton
Veu n'auroit, puis fust-il nourris,
Sans jamais veoir ratz ne souris,

DE LA ROSE.

Long-temps par ententive cure
De délicieuse pasture ;　　　　　　14830
Et après veit souris venir,
Il n'est riens qui le peust tenir,
Se l'en le laissoit eschapper,
Qu'il ne l'alast tantost happer.
Trestous ses metz en laisseroit,　　14835
Jà si familleux ne seroit ;
Il n'est riens qui paix entr'eulx feist,
Pour paine que nulluy y meist.

　　Qui nourrir ung poulain sçauroit,
Qui jument nulle veu n'auroit,　　14840
Jusqu'à tant qu'il fust grant destriers,
Pour souffrir selle & estriers,
Et après veit jumens venir,
Lors vous l'orriés tantost hannir :
Et vouldroit encontre elles courre,　14845
Sinon que l'en luy peut recourre,
Non pas morel contre morelle
Seulement ; mais contre fauvelle,
Contre grise ou contre liarde,
Se frain ou bride ne le tarde ;　　14850
Qu'il n'en a nulles espiées,
Fors qu'il les treuve desliées,
Ou qu'il puisse sur eulx saillir,
Toutes les vouldroit assaillir.
Et qui morelle ne tiendroit　　　14855
Tout le cours à morel viendroit,
Voyre à fauvel ou à liart,
Comme sa voulenté luy art.
Le premier qu'elle trouveroit,

C'est cil qui son mary seroit, 14360
Qu'elle n'en a nul espié,
Mais que le treuve deflié.
Et ce que je dy de morelle
Et de fauvel & de fauvelle,
Et de liart & de morel, 14365
Dis-je de vache & de torel,
Et de brebis & de mouton :
Car de ceulx mye ne doubton,
Qu'ilz ne veulent leurs femmes toutes.
Ne jà de ce, beau filz, n'en doubtes, 14370
Que toutes ainsi tous ne vueillent,
Toutes voulentiers les recueillent.
Ainsi est-il, beau filz, par m'ame
De tout homme & de toute femme,
Quant à naurel apetit, 14375
Dont loy les retrait ung petit.
Ung petit : mais trop ce me semble ;
Car quant loy les a mis ensemble,
Et veult soit varlet soit pucelle,
Que cil ne puisse avoir que celle, 14380
Aumoins tant qu'elle soit en vie ;
Ne celle aultre pour nulle envie ;
Mais touteffoys sont-ilz tentez
Du fait de franche voulentez.
Car bien sçay que tel chose monte 14385
Si s'en gardent aucuns pour honte,
Et les autres pour paour de paine :
Mais Nature ainsi les demaine,
Comme les bestes que cy dismes,
Et je le sçay bien par moi-meismes ; 14390

DE LA ROSE. 139

Car je me suis tousjours penée
D'estre de tous hommes amée;
Et se je ne doubtasse honte,
Qui refraint maint cueur & le dompte,
Quant par ces ruës m'en aloye; 14895
Car tousjours aller y vouloye,
D'aournemens envelopée
Proprement comme une poupée;
Ces varletz qui tant me plaisoyent,
Quant ces doulx regars me faisoient. 14900
Doulx Dieu que pitié m'en prenoit,
Quant ce regard à moy venoit!
Tous ou plusieurs de ceulx receusse,
Se bien leur pleust & je le peusse,
Tous les voulsisse tire à tire, 14905
Se bien je peusse à tous suffire:
Aussi me sembloit que s'ilz peussent
Très voulentiers tous me receussent;
Jà n'en metz hors Prelatz, ne Moynes,
Chevaliers, Bourgeoys, ne Chanoynes, 14910
Ne Clerc, ne Lay, ne Fol, ne Sage,
Puisque il fust de puissant âage,
Et des Religions faillissent;
S'ilz ne cuidassent qu'ilz faillissent,
Quant requise d'amours si me eussent: 14915
Mais se bien noz pensées sçeussent,
Et noz conditions trestoutes,
Ils n'en fussent pas en telz doubtes.
Et croy que se plusieurs osassent,
Leurs mariages en laississent, 14920
Et de foy ne leur souvenist,

Se nul à privé les tenist.
Nul n'y gardast condicion,
Foy, ne veu de Religion,
Se ne fust aucun forcené   14925
Qui d'amours fust anchifrené,
Et loyaulment s'amye amast.
Cil je croy quicte me clamast,
Et pensast à la sienne avoir,
Dont il ne prendroit nul avoir.   14930
Mais est-il peu de telz Amans,
Se m'aide Dieu & sainct Amans,
Comme je croy certainement,
S'il parlast à moy longuement,
Quoy qu'il en dist mensonge ou voir, 14935
Je le feisse bien esmouvoir,
Quel qu'il fust Séculier ou d'Ordre,
Fust ceint de cuir rouge, ou de corde,
Quelque chapperon qu'il portast ;
A moy ce croy se deportast,   14940
S'il cuidast que je le voulsisse,
Ou que sans plus je le souffrisse.
Ainsi Nature nous justise,
Qui noz cueurs à délict atise,
Par quoy Venus de Mars amer   14945
A moins desservy à blasmer.

  Ainsi comme en tel point estoyent
Mars & Venus qui s'entreamoyent,
Des Dieux y eut mains qui voulsissent,
Que les autres Dieux se risissent, 14950
En tel point comme font de Mars ;
Mieulx voulsist puis deux mille mars,

Avoir perdu dam Vulcanus,
Que de leur œuvre fçeuſt jà nulz :
Car ces deux en eurent tel honte,   14955
Que les Dieux firent d'eulx leur compte,
Et tant publierent la fable,
Qu'el fut par tout le Ciel notable.
S'en fut Vulcanus plus yré ;
Car le fait fut plus empiré,   14960
N'oncques puis n'y peut conſeil meſtre,
Ainſi que teſmoigne la lectre.
Mieulx luy vaulſiſt avoir ſouffert,
Qu'avoir au lit les latz offert,
Et que jà point ne s'en eſmeuſt ;   14965
Mais bien faingniſt qui riens n'en ſçeuſt,
S'il voulſiſt avoir belle chiere
De Venus, que tant avoit chiere.
Icy devroit bien prendre garde
Cil qui ſa femme & s'amye garde,   14970
Et par ſon fort agaict tant œuvre,
Que ſon forfait ſi luy deſcœuvre ;
Car ſçachiez que pis en fera,
Quant prinſe prouvée ſera,
Ne nul qui du mal felon art,   14975
Qui ſi la prinſe par ſon art,
Jamais n'en aura puis la prinſe,
Ne Beau-ſemblant, ne bon Serviſe :
Trop eſt fol mal que Jalouſie,
Qui les amans art & ſoucye.   14980
Mais ceſte eſt jalouſie fainte,
Qui faintement fait tel complainte
Et allume ainſi le muſart,

Quant plus l'allume & cil plus art.
 Et cil ne se daigne escondire,   14985
Ains die pour luy mectre en yre,
Qu'il a voyrement autre amye,
Gard qu'elle s'en course mye;
Jà soit ce que Semblant en face,
Se cil autre amye pourchasse,   14990
Jà ne luy soit à ung bouton
De la ribaulde au vil glouton.
Mais face tant que cil recroye,
Affin que d'amer ne recroye,
Qu'el vueille autre amy pourchasser,   14995
Et ne fait ce fors pour chasser
Celluy, dont elle veult le change:
Car c'est droit qu'elle s'en estrange;
Et dye trop m'avez meffait,
Vengier me fault de ce meffait;   15000
Car puisque vous m'avez fait coupe
Je vous feray de tel pain soupe.
Lors sera cil en pire point,
Qu'oncques ne fut s'il l'ayme point,
Ne ne s'en sçaura déporter;   15005
Car nul n'a pouvoir de porter
Grant amour ardamment ou pis,
S'il n'a paour d'estre acoupis.
Lors ressaille la chamberiere,
Et face paoureuse sa chiere,   15010
Et die lasse mortes sommes,
Mon Seigneur, on ne sçet quelz hommes
Sont entrés dedans nostre court;
Là convient que la Dame court

DE LA ROSE. 143

Et delaisse toute besongne, 15015
Mais le Varlet ainçoys repongne;
Et court en estable ou en huche,
Jusques à tant qu'elle le huche,
Quant sera arriere la veuë:
Cil qui desire sa venuë 15020
Vouldroit lors estre ailleurs espoir,
De paour & de desespoir.

 Et lors se c'est ung aultre amis,
A qui la Dame aura promis,
Dont elle n'aura esté sage, 15025
Qu'elle n'en porte le musage,
Combien que de l'autre luy membre;
Mener le doit en quelque chambre
Et face lors ce qu'il vourra,
Cil qui demourer n'y pourra, 15030
Dont moult aura pesance & yre.
Car la Dame luy pourra dire
Du demourer est-ce neans,
Puisque mon Seigneur est ceans
Et quatre miens cousins germains; 15035
Ainsi m'aist Dieu & sainct Germains;
Quant autre foys venir pourrez,
Je feray ce que vous vourrez;
Mais souffrir vous convient à tant,
Je m'en revoys; car on m'attent. 15040
Mais ainçoys le doit hors bouter,
Qu'elle ne puisse riens doubter.
Lors doit la Dame retourner,
Qu'elle ne face sejourner
Trop longuement l'autre à mesaise, 15045

Pour ce que trop ne luy desplaife,
Et affin qu'il n'ayt desconfort,
Luy doit donner nouvel confort.
Si convient que de prifon faille,
Et que couchier avec luy faille   15050
Entre fes bras dedans fa couche ;
Mais face que fans paour n'y touche ;
Face-luy bien entendre & dye,
Qu'elle est trop fole & trop hardye ;
Et jure par l'ame fon pere,   15055
Que l'amour de luy chier compere,
Quant fe met en telle advanture ;
Jà foit ce qu'elle foit plus feure,
Que ceulx qui vont à leur talant
Par champs & par vigne balant.   15060
Car délit en feureté pris
Moins eft plaifans, moins eft de pris.
Et quant aller vouldront enfemble,
Garde que cil à luy n'affemble,
Combien qu'il la tienne à fejour,   15065
Qu'elle ne voye cler, ne jour,
Et qu'elle cloe la feneftre,
Et que bien foit umbrageux l'eftre ;
Que s'elle a quelque vice ou tache
Sur fa chair, que cil ne le fache,   15070
Gard que nulle ordure n'y voye ;
Car tantoft fe meftroit en voye,
Et s'enfuiroit couë levée,
Dont feroit honteufe & grevée.
Et quant fe feront mis en œuvre   15075
Gard que chafcun fagement œuvre,

Et

DE LA ROSE.

Et si bien à point qu'il convienne,
Que le delict ensemble vienne
De l'une & de l'autre partie,
Ains que l'œuvre soit départie ; 15080
Et s'entredoyvent entr'atendre
Pour ensemble leur delict prendre.
L'ung ne doit pas l'autre laisser,
De nager ne doyvent cesser,
Tant qu'ilz viennent ensemble au port ; 15085
Lors auront enterin deport.

 Et se jeu ne lui embellit,
Faindre doit que moult s'y délict,
Et faigne & face tous les signes
Qu'elle sçet estre au délict dignes ; 15090
Si qu'il cuide qu'elle en gré praigne
Ce que ne prise une chataigne ;
Et se pour eulx mieulx asseurer
Peut vers la Dame procurer,
Qu'elle vienne à son propre hostel ; 15095
Si ayt la Dame propos tel
Le jour qu'elle y devra entendre,
Que se face ung petit atendre ;
Si que celluy ayt grant desir,
Ains que la tienne à son plaisir : 15100
Jeu d'amours est, quant on demeure,
Plus aggréable qu'à droite heure :
Si en sont mains entalentez,
Qui les ont à leurs voulentez.
Quant elle est à l'ostel venuë, 15105
Où tant sera chiere tenuë,
Lors luy jure & luy face entendre,

Tome II.   G.

Qu'aux jaloux fe fait trop attendre,
Qu'elle en fremift & tremble toute,
Et que trop durement fe doubte 15110
D'eftre ledengée & batuë,
Quant à l'oftel fera venuë ;
Mais comment qu'elle fe démente,
Combien que die voir, ou mente,
Prenne en paour bien feurement 15115
Seureté paoureufement,
Et facent en leur priveté
Treftoute leur joliveté.

 Et s'elle n'a loyfir d'aler
En fon hoftel à luy parler ; 15120
Ne recevoir au fien ne l'ofe,
Tant la tient Jaloufie enclofe ;
Alors le doit-elle enyvrer,
Se mieulx ne s'en fcet délivrer.
Et fe de vin ne peut eftre yvre, 15125
D'herbes peut avoir une livre,
Où plus ou moins, dont fans dangier
Luy peuft faire boyre ou mangier :
Adonc dormira fi formant,
Qu'il lui lairra faire en dormant 15130
Toute chofe qu'elle voudra ;
Car deftourner ne l'en pourra
De fa mefgnie, s'elle-l'a.
Envoye l'ung çà, l'autre là,
Ou par legiers dons les deçoyve, 15135
Et fon amy par ce reçoyve.
On les peut bien tous abuvrer,
Se du fecret les veult fevrer,

Ou s'il luy plaist au jaloux die,
Sire, ne sçay quel maladie, 15140
Ou goute, ou fievre, ou apostume,
Tout le corps m'embrase & alume.
Si convient que voyse aux estuves,
Tant ayons nous ceans des cuves,
Riens n'y vauldroit bain sans estuves; 15145
Pour ce fault-il que je m'estuves.
Quant le villain aura songié,
Luy donra-il, espoir, congié,
Combien que face laide chiere,
Mais que maine sa chamberiere, 15150
Ou aucune sienne voysine,
Qui sçaura toute sa convine;
Et son amy aussi aura
Sa voysine qui tout sçaura.
Lors s'en ira chez l'estuvier, 15155
Mais jà ne cuve ne cuvier
Par advanture n'y querra;
Mais o son amy se gerra,
Se n'est pour ce que bon leur semble
Que baignier se veulent ensemble; 15160
Car il la peut leans attendre,
S'il sçet que doit celle part tendre,
Nul ne peut mettre en femme garde,
Si elle-mesme ne se garde :
Et fust Argus qui la gardast, 15165
Qui de ses cent yeulx resgardast,
Dont l'une des moitiés veilloit
Et l'autre moitié sommeilloit,
Quant Jupiter luy fist trenchier

G 2

Le chief, pour Ino revenchier, 15170
Qu'il avoit en vache muée,
De forme humaine defmuée;
Mercurius le luy trencha
Quand de Juno fe revencha.
N'y vauldroit fa garde mefriens, 15175
Fol eft qui garde tel mefriens.
 Mais gard qu'elle ne foit fi fote
Pour riens que Clerc, ne Lay luy note,
Que jà riens d'enchantement croye,
Ne forcerie, ne charmoye, 15180
Ne Balenus, ne fa fcience,
Ne magique, ne nigromance;
Que par ce puift homme efmouvoir
A ce qu'il laimt par efcouvoir,
Ne que pour luy nulle autre héc: 15185
Oncques ne peut tenir Medée
Jafon par nul enchantement,
Ne Circé ne tint enfement
Ulixes qu'il ne s'enfouift,
Pour nulz fortz que faire luy puift. 15190
Garde femme qu'à nul Amant,
Tant l'aille fon amy clamant,
Ne donne don qui gueres vaille:
Bien donne couvrechief ou touaille,
Ou oreillier, ou aumoniere, 15195
Mais qu'elle ne foit pas trop chiere,
Afguiletes, las, ou ceintures,
Dont peu en vallent les ferrures,
Ou ung beau petit couftelet,
Ou de fil ung biau linffelet, 15100

Comme font Nonnains par couſtume:
Mais fol eſt qui les acouſtume;
Mieulx vault femmes du ſiecle amer;
L'en ne s'en fait pas tant blaſmer,
Et vont mieulx à leurs voulentez; 15205
Leurs marys & leurs parentez
Sçavent bien de parole paiſtre;
Et jà ſoit ce que ne puiſſe eſtre,
Que l'ung & l'autre trop ne couſt;
Si ſont nonnains de greigneur couſt. 15210
Mais l'homme qui ſage ſeroit,
Tous dons de femmes doubteroit;
Car dons de femme, à dire voir,
Ne ſont fors las à decevoir;
Et contre ſa Nature peiche 15215
Femme qui de largeſſe à taiche.
Laiſſier devons largeſſe aux hommes;
Car quant nous femmes larges ſommes,
Ce ſont meſchances & grans vices.
Diables nous ſont ores ſi nices, 15220
Mais ne m'en chault, ilz n'en ſont gaires,
Qui de don ſoyent couſtumieres;
Fors des dons que j'ay dit devant,
Mais que ce ſoit en decevant,
Beau filz, povez-vous bien uſer, 15225
Pour mieulx les muſars amuſer:
Et gardez-bien ce qu'on vous donne,
Et vous ſouvienne de la bourne,
Où treſtoute jeuneſſe tent,
Se chaſcun povoit vivre tant, 15230
C'eſt de vieilleſſe qui ne ceſſe,

G 3

Qui chascun jour de vous s'apresse,
Si que quant là serez venu
Ne soyez pas pour fol tenu ;
Mais soyez d'avoir si garny, 15235
Que point ne soyez escharny,
Car acquerir, s'il n'y a garde,
Ne vault pas ung grain de moustarde.
Mais certes, ce n'ay-je pas fait,
Dont suis povre par mon meffait. 15240
 Les grans dons que ceulx me donnoyent,
Qui tous à moy s'abandonnoyent,
Au mieulx aimé abandonnoye.
L'en me donnoit & je donnoye,
Si que n'en ay riens retenu : 15245
Donner m'a mis au point menu,
Ne me souvenoit de vieillesse,
Qui or m'a mis en tel destresse.
De povreté ne me tenoit,
Le tems ainsi comme il venoit, 15250
Laissoye aller sans prendre cure
De despens faire par mesure ;
Se j'eusse esté sage par m'ame,
Trop deusse-je estre riche Dame ;
Car de moult grans gens fus acointe, 15255
Quant j'estoye mignote & cointe,
Et bien en tenoye aucuns pris ;
Mais quant j'avoye des ungz pris,
Foy que doy Dieu & saint Tybault,
Trestout donnoye à ung ribault, 15260
Qui trop de honte me faisoit ;
Mais sur tous autres me plaisoit.

DE LA ROSE.

Les autres doulx amis clamoye,
Mais luy tant seulement amoye;
Et sachiez qu'il ne me prisoit 19265
Ung poys, & bien le me disoit:
Maulvais estoit, onc ne vis pire,
Onc ne fina de me despire:
Putain commune me clamoit
Le ribault, qui point ne m'amoit. 15270
Femme a trop povre jugement,
Et je suis femme droictement;
Onc n'aymay homme qui m'amast,
Mais se cil ribault m'entamast
L'espaulle, ou ma teste eut cassié; 15275
Sachiez que l'eusse mercié.
Ne il ne me sceust jà tant batre,
Que sur moy ne le feisse embatre:
Il sçavoit trop bien sa paix faire,
Jà tant ne m'eust-il fait contraire, 15280
Ne jà tant ne m'eust mal menée,
Ne fort batuë, ne trainée,
Ne mon vis blessé, ne noircy,
Qu'ainçoys ne me criast mercy,
Que de la place jà se meust, 15285
Jà tant de honte dit ne m'eust,
Que de paix ne m'amonestast;
Et que lors ne me rafaitast,
Puis avions & paix & concorde.
Ainsi m'avoit prinse à sa corde, 15290
Car trop estoit fort affaiteur,
Le faulx traistre larron menteur;
Mais sans celluy ne peusse vivre,

G 4

Et le voulsisse tousjours suivre,
S'il souist bien l'alasse querre
Jusqu'à Londres en Angleterre, 15295
Tant me pleut & tant m'embelly,
Qu'à honte me mist, & je luy;
Car il menoit les grans aveaux
Des dons qu'il eut de moy tant beaux: 15300
Ne n'en mettoit riens en espergnes,
Tout mist aux dez & aux tavernes;
N'oncques n'aprint autre mestier,
N'il n'en estoit lors nul mestier,
Assez luy livroye à despendre; 15305
Car je l'avoye bien ou prendre.
Tout le monde estoit mes rentiers,
Et il despendoit voulentiers,
Et tout alloit en ribauldie,
En lecherie & gourmandie; 15310
Tant avoit-il la bouche tendre,
Que ne vouloit à nul bien tendre,
N'onc vivre ne luy abellit,
Fors en oyseuse & en delit.
Et la fin me vey mal bailliz, 15315
Quant les dons nous furent failliz,
Pour ce devins à pain querant,
Et je n'euz vaillant ung harant;
N'oncques nul Seigneur n'espousay,
Lors m'avint, comme dit vous ay, 15320
Par ces buissons gratant mes temples;
Ce mien estat vous soit exemples,
Beau doulx fils, & le retenez,
Si sagement vous démenez,

Que mieulx vous soit de ma maistrie, 15325
Quant voz rose sera fletrie,
Et les chanes vous assauldront,
Certainement les dons fauldront.

L'Acteur.

Ainsi la Vieille a sermonné
Bel-acueil, qui mot n'a sonné; 15330
Très-voulentiers tout escouta,
De la Vieille moins se doubta,
Qu'il n'avoit oncques fait devant :
Et quant se va appercevant,
Que ce ne fust pour Jalousie 15335
Et ses portiers où tant se fie,
Aumoins les troys qui luy demeurent,
Qui tousjours par le vergier queurent,
Tous forcenez pour le défendre,
Legier fust le chastel à prendre : 15340
Mais ne peut estre com cil cuide,
Tant y mettent ceux grant estuide.
De Male-bouche qui mort fut,
Nul de ceulx desplaisir en eut,
Car n'estoit point leans amez, 15345
Tousjours les avoit diffamez
Vers Jalousie, & tous trahys,
Si qu'il estoit si fort hays,
Qu'il ne fust d'ung ail rachapté,
Pour nul qui leans eust esté, 15350
Se non je croy de Jalousie,
Qui aymoit trop sa janglerie,
Voulentiers luy prestoit l'oreille;

Si restoit triste à grant merveille,
Quant le Larron chalemeloit,   15355
Qui nulle riens ne luy celoit,
Dont il luy peust bien souvenir,
Dont mal en peut bien advenir.
Mais de ce trop grant tort avoit,
Qu'il disoit plus qu'il ne sçavoit,   15360
Et tousjours par ses flateries
Adjoustoit aux choses ouyes,
Tousjours accroissoit les nouvelles,
Tant ne fussent bonnes, ne belles:
Et les bonnes apetissoit;   15365
Ainsi Jalousie atissoit,
Comme cil qui toute sa vie
Usoit en jangle & en envie.
Noncques Messe chanter n'en firent,
Tant furent liez quand mort le virent;   15370
Riens n'ont perdu, comme leur semble,
Car quant mis se feront ensemble,
Garder cuident si la pourprise,
Qu'el n'aura garde d'estre prise,
S'il y avoit cinq cens mille hommes.   15375

Les troys Portiers.

Certes dient peu puissans sommes,
Se sans ce Larron ne sçavons
Garder tout ce que nous avons,
Ce faulx traitre, ce faulx truant,
Voyt s'ame au feu d'Enfer puant,   15380
Qui la puist ardoir & destruire;
Oncques ne fist que ceans nuyre.

L'Acteur.

Ce vont les troys Portiers difant ;
Mais quoy qu'en aillent devifant,
Ilz en font fort affoybloyé.   15385
Quant la Vieille eut tant fiaboyé,
Bel-acueil reprent la parole,
Qui point ne fut laide, ne fole,
Et dit com bien morigenés.

Bel-acueil.

Madame quant vous m'enfeignés;   15390
Voftre art tant debonnairement,
Je vous en mercy humblement;
Et quant parlé m'avez d'amer
Du doulx mal, où tant a d'amer:
Ce m'eft trop eftrange matire.   15395
Riens n'en fçay fors par ouyr dire,
Ne jamais n'en quier plus fçavoir,
Quant vous me reparlez d'avoir,
Qui foit par moy grant amaffez ;
Ce que j'ay me fuffift affez,   15400
D'avoir belle maniere & gente ;
Là vueil-je bien mettre m'entente.
Or de magique l'art du Diable,
Je n'en crois riens, foit voir ou fable ;
Mais du Varlet que vous me dictes,   15405
Où tant a bontez & merites,
Que toutes graces y acqueurent ;
S'il a graces, fi lui demeurent,
Ne vueil tendre que foyent moyes,

Je le quitte, mais toutesvoyes　　15410
Ne le hay pas certainement,
Ne ne l'aime pas fermement.
Tant ay-je prins cy son chappel,
Que pour ce mon amy l'appel,
Se n'est de parole commune,　　15415
Comme chascun dit à chascune :
Bien puissiez-vous venir amy,
Amy de Dieu soyez beny,
Ne que je l'ayme par amour,
Ce n'est en bien & en honnour.　　15420
Mais puisqu'il le m'a presenté,
Et que receu son present ay,
Ce me doit bien plaire & bien seoir :
S'il le peut qu'il me vienne veoir,
S'il a de moy veoir le talent,　　15425
Il ne me trouvera jà lent
De le recevoir voulentiers ;
Mais que ce soit en dementiers,
Que Jalousie est hors la Ville,
Qui forment le hayt & aville,　　15430
Si doubte, comment qu'il advienne,
S'el estoit hors qu'el ne revienne.
Car puisqu'el a fait emmaler
Tous les harnois pour hors aller,
Et que remains par son congié,　　15435
Quant sur le chemin a songié,
Souvent demy chemin retourne,
Et tous nous tempeste & bestourne ;
Et s'elle revient d'avanture,
Tant est vers moy crueuse & dure,　　15440

S'elle le peut ceans trouver,
Tant n'en puiſt-elle plus prouver,
Se ſa cruaulté remembrez,
Je ſeray tout vif deſmembrez.

L'Acteur.

Et la Vieille moult luy aſſeure.   15445

La Vieille.

Sur moy, dit-elle, ſoit la cure
De luy trouver eſt ce neans;
Et fuſt Jalouſie ceans;
Car je ſçay plus de repoſtaille,
Que pluſtoſt en ung tas de paille,   15450
Ainſi m'aiſt Dieu & ſaint Remy,
Trouveroit-on œuf de formy
Que celluy, quant muſſé l'auroye,
Tant bien muſſer le je ſçauroye.

Bel-acueil.

Dont vueil-je bien, diſt-il, qu'il vienne, 15455
Mais que ſagement ſe contienne,
Et qu'il ſe gard de tout oultrage.

La Vieille.

Certainement tu dis que Sage,
Comme preux & bien appenſés,
Filz, qui tant vault & qui tant ſçés.   15460

L'Acteur.

Leurs paroles à tant faillirent.

Et d'illecques se départirent :
Bel-acueil en sa chambre va,
Et la Vieille aussi se leva,
Pour besongner en la maison, 15465
Quant vint le lieu, temps & saison ;
Que la Vieille peut seul choisir,
Bel-acueil si que par loysir
Peust-on à luy très-bien parler.
Les degrez prent à devaler, 15470
Tant que de la tour est yssuë :
N'oncques ne cessa puis l'yssuë
Jusques vers l'Amant de trotter,
Pour la besongne luy noter ;
Vers luy s'en vint lasse & tainans. 15475

La Vieille.

Viens-je, dist-elle, à temps aux gans,
Se je vous dis bonnes nouvelles,
Toutes fresches, toutes nouvelles.

L'Amant.

Aux gans, Dame, ains vous dy sans lobe,
Que vous aurez mantel & robe, 15480
Et chapperon à panne grise,
Et argent à vostre devise,
Se me dictes chose qui vaille.
Lors me dit la Vieille que j'ailse
Seul au Chastel, où l'en m'attent, 15485
Ne s'en voult pas tenir à tant,
Ains m'aprint d'entrer la maniere.

DE LA ROSE.

Comment la Vieille la maniere
D'entrer au fort par l'huys derriere,
Enseigna l'Amant à bas ton, 15490
Par ses promesses sans nul don;
Et l'instruysit si sagement,
Qu'il y entra secretement.

VOus entrerez par l'huys derriere,
Dist-elle, je le vois ouvrir, 15495
Pour mieulx la besongne couvrir;
Celluy passage est moult couvert:
Sachiés que l'huys ne fut ouvert
Plus à de deux moys & demy.

L'Amant.

Dame, par le corps saint Remy 15500
Coustast l'aulne dix francs ou vingt,
Car moult bien d'amys me souvint,
Qui me dist que bien je promisse,
Mesmes se payer je ne puisse :
Bon drap aurez ou pers ou vert, 15505
Si je puis trouver l'huys ouvert.
La Vieille à tant de moy se part,
Je m'en revoys de l'autre part,
A l'huys derrier que dit m'avoit,
Priant Dieu qu'à bon port m'envoit. 15510
A l'huys m'en vins sans dire mot,
Que la Vieille deffermé m'ot,
Et le tint encor entrecloz,
Quant fus leans si le recloz;

Si en fusmes plus seurement, 15515
Et aussi de ce mesmement,
Que je sçeuz Male-bouche mort,
Dont je n'euz nul dueil, ne remort.
Illec vey la porte cassée,
Je ne l'euz pas plustost passée, 15520
Qu'amours trouvay devant la porte,
Et son ost qui confort m'aporte.
Dieu quel advantage me firent
Les Vassaulx qui la desconfirent!
De Dieu & du bon saint Benoist 15525
Puissent-ilz tous estre benoist;
Ce firent Faulx-semblant le traistre,
Filz de Barat le faulx Ministre,
Et Dame Ypocrisie sa mere,
Qui tant est aux vertus amere, 15530
Et Dame Abstinence contrainte,
Qui de Faulx-semblant est enceinte,
Preste d'enfanter l'Antechrist,
Comme je treuve au Livre escript.
Ceulx-là desconfirent sans faille, 15535
Si pry pour eulx vaille que vaille.

 Seigneur, qui moult traistre veult estre,
Face de Faulx-semblant son maistre;
Et contrainte Abstinence prengne,
Double soit, & humble se faigne. 15540

 Quant celle porte, que j'ay dicte,
Fut ainsi prinse & desconfite,
Je trouvay l'ost armé leans,
Prest d'assaillir tout, ce veans,
Se j'euz joye, nul ne demand; 15545

DE LA ROSE.

Lors pensay moult parfondement
A la beaulté que je veoye,
Si que parler je ne povoye;
En tel point elle m'avoit mis,
Que presque perdy mon advis   15550
De l'ost que vey tant bel & gent,
Et de si amoureuse gent;
Quant je les vey tant m'esjouy,
Qu'à poy que ne m'esvanouy;
Moult fut joyeux de ma venuë,   15555
Doulx regard, quant il la congneuë.
Tantost à Bel-acueil me monstre,
Qui sault sus & me vint encontre,
Comme courtois & de grant pris,
Car sa mere l'ot bien apris.   15560

Comment l'Amant en sa chambrette
De la Tour, qui estoit secrette,
Trouva par Semblant Bel-acueil
Tout prest d'acomplir tout son vueil.

JE le saluay de venuë,   15565
Et il aussi me resaluë,
Et de son chappel me mercye,
Sire, dys-je, ne vous poist mye,
Ne me devez pas mercyer;
Mais je vous doy regracier   15570
Cent mille fois quant vous me feistes
Tant d'honneur, que vous le prenistes.
Sçachiez s'il vous vient à plaisir
Du tout suis à vostre desir,

Pour faire tout voſtre vouloir, 15575
Qui que s'en deuſt plaindre & douloir,
Tant me vueil à vous aſſervir,
Pour vous honnorer & ſervir,
Se me voulez riens commander,
Ou ſans commandemens mander, 15580
Ou s'autrement le puis ſçavoir,
J'y mettray le corps & l'avoir,
Voire certes l'ame en balance,
Sans nul remors de conſcience :
Et que plus certain en ſoyés, 15585
Je vous pry que vous l'eſſayés,
Et ſe j'en fail je n'aye joye
De corps, ne de choſe que j'aye.

Bel-acueil.

Voſtre mercy, dit-il, beau Sire,
Je vous le vueil auſſi bien dire, 15590
S'il a ceans riens qui vous plaiſe,
Bien vueil que vous en ayés aiſe,
Prenez ce que povez choiſir,
Et en faictes voſtre plaiſir.

L'Amant.

Sire, Dieu vous doint bonne vie, 15595
Cent mille fois je vous mercye,
Quant puis ainſi voz choſes prendre,
Dont n'y quiers-je jà plus attendre :
Quant avez la choſe ſi preſte,
Dont mon cueur fera ſi grant feſte, 15600
Que de tout l'argent d'Alexandre.

DE LA ROSE.

Lors m'avance pour la main tendre
A la chose que tant desir,
Pour acomplir tout mon desir;
Si cuiday bien à noz paroles,　　　15605
Qui tant estoient doulces & moles,
Et noz très-plaisans acointances,
Plaines de belles contenances,
Que tout fust fait appertement;
Mais il m'avint bien autrement.　　　15610

Comment l'Amant se voulut joindre
Au Rosier pour la Rose attaindre;
Mais Dangier qui bien l'espia,
Lourdement & hault s'escria.

Moult remaint de ce que fol pense, 15615
Trop y trouvay cruel deffense,
Si comme celle part tendy,
Dangier le pas me deffendy,
Le villain, que maulx loups l'estrangle,
Si s'estoit muflé en ung angle,　　　15620
Par derriere & nous aguettoit,
Et mot à mot toutes mettoit
Noz paroles en son escript;
Lors n'attend plus qu'il ne m'escrit.

Dangier parle à l'Amant.

Fuyés Vassal, fuyés, fuyés,　　　15625
Fuyez d'icy, trop m'ennuyés;
Diables vous ont cy amenez,
Les maulvais & les forcenez,

Qui à ce beau service partent,
Mais tous prennent ains qu'ilz se partent. 15630
Jà n'y vienne Saincte, ne Saint,
Vassal, Vassal, point ne me faint,
A pou que je ne vous affronte.
Lors sault paour & acourt honte,
Quant ilz ouyrent le paisant ; 15635
Fuyés, fuyés, fuyés disant,
N'encor pas à tant ne se teust,
Mais les Diables y ramenteust,
Et Saintz & sainctes en osta.
Hé Dieu ! que si felon oste a, 15640
Si s'en courroucent & forcenent,
Tous trois par ung accord me prennent,
Et me lient derrier mes mains.
Jà n'en aurez, font-ilz, més moins
Mais trop plus qu'ores n'en avez : 15645
Malement entendre sçavez
Ce que Bel-acueil vous offrit,
Quant parler à luy vous souffrit ;
Ses biens vous offrit lyéement,
Mais que ce fust honnestement ; 15650
De l'honnesteté cure n'eustes,
Mais l'offre simple vous receustes,
Non pas au sens qu'on la doit prendre ;
Car sans dire est-il à entendre,
Quant preud'homs offre son servise, 15655
Que ce n'est fors en bonne guyse,
Ainsi l'entend le promettiere.
Mais or nous dictes dam trichierre,
Quant ces paroles vous ouystes,

DE LA ROSE.

Pourquoy en droit sens ne les pristes; 15665
Les prendre si villainement
Vous vient de rude entendement,
Où vous avez apris d'usage
A contrefaire le fol Sage;
Il ne vous offrit pas la Rose, 16665
Car ce n'est mye honneste chose,
Ne que requerir luy deussiez,
Quelque trubert que vous fussiez.
Et quant vos choses luy offristes,
Tel offre, comme l'entendistes, 15670
Fut-ce pour le venir lober,
Et de sa robe le rober ?
Trop bien le tuffez & boulez,
Qui ainsi servir le voulez,
Pour estre privé ennemys : 15675
Jà n'est-il pas en Livre mys,
Qui tant puist nuyre, ne grever,
Se vous deviez de dueil crever.
Si n'el vous convient pas cuider,
Ce pourpris vous convient vuyder, 15680
Mauffez-vous y font revenir;
Il vous doit très-bien souvenir,
Qu'autreffois en fustes chassez :
Or tost ailleurs vous pourchassez,
Certes celle ne fut pas sage, 15685
Qui quist à tel musart passage,
Mais ne sçeut pas vostre pensée,
Ne la trahyson pourpensée.
Sçachiez que jà quise ne l'eust,
Se vostre desloyaulté sçeust : 15690

Moult a esté certes deceu
Bel-acueil & bien despourveu,
Quant vous receut en sa pourprise,
Il vous cuidoit faire servise,
Et vous tendez à son dommage ; 15695
Vous n'aurez cy nul advantage,
Quant tel oultrage vous desvoye ;
Si querez ailleurs vostre voye,
Et hors de ce pourpris allez,
Nos degrez tantost devallez 15700
Debonnairement & de gré,
Où jà n'y compterez degré ;
Car tel pourroit icy venir,
S'il vous peut trouver & tenir,
Qui les vous fera mescompter, 15705
S'il vous y devoit affronter.
 Sire fol, trop oultrecuidé,
De toute loyaulté vuidé,
Bel-acueil que vous a forfait ?
Pour quel pechié, pour quel forfait 15710
L'avez si-tost prins à hayr,
Qui le voulez ainsi trahyr ?
Et maintenant luy offriez
Trestous les biens que vous avyez ?
Est-ce pource qu'il vous receut, 15715
Et luy & nous pour vous deceut ?
S'il vous offrist le Damoiseaulx,
Tantost ses chiens & ses oiseaulx,
Dont folement se demena,
Et de tant comme fait en a, 15720
Pour ores, & pour autreffoys ;

DE LA ROSE.

Se nous gard Dieu & saincte Foys,
Il sera mys en tel prison,
Qu'en si forte n'entra prins hom :
En telz anneaux sera rivez,   15725
Que jamais tant comme vivez,
Ne le verrez aller par voye,
Quant ainsi nous trouble & desvoye;
Mal l'eussiez-vous oncques tant veuz;
Car par luy sommes tous deceuz.   15730

L'Acteur.

Lors me prennent & tant me batent,
Que fuyant en la Tour m'embatent,
Où ils m'ont dit trop de laidures
Et soubz trois paires de serreures;
Sans me mettre en fers, ne en clos   15735
En la Tour l'ont tout seul enclos;
Et alors plus ne le greverent,
Ce fut pource qu'ilz se hasterent,
Et luy promirent de pis faire,
Quant seront venus au repaire.   15740

Comme Honte, Paour & Dangier
Prindrent l'Amant à Ledengier,
Et le battent très-rudement,
Cryant mercy très-humblement.

NE se sont pas à tant tenuz,   15745
Sur moy sont tous trois revenuz,
Qui dehors estoye demourez,
Tristes, dolens & esplourez,

Si me raſſaillent & tormentent,
Or vueille Dieu qu'ilz s'en repentent. 15750
Du grand oultrage qu'ilz me font,
Preſque mon cueur de dueil ſe fond,
Car je me voulſiſſe bien rendre,
Mais vif ne me vouloient prendre.
D'avoir leur paix moult m'entremys, 15755
Et voulſiſſe bien eſtre mys
Avec Bel-acueil en priſon.
Dangier, dy-je, beau gentilz hom,
Franc de cueur & vaillant de corps,
Piteux plus que je ne recors, 15760
Et vous Honte & Paour les belles
Treſſages, courtoiſes pucelles,
En faitz, en ditz bien ordonnées,
Et du lignage raiſon nées,
Souffrez que voſtre ſerf devienne, 15765
Par Convenant que priſon tienne
Avec Bel-acueil en la Tour,
Sans en faire jamais retour;
Et loyaulment vous vueil promettre,
Se m'y voulez en priſon mettre, 15770
Que je vous y feray ſerviſe,
Qui vous plaira bien à deviſe.
Certes ſe j'eſtoye Larron,
Raviſſant en boys ou quarron,
Où d'aucun meurtre achoyſonné, 15775
Ne voulſiſſe eſtre empriſonné;
Parquoy la priſon je requiſſe,
Ne cuydé-pas que j'y failliſſe,
Voyre certes toſt ſans requerre

M'y

DE LA ROSE.

Me mettroit-on en quelque ferre, 15780
Pour que l'en m'y peuſt bien baillier,
S'on me devoit tout détaillier,
Ne me laiſſeroit l'en eſchapper,
Se l'en me povoit attrapper.
La priſon pour Dieu vous demant 15785
Avec luy pardurablement;
Et ſe tel puis eſtre trouvé,
Quant je ſerai bien eſprouvé,
Que de bien ſervir je défaille,
En aultre priſon touſjours aille. 15790
Si n'eſt-il pas hom qui ne peche;
Touſjours a chaſcun quelque tache;
Mais ſe par moy y a deffault,
Pour moy punir de ce deffault,
Faictes-moy trouſſer mes paneaulx 15795
Et ſaillir hors deſdits aveaulx;
Car ſe jamais vous faiz courroux
Puny je ſoye & le corps roupx.
Je me mets à vous à refuge,
Mais que nul fors vous ne me juge. 15800
Hault & bas ſur vous me retrais,
Mais que nous ne ſoyons que trois,
Et ſoit avec vous Bel-acueil,
Car celluy pour le quart j'acueil;
Le fait luy pourons recorder; 15805
Et ſe ne pouvons accorder,
Aumoins ſouffrez qu'il nous accord
Et le croyez, ou aurez tort;
Car pour battre, ne pour tuer,
Ne m'en vouldroye remuer. 15810

Tome II.   H

Dangier.

Tantoſt Dangier ſe reſcria,
He Dieu ! Quel Requeſte cy a,
De vous mettre en priſon o ly,
Qui avez le cueur ſi joly,
Et le ſien eſt tant debonnaire ? 15815
Ne ſeroit autre choſe faire,
Fors que par amourettes fines
Mettre le Coq o les gelines :
Or toſt ailleurs vous pourchaſſez,
Bien ſavons que vous ne traſſez, 15820
Fors que nous faire honte & laidure.
N'avons de tel ſervice cure,
Si eſtes-vous de ſens vuydez,
Quant Juge faire le cuydez ;
Juge par le doulx Roy celeſtre ! 15815
Comment peut homme Juge eſtre,
Ne prendre ſur ſoy nulle miſe
Perſonne jà jugée & priſe ?
Bel-acueil eſt prins & jugiés
Et tel dignité luy jugiés, 15830
Qu'il en puiſſe eſtre Arbitre & Juge.
Ains ſera venu le déluge,
Qu'il yſſe plus de noſtre tour,
Mais ſera deſtraint au retour ;
Car il l'a moult bien deſſervy 15835
Pource ſans plus qu'il s'aſſervy,
De tant qu'il vous offrit ſes choſes,
Par luy pert-on toutes les Roſes :
Chaſcun muſart les veult cueillir,

Quant il se voit bel acueillir. 15840
Mais qui bien le tiendroit en cage,
Nul n'y feroit jamais dommage,
Ne n'emporteroit nul vivant,
Non plus qu'en emporte le vent,
S'il n'estoit tel que tant mesprit, 15845
Que Vilennye & force y fist,
Si pourroit-il bien tant mesprendre,
Qu'il s'en feroit bannir ou pendre.

L'Amant.

Certes, dy-je, moult se meffait
Qui destruyt homme sans meffait, 15850
Et qui sans raison l'emprisonne;
Et quant si très-vaillant personne,
Com Bel-acueil & si honneste,
Qui fait à tout le monde feste,
Pource qu'il me fist belle chiere, 15855
Et qu'il eut m'acointance chiere,
Sans autre achoison prins tenez,
Malement vers luy mesprenez;
Car par grant raison estre deust
Hors de la prison, s'il vous pleust. 15860
Si vous prye donc qu'il en ysse,
Et de la besongne cheville;
Trop avez vers luy jà mespris,
Gardez qu'il ne soit jamais pris.

Dangier, Paour & Honte.

Certes, font-ilz, ce fol nous truffe, 15865
Bien nous veult or paistre de truffe,

H 2

LE ROMAN

Quant il le veult desprisonner,
Et nous bouter par sermonner.
Il requiert ce qui ne peut estre,
Jamais par huys, ne par fenestre, 15870
Ne mettra hors mesmes le chief.

L'Amant.

Lors m'assaillent tous derechief;
Chascun à me hors bouter tend,
Il ne me grevast mye tant,
Qui me voulsist crucifier, 15875
Lors je commençay à crier
Mercy, non pas à trop grant cry
Mais en voix basse com descry
A ceux qui secourir me deurent,
Tant que les guettes m'apparceurent,
Qui l'ost devoient eschauguetter, 15880
Quant m'ouyrent si mal traicter.

Comment tous les Barons de l'Ost
Si vindrent secourir tantost
L'Amant, que les Portiers batoient,
Si fort qu'irés ils l'estrangloient. 15885

OR sus, or sus, font-ilz Barons,
Se tantost armez n'apparons,
Pour secourir ce fin Amant,
Perdu est à Dieu le commant;
Les Portiers le fustent & lyent, 15890
Batent, tuent, ou crucifient;
Devant eulx brait à voix serie,
A si bas cry mercy leur crye,

Qu'envis peut-on ouyr le brait;
Car si bassement crie & brait, 15895
Qu'advis nous est, si vous louez,
Que de braire soit enrouez,
Ou que la gorge luy estraignent,
Si qu'ilz l'estranglent ou mehaignent.
Ja si luy ont la voix enclose, 15900
Que hault crier ne peut ou n'ose :
Ne sçavons qu'ilz entendent faire,
Mais ilz luy font trop de contraire;
Mort est se tantost n'a secours.
Fouy s'en est trestout le cours 15905
Bel-acueil, qui le confortoit :
Or convient qu'autre confort ait,
Tant qu'il le puisse recouvrer;
Dès or convient d'armes ouvrer.

L'Amant.

Et eulx sans faille tué m'eussent, 15910
Se ceulx de l'ost venuz n'y fussent.
Les Barons aux armes saillirent,
Quant ouyrent, sçeurent & virent
Que j'euz perdu joye & soulas;
Je qui estoye prins aux laz, 15915
Ou amours les Amans enlasse,
Sans moy remuer de la place,
Regarday le tournoyement,
Qui commença moult asprement :
Car si-tost que les Portiers sçeurent, 15920
Que si très-grant ost contre eulx eurent,
Ensemble tous trois s'entralient,

H 3

Et s'entrejurent & affient,
Qu'à leur povoir s'entraideront,
Ne jà pour riens ne se fauldront 15925
Jour du monde jusqu'à la fin.
Et je qui de garder ne fin
Leur semblant & leur contenance,
Fus moult dolent de l'alliance;
Et ceulx de l'ost quant ilz revireut 15930
Que ceulx telle alliance firent,
Si s'assemblent & s'entrejoignent,
N'ont pas talent qu'ilz s'entresloignent:
Mais jurent que tant y feront
Que morts en la place gerront, 15935
Ou desconfis seront & pris,
Ou de l'estour auront le pris,
Tant sont enragiez de combattre,
Pour l'orgueil des portiers abatre,
Qui aux Amans font trop mal traire, 15940
Tant leur font & mal & contraire.
Car par ces trois sont moult souvent
Amans à grant dueil & torment.
Dès or sçaurez de la bataille
Comment chascun hault & bas taille. 15945

Comment l'Acteur muë propos
Pour son honneur & son bon loz,
Garder en priant qu'il soit quittes
Des paroles qu'il a cy dictes.

OR entendez cy loyal Amant, 15950
Que si Dieu d'amours vous amant

DE LA ROSE.

Et doint de voz amours joyr,
En ces boys si pourrez oyr
Les chiens glatir, se m'entendez
Et le connin prendre où tendez, 15955
Par le furet, qui sans faillir,
Le doit faire ès reseaulx saillir.
Notez ce que cy voys disant,
D'amours aurez art suffisant,
Et se vous y trouvez riens double, 15960
J'esclarciray ce qui vous trouble,
Quant le songe m'orrez espondre,
Lors sçaurez bien d'amours respondre :
S'il est qui vous vueil opposer,
Quant le texte m'orrez gloser, 15965
Et sçaurez lors par cest escript
Ce que j'auray devant escript,
Et ce que je tendz à escrire.
Mais ains que plus m'en oyés dire,
Ailleurs vueil ung petit entendre, 15970
Pour moy de male gent deffendre,
Non pas pour vous faire muser ;
Mais pour moy ung peu excuser.

Cy dit par bonne intencion
L'acteur son excusacion. 15975

SI vous pry Seigneurs amoureux,
Pour les jeux d'amours savoureux,
Que se vous y trouvez paroles
Semblans trop bauldes ou trop foles,
Pourquoy saillent les mesdisans, 15980

Qui de moi aillent mal difans,
Pour les chofes à dire ou dictes,
Que courtoyfement les defdictes;
Et quant vous les aurez defditz,
Blafmez ou retardez leurs ditz, 15985
Se mes ditz font de tel maniere,
Qu'il foit droit que pardon requiere;
Vous pry que le me pardonnez,
Et de par moy leur refponnez
Que ce requeroit la matire, 15990
Qui vers telz paroles m'attire.
Par les proprietés le fçay,
Et pource telz paroles ay;
Car chofe eft droicturiere & jufte,
Selon l'auctorité Salufte, 15995
Qui nous dit par Sentence voire,
Tout ne foit-il femblable gloire
De celluy qui la chofe fait,
Et de l'efcrivain qui le fait
Veult mettre proprement en livre, 16000
Pour mieulx la verité defcrivre.
Si n'eft-ce pas chofe legiere,
Ains eft de moult fort grant maniere,
Mettre bien le fait par efcript:
Car quiconques la chofe efcript, 16005
Se du voir ne nous veult embler
Le dit doit le fait reffembler;
Car les voix aux chofes voifines
Doyvent eftre à leurs faitz coufines.
Si me convient ainfi parler, 16010
Se par le voir m'en vueil aller.

DE LA ROSE.

Comment l'Acteur moult humblement
S'excuse aux Dames du Rommant.

 Si vous pry toutes vaillans femmes,
Soient Damoiselles ou Dames,   16015
Amoureufes ou fans amys,
Que fe motz y trouvez jà mys,
Qui femblent mordans ou chennins
Encontre les meurs femenins,
Que ne m'en vueillés pas blafmer,   16020
Ne m'efcripture diffamer,
Qui tout eft pour enfeignement.
Onc n'y dy riens certainement,
Ne voulenté n'ay pas de dire,
Ne par yvrefle, ne par yre,   16025
Par hayne, n'auffi par envie
Contre femme qui foit en vie.
Car nul ne doit femme defpire,
S'il n'a cueur des mauvais le pire ;
Mais pour ce en efcript le meifmes,   16030
Pour que nous & vous de nous meifmes
Peuffions bien congnoiffance avoir ;
Car il fait bon de tout fçavoir.

 D'aultre part, Dames honnorables,
S'il vous femble que je dis fables,   16035
Pour ce menteur ne me tenés ;
Mais aux Acteurs vous en prenés,
Qui en leurs livres ont efcriptes
Les paroles que j'en ay dictes.
Et ceulx avec que j'en diray,   16040

H 5

Car jà de riens n'en mentiray,
Se les preud'hommes ne mentirent,
Qui tous les anciens livres firent,
Et tous à ma raison s'accordent,
Quant les meurs femenins recordent; 16045
N'ils ne furent ne folz ne yvres,
Quant ils les mirent en leurs livres.
Cilz les meurs femenins sçavoient,
Car tous esprouvés les avoient,
Et tieulx ès femmes les trouverent, 16050
Que par divers sens esprouverent;
Pourquoy mieulx m'en devés quitter,
Je n'y fais riens fors reciter,
Se par mon jeu qui peu vous couste
Quelque parole n'y adjouste, 16055
Comme font entre eulx les Poëtes,
Quant chascun la matiere traictes,
Dont il leur plaist s'en entremettre.
Car comme témoigne la lettre,
Profit & delectacion, 16060
C'est toute leur intencion.

Et se gens encontre moy groucent,
Et se troublent & se courroucent,
Qui sentent que je les remorde
Par ce chapitre, ou je recorde 16065
Les paroles de Faulx-semblant,
Et pource saillent assemblant,
Que blasmer ou punir me vueillent,
Pource que de mon dit se dueillent,
Je fais bien protestacion, 16070
Qu'oncques ne fut m'entencion

DE LA ROSE.

De parler contre homme vivant,
Sainte Religion suivant,
Ne qui sa vie use en bonne œuvre,
De quelque robbe qu'il se cueuvre.   16075
   Ains prins mon arc si l'entesoye,
Et quelque pescheur que je soye,
Si fis ma sajette voler,
Generalment pour affoler,
Pour affoler, mais pour congnoistre,   16080
Fussent Seculiers ou de Cloistre,
Les desloyaulx gens les mauldites,
Que Jesus appelle ypocrites.
Dont mains pour sembler plus honnestes,
Laissent à mangier chair de bestes,   16085
Tout temps sous nom de penitence ;
Et font ainsi leur abstinence,
Si comme en Caresme faisons ;
Mais tous vifz ils menguent les homs,
O les dens de detraction   16090
Par venimeuse intention :
Onc d'aultre sang ne fis bersault,
Là vois & vueil que mon fer fault.
Si traict sur eulx à la volée,
Et se pour avoir la colée,   16095
Advient que dessoubz la sajette
Aulcun hom de son gré se mette,
Qui pour orgueil si se deçoive,
Qui dessus soy le coup reçoive ;
Puis se plaint que je l'ay navré,   16100
Coulpe n'en ay, ne jà n'auré ;
Non pas s'il en devoit perir,

H 6

Car je ne puis nulluy ferir,
Qui de coup se vueille garder,
S'il scet son estat regarder. 16105
Mesmes cil qui navré se sent
Par le fer que je luy present,
Gard que plus ne soit ypocrite,
Si sera de la playe quitte :
Et non pourtant qui que s'en plaigne, 16110
Combien que Preud'homme se faigne,
Onc riens n'en dy au mien essiant,
Combien qu'il m'est contrariant,
Qui ne soit en escript trouvé
Et par experiment prouvé, 16115
Ou par rayson aux moins prouvable
A qui que soit desagréable.
Et s'il y a nulle parolle,
Que saincte Eglise tienne à folle,
Prest suis qu'à son vouloir l'amende, 16120
Se je puis suffire à l'amende.

Cy reprent son propos sans faille,
L'Acteur & vient à la bataille,
Où Dame Franchise combat
Contre Dangier qui fort la bat. 16125

F Ranchise vint premierement
Contre Dangier moult franchement,
Qui trop est fel & oultrageux,
Par Semblant fier & courageux.
En son poing tient une massuë, 16130
Fierement la paumoye & ruë

DE LA ROSE.

Entour foy à coups périlleux,
Qu'efcu, s'il n'eft trop merveilleux,
Ne peult tenir qu'il ne pourfende,
Et que cil vaincu ne fe rende, 16135
Qui contre luy fe met en place,
S'il eft bien attaint de fa maffe,
Ou qu'il ne l'en fonde ou efcache,
S'il n'eft tel que trop d'armes fache.
Il la print au bois de refus, 16140
Le lait villain, que je refus,
Sa targe fut d'efcoutoyer,
Bordée de gens viltoyer.
Franchife fi fut bien armée
Moult feroit envis entamée, 16145
Mais qu'elle fe fçeuft bien couvrir
Franchife pour la porte ouvrir ;
Contre Dangier avant fe lance,
En fa main tenoit forte lance,
Qu'elle apporta belle & polie 16150
De la Foreft de thuërie.
Il n'en croift nulle telle en biere,
Le fer fut de doulce priere.
Si euft par grant dévocion
De toute fuplicacion 16155
Efcu, qu'oncques ne fut de mains,
Bordé de jointures de mains,
De promeffes & convenances,
Par grans fermens & par fiances;
Coulouré trop mignottement. 16160
Vous euffiez dit certainemens
Que Largeffe le lui bailla

Et le paignit & entailla;
Tant sembloit bel estre son œuvre;
Et Franchise qui bien s'en cueuvre, 16165
Brandist la hante de sa lance,
Et contre le vilain la lance,
Qui n'avoit pas cueur de couart;
Ains sembloit estre renouart
Au tinel qui fut revestu; 16170
Tout fut pourfendu son escu :
Mais tant est fort à desmesure,
Qu'il ne craignoit aulcune armure,
Si que du coup si se couvry,
Qu'oncques sa panse n'en ouvry. 16175
Le fer de la lance brisa,
Par quoy le coup moins en prisa.
Moult fort fut d'armes engoissé,
Le villain fel & aoursé :
La lance print, si la despiece 16180
O sa massuë piece à piece;
Puis esma ung coup grant & fier;
Qui me tient que je ne te fier,
Dist-il, orde garse ribaulde,
Comment as-tu esté si baulde, 16185
Qu'ung prudhomme osas assaillir;
Sur son escu fiert sans faillir,
La preux, la belle, la courtoyse;
Bien l'a fait faillir une toyse
D'angoisse, à genoulx si l'abat, 16190
Moult la ledenge, moult la bat;
Et croy qu'à ce coup morte en fust,
S'elle eust fait son escu de fust.

Autreffois vous ay-je trop creuë,
Dame orde garce moult recreuë,   16195
Dift-il, n'onc bien ne m'en chëy,
Voftre lofenge m'a trahy.
Par vous fouffris-je le baifier,
Pour le ribauldel à aifier ;
Bien me trouva fi debonnaire,   16200
Diables le me firent bien faire,
Certainement mal y veniftes,
Quant noftre Chaftel affailliftes,
Si vous convient perdre la vie.

L'Acteur.

Et la belle mercy luy crye,   16205
Pour Dieu que pas ne la cravant,
Quant plus n'en peut mais en advant,
Et le villain croulle fa hure,
Et fe forcene, & fur Saints jure,
Qu'il l'occira fans nul refpit.   16210
Moult en eut pitié grant defpit,
Qui pour fa compaignie fecourre,
Au villain fe haftoit de courre.

Pitié qui à tout bien s'accorde,
Tenoit une mifericorde   16215
En lieu d'efpée en piteux termes,
Decourant de pleurs & de larmes.
Cefte-cy, fe l'Acteur ne ment,
Perceroit la pierre d'ayment,
Pourtant qu'elle fuft d'elle pointe,   16220
Car elle a moult ague la pointe ;
Son efcu eft d'alegement,

Bordé de doulx gemissement,
Plain de souspirs & de complaintes.
Pitié qui plouroit larmes maintes,   16225
Poingt le villain de toutes pars,
Qui se deffend comme liepars;
Mais quant elle eut bien arrousé
De larmes le villain housé,
Si luy conv'nt amolyer :   16230
Advis luy fut qu'il dust noyer
En ung fleuve tout estourdis.
Oncques mais par faitz, ne par ditz
Ne fut si lourdement heurté ;
Du tout failloit la dureté,   16235
Foible & vain il tremble & chancelle ;
Fouir s'en veult, Honte l'appelle.

Honte.

Et dist, Dangier villain prouvé,
Se recreant estes trouvé,
Que Bel-acueil puisse eschapper,   16240
Vous nous ferez tous attraper ;
Car tantost baillera la Rose,
Que tenons cy-dedans enclose ;
Et tant vous dis-je bien sans faille,
Si aux gloutons la Rose baille,   16245
Sachiez qu'elle en pourra bien estre
Blesmye ou pâle, ou mole ou flestre ;
Et si me puis-je bien vanter,
Tel vent pourroit ceans venter,
Se l'entrée trouvoit ouverte,   16250
Dont nous aurions dommaige & perte ;

Ou que trop la graine efmouvroit,
Ou qu'une autre graine y plouvroit,
Dont la Rofe feroit chargée.
Dieu doint que tel graine n'y chée, 16255
Trop nous en pourroit-il mefcheoir,
Car ains que l'en fe peut efcheoir,
Toute pourroit fans reffortir,
La Rofe du tout amortir ;
Ou fe d'amortir efchappoit 16260
Et le vent tel coup y frappoit,
Que les graines s'entremellaffent,
Que de leur faitz la fleur grevaffent ;
Que des feuilles en fon defcendre
Fift aucune caffer, ou fendre ; 16265
Et par la fente de la fueille,
Laquelle chofe Dieu ne vueille,
Parut deffoubz le verd bouton ;
L'en diroit par tout que glouton
L'auroit tenuë en fa fayfine ; 16270
Nous en aurions tous très-grant hayne:
Jaloufie qui le fçauroit,
Qui du fçavoir tel dueil auroit,
Qu'à la mort en ferions livrez,
Mauffez nous auroit enyvrez. 16275

L'Acteur.

Dangier crye, fecours, fecours ;
Hâtivement Honte le cours,
Vint à Pitié, fi la menaffe,
Qui moult redoubte fa grimace.

Honte.

Trop avez, dit-elle, vescu, 16280
Je vous froisseray cest escu,
Vous en gerrez tantost par terre,
De mal heure emprintes la guerre.

L'Acteur.

Honte qui portoit une espée,
Bonne, clere & très-bien trempée, 16285
Qu'elle forgea doubteusement
De soucy, d'aparçoyvement.
Fort targe avoit, qui fut nommée
Doubte de Malle-renommée.
De tel fust l'avoit-elle faicte, 16290
Mainte langue eut au bord pourtraicte;
Pitié fiert, qui trop fort la ruse,
Lors la rendit presque confuse,
Mais adonc est venu delict,
Beau bachelier sur tous eslit : 16295
Cil fist à Honte une envahie,
Espée avoit de plaisant vie,
Escu d'aise : dont point n'avoye,
Bordé de soulas & de joye.
Honte fiert : mais elle le charge, 16300
Et cil se cueuvre de sa targe,
Qu'oncques le coup ne luy greva;
Et Honte requerre la va,
Si fiert délict par tel angoisse,
Que sur le chief l'escu luy froisse, 16305
Et l'abat jus tout estendu,

Jusques aux dens l'eust pourfendu,
Quant Dieu admene ung Bacheler,
Que l'en appelle Bien-celer.
Bien-celer fut bien guerroyer, 16310
Sage, de bon advis, & fier,
En sa main une coye espée,
Ainsi que de langue coupée.
Si la brandit sans faire noyse,
Qu'on ne l'oyoit pas d'une toyse, 16315
Point ne rendit son bondye,
Jà si fort ne sera brandye.
Son escu du lieu mussé fut,
Oncques geline en tel ne geut.
Bordé fut de seures alées, 16320
Et de revenuës celées :
Haulse l'espée, puis fiert Honte
Tel coup que près que si l'affronte;
Si que Honte fut estourdie.

Bien-celer.

Honte, dit-il, jà Jalousie 16325
La douloureuse, la chetive
Ne le sçaura tant qu'elle vive,
Bien je vous en asseureroye
Et de ma main fianceroye;
Si en feroye cent sermens, 16330
Ne sont si grans asseuremens,
Puisque Male-bouche est tuez,
Prinse estes : ne vous remuez.

Comment Bien-celer ſi ſurmonte
En ſoy combatant Dame Honte, 16335
Et puis Paour & Hardement
Se combatent moult fierement.

Honte ne ſçait à ce que dire,
Paour ſault toute plaine d'yre,
Qui trop ſouloit être couarde ;   16340
Honte ſa couſine regarde,
Et quant la veit ſi entrepriſe,
Si a la main à l'eſpée miſe,
Qui trop eſt trenchant malement.
Souſpeçon d'embouſſiſſement   16345
Eut nom, car de ce l'avoit faicte,
Quant elle l'eut du fourrel traicte.
Plus fut clere que nul beril,
Eſcu de crainte & de peril,
Bordé de travail & de paine ;   16350
Et Paour, qui forment ſe paine
De Bien-celer tout detrenchier,
Pour ſa couſine revenchier.
Là va ſur ſon eſcu ferir
Tel coup, qu'il ne s'en peut guerir, 16355
Et tout eſtourdy chancela.
Adonc Hardement appella,
Si ſault, car s'elle recouvraſt
L'autre coup, malement ouvraſt ;
Mort fuſt Bien-celer ſans retour,   16360
Se luy donnaſt ung autre tour.
 Hardement fut preux & hardiz ;

En appert par faitz & par ditz :
Espée eut bonne & bien fourbye,
D'ung acier de forsenerie : 16365
Son escu fut moult renommé,
Despit de mort estoit nommé :
Bordé fut d'abandonnement.
A tous perilz trop folement
Vient à Paour & si luy esme, 16370
Pour la ferir, mais riens n'entesme ;
Le coup abat & lors se cueuvre,
Car elle sçavoit moult de l'œuvre
Qui affiert à ceste escarmye.
Bien se garde, n'en doubtés mye, 16375
Puis le fiert ung coup si pesant,
Qu'elle le verse tout gysant,
Son escu ne le garanty.
Quant Hardement jus se senty,
Joinctes mains luy requiert & prye 16380
Pour Dieu mercy que ne l'occie ;
Et Paour dit que si fera,
Mais Seureté ne l'endura :
Par Dieu Paour icy mourrez,
Faictes du pis que vous pourrez, 16385
Vous souliez bien avoir les fievres,
Et plus estes couart que lievres.
Or estes desaccouardie,
Les Diables vous font si hardye,
Que vous prenez à hardement, 16390
Qui ayme tant tournoyement,
Et tant en sçait, que s'il luy pleust,
Qu'oncques mais homme plus n'en sceust ;

N'onc puisque vous terre marchastes,
Fors en ce cas ne tournoyastes. 16395
Vous y entendés mal les tours,
Ailleurs en tous autres estours,
Vous fuyés où vous vous rendez,
Vous qui icy vous deffendez,
Avec Cacus vous en fouystes, 16400
Quant Hercules venir vous veistes
Le cours à son col la massuë;
Vous fustes lors toute esperduë,
Et vous meistes ès piedz les esles,
Qu'oncques homme n'en vist de telles, 16405
Pource que Cacus eut emblez
Ses beufz, qu'il avoit assemblez
En son recept qui moult fut longs
Par les queuës à recullons,
Que la trace ne fust trouvée: 16410
Là fut vostre force esprouvée,
Là monstrastes-vous bien sans faille;
Que riens ne valez en bataille;
Car puisque hanté ne l'avez,
Petit ou neant en sçavez; 16415
Si vous convient non pas deffendre,
Mais fouyr où vos armes rendre,
Ou chier vous convient comparoir,
Qu'à luy vous oser comparoir.
Seureté eust l'espée dure, 16420
Forgée de trestoute cure;
Escu de paix, bon sans doubtance,
Bordé de toute concordance,
Paour fiert; occire la cuide.

En foy couvrir met fon eftuide ; 16425
Paour l'efcu jetta encontre,
Qui fainement le coup rencontre;
Si ne luy greva de noyant ;
Le coup cheut jus en glaçoyant,
Et Paour tel coup fi luy donne 16430
Sur l'efcu, que toute l'eftonne,
Moult s'en fault que pou ne l'affole ;
S'efpée ou fon efcu luy vole
Des poings, tant forment l'a heurté.

Comment Paour & Seureté 16435
Ont par bataille fort heurté,
Et les autres pareillement
S'entreheurtent fubtilement.

SCavez que fift lors Seureté,
Pour donner aux autres exemples, 16440
Il print Paour parmy les temples ;
Et Paour & luy s'entretiennent,
Et tous les autres s'entreviennent,
L'ung fe lye à l'autre & le couple.
Onc en eftour ne vey tel couple, 16445
Si renforça le chappeleys,
Là fut fi fort le trupigneys,
Qu'oncques en nul tournoyement,
Ne vey de coups tel payement.
Tornent deçà, tornent de là, 16450
Chafcun fa mefgnie appella,
Tous y accourent pelle melle,
Onc plus efpés ne noif, ne grefle,

Ne vy voler que ces coups volent ;
Tous s'entrerompent & affolent. 16455
Oncques ne veiftes telz meflées,
De tant de gens ainfi meflées.
Mais ne vous en mentiray ja,
L'oft qui le Chaftel affiegea
En avoit adoncques du pire ; 16460
Le Dieu d'amours de peur foufpire,
Que fa gent ne fut toute occife ;
Sa mere manda par Franchife,
Et par Doulx-regard qu'elle vienne,
Que nul effoigné ne la tienne, 16465
Et print treves endementiers,
Entour huit jours, ou dix entiers,
Ou plus ou moins ja recité,
Ne vous fera certaineté.
Voire à tousjours euffent-ils prifes, 16470
S'à tousjours les euffent requifes,
Comment qu'il fuft d'elles caffer,
Ne qui les duft outrepaffer.
Mais fe lors fon meilleur y fceuft,
Jà les treves prinfes n'y euft, 16475
Et fe les portiers ne cuydaffent
Que les autres ne les caffaffent,
Puis qu'ilz fuffent habandonnées,
Jà n'y fuffent je croy données
De bon cueur ; ains s'en courrouffaffent, 16480
Quelque femblant qu'ils en monftraffent.
Ne n'y euft eu jà treve prife,
Se Venus s'en fuft entremife ;
Mais fans faille il le convint faire,

Ung

DE LA ROSE.

Ung pou se convint-il retraire, 16485
Ou pour treve ou pour quelque fuyte
Trestoutes les fois que l'en luyte
A tel, qu'on ne peut surmonter,
Tant qu'on le puisse mieulx dompter.

Comment les Messagiers de l'ost 16490
D'amours, de cueurs chascun devost,
Vindrent à Venus pour secours
Avoir en l'ost au Dieu d'Amours.

DE l'ost se partent les messages,
Qui tant ont erré comme sages, 16495
Qu'ils sont à Citeron venus :
Là sont à grant honneur tenus.
Citeron est une montaigne
Dedans ung boys en une plaine,
Si haulte que nulle arbaleste, 16500
Tant soit fort ne de traire preste,
Ne trairoit ne boujon, ne vire.
Venus qui les Dames espire,
Fist là comme pouvés savoir,
Principalement son manoir ; 16505
Mais se tout l'estre descrivoye,
Je croy trop je vous ennuyroye,
Et si me pourroye lasser,
Pour ce m'en vueil briefment passer.
Venus est au boys devalée ; 16510
Pour chasser en une valée :
Le bel Adonys est o ly
Son doux amy au cueur joly,

Tome II. I

Ung petit estoit enfantis,
Et au bois chasser ententifz. 16515
Enfant fut & jeune & venant,
Moult fut bel, doulx & advenant:
Midy fut lors pieça passé,
Chascun fut de chasser lassé,
Soubz ung peuplier en l'ombre estoient, 16520
Lés ung vivier où s'esbatoient.
Leurs chiens qui las de courre furent,
Taisans au ru du vivier beurent;
Leurs dartz, leurs arcz & leurs curées
Eurent delez eulx apuyées: 16525
Jolyement se déduysoient,
Et les oysillons escoutoient
Par les rainseaulx tout environ.
Après leurs jeux en son gyron
Venus embrassié le tenoit, 16530
Et en baisant luy aprenoit
De chasser ou boys la maniere,
Si comme elle estoit coustumiere.

Comment Venus à Adonys,
Qui estoit sur tous ses amys, 16535
Deffendoit qu'en nulle maniere
N'allast chasser à beste fiere.

AMys quant vostre meute est preste,
 Et vous allez querant la beste,
Chassez & ne bataillés mye, 16540
Se vous trouvez bestes qui fuye,
Et courez après hardiment :

Mais contre ceulx qui fierement
Mettent en deffense leur corps,
Ne soit ja tourné vostre acors ; 16545
Couart soyés & paresseux
Contre hardiz ; car contre ceulx,
Où cueur hardy s'est aheurté,
Nul hardement n'a point seurté ;
Ains fait perilleuse bataille. 16550
Hardy quant à hardy bataille,
Cerfz & biches, chevreulx & chievres,
Regnars & dains, connins & lievres ;
Ceulx vueil-je bien que vous chassiez,
En tels chasses vous soulassiez. 16555
Ours, loups, lyons, sangliers deffens,
N'y chassiez pas, mon cher enfans ;
Car telz bestes qui se deffendent,
Les chiens occient & pourfendent,
Et si font-ilz les veneurs mesmes 16560
Moult souvent faillir à leurs esmes.
Maint en ont occis & navré,
Jamais de vous joye n'auré ;
Ains m'en pesera mallement,
Se vous le faictes autrement. 16565
  Ainsi Venus le chastioit,
En chastiant moult le prioit
Que du chastoy luy souvenist,
En tous lieux ou chasser venist.
Adonys qui petit prisoit 16570
Ce que s'amye luy disoit,
fust mensongier ou fust de voir,
Tout ottroya pour paix avoir,

Car riens ne prifoit le chafty,
Pou vauldra ce qu'elle a bafty. 16575
Chaftie-le tant que vourra.
Se s'en part plus ne le verra;
Ne la creut pas puis en mourut.
N'onc Venus ne le fecourut,
Car elle n'y eftoit prefente, 16580
Puis le ploura moult la dolente,
Car chaffa puis un grant fanglier,
Qu'il cuida prendre & eftranglier;
Mais ne le print, ne le trencha,
Car le fanglier fe revencha; 16585
Com fiere & orgueilleufe befte
Contre Adonys efcout la tefte,
Ses dens en l'ayne luy flaty,
Son groing eftort mort l'abaty.
Beaulx Seigneurs, quoy que vous advienne, 16590
De ceft exemple vous fouvienne,
Vous qui ne croyés voz amyes,
Sachiés que faictes grans folies,
Bien les devez treftoutes croire,
Quant leur dit fi eft chofe voire. 16595
S'els jurent toutes fommes voftres,
Croyés-les comme patenoftres,
Jà d'eulx croire ne recréés,
Se raifon vient point n'en croyés,
S'el vous aportoit Crucifix, 16600
Ne la croyés, ne que je fiz.
Se ceftuy eut s'amye creuë,
Il en euft moult fa vie acreuë;
L'ung fe jouë à l'autre & déduyt,

Quant leur plaist après leur déduyt, 16605
A Citeron sont retournez :
Et ceulx qui ne sont sejournez,
Ainçois que Venus se despoüille,
Luy compte de fil en esguille
Tout ce que bien leur appartint. 16610
Certes, ce dit Venus, mal tint
Jalousie chastel ne case
Contre mon filz, se je n'embrase
Les Portiers & tout leur atour,
Ou les clefz rendront & la tour :
On ne doit priser ung lardon, 16615
Moy, ne mon art, ne mon brandon.

Comment huit jeunes colombeaux
En ung char qui fut riche & beaux,
Mainent Venus en l'ost d'amours, 16620
Pour luy faire hatif secours.

Lors fist la mesgnie appeller,
Son char commande à ateller ;
Car ne veult pas marchier ès boës,
Beau fuz le char à quatre roës, 16625
D'or & de perles estellez :
En lieu de chevaulx attellez,
Eust au lymon huit colombeaux,
Prins en son colombier moult beaux.
Toute leur chose ont aprestée ; 16630
Adonc est en son char montée
Venus qui chasteté guerroye ;
Nul des oyseaulx ne se desroye,
Batent les esles, si se partent,

I 3

L'air devant eulx rompent & partent, 16635
Viennent en l'oſt : Venus venuë,
Toſt eſt de ſon char deſcenduë,
Contre luy ſaillent à grant feſte
Son filz premier, qui par ſa haſte
Avoit jà les treves caſſées, 16640
Ainçoys que fuſſent treſpaſſées,
Qu'oncques n'y garda Convenance
De ſerment auſſi de fiance.

C'eſt l'aſſault devant le Chaſtel,
Si grant que pieça n'y eut tel : 16645
Mais amours, ne ſa compaignie
A ceſte foys ne l'eurent mye.
Car ceulx de dedans réſiſtance
Luy firent par leur grant puiſſance.

FOrmant à guerroyer entendent, 16650
Ungs aſſaillent, autres deffendent,
Ceulx dreſſent au Chaſtel pierrieres :
Grans cailloux de pluſieurs manieres,
Pour rompre leurs murs les envoyent;
Et les Portiers les murs bordoyent, 16655
De fortes clayes reforſiſſes,
Tiſſues de verges pleyſſes,
Qu'ilz eurent par gran eſtudies
En la haye dangier cueillies;
Et font ſajettes barbelées, 16660
De grans promeſſes empennées,
Que de ſervices, que de dons,
Pour toſt en avoir leurs guerdons.

DE LA ROSE.

Car il n'y entra oncques fust,
Qui tous de promesses ne fust; 16665
De fer ferrées fermement,
Et de fiance & de serment.
Trayent sur eulx & moult leur chargent,
Mais bien se deffendent & targent;
Car targes ont fortes & fieres, 16670
Ne trop pesans, ne trop legieres;
De tel fust comme eurent leurs clayes,
Que Dangier cuilloit en ses hayes,
Si que traire riens n'y valoit,
Car comme glace se fondoit. 16675

 Amours vers sa mere se trait,
Tout son estat luy a retrait,
Si luy prye que le secqueure :
Male-mort, dit-elle, m'aqueure,
Qui tantost me puist attourner, 16680
Se jamais laisse demourer
Chasteté en femme vivant,
Tant voyr Jalousie estrivant,
Trop souvent en grant peine en sommes,
Beau filz, jurez ainsi des hommes, 16685
Qu'ilz sauldront tous par voz sentiers.

Le Dieu d'amours.

 Certes, ma Dame, voulentiers,
Il n'en sera nul respité,
Jamais aumoins par verité,
Ne feront preud'homme clamé, 16690
S'ilz n'ayment ou s'ilz n'ont amé.
Grant douleur est quant telz gens vivent

Qui les déduitz d'amours n'enfuivent,
Pour qu'ilz les puiſſent maintenir ;
A Mal-chief puiſſent-ilz venir.   16695
Tant les hay que ſe je les pouyſſe
Confondre, tous les confondiſſe.
D'eulx me plains & tousjours plaindray,
Ne de plaindre ne me faindray,
Com cil qui nuyre leur vourray   16700
En tous les cas que je pourray,
Tant que je ſoye ſi vengié,
Que leur orgueil ſoit eſtrangié,
Ou qu'ilz feront tous condamnez.
Mal fuſſent-ilz tous d'Adam nez,   16705
Quant ſi penſent de moy grever,
Au corps leur puiſt les cueurs crever,
Quant mes déduitz veullent abatre.
Certes qui me voudroit bien batre,
Ne me pourroit-il faire pis,   16710
Mieulx amaſſe eſtre mort que vis :
Si ne ſuis-je mye mortel ;
Mais mon courroux en eſt or tel,
Que ſe mortel eſtre je peuſſe,
De dueil que j'ay, la mort receuſſe ;   16715
Car ſe mon jeu va deffaillant,
J'ay perdu tant que j'ay vaillant,
Fors que mon corps & mes veſtures,
Et mon chapel, & mes armures.
Aumoins s'ilz n'en ont la puiſſance,   16720
En deuſſent-ilz avoir peſance,
Et leurs cueurs en douleur plaiſſer,
S'il les leurs conveniſt laiſſer.

DE LA ROSE.

Où peut l'en querre meilleure vie,
Que d'estre entre les bras s'amye ?
  Lors font-ilz en l'ost le serment,
Et pour le tenir fermement,
Ont en lieu de reliques traictes
Leurs cuyrasses & leurs sajettes,
Leurs dars, leurs arcs & leurs brandons,
Et dient nous ne demandons
Meilleurs reliques à ce faire,
Ne qui tant nous puissent bien plaire.
Se nous cestes parjurions,
Jamais de riens creuz ne serions
Sur autre chose ne le jurent,
Et les Barons sur ce le creurent
Autant que sur la Trinité,
Pour ce qu'ilz jurent verité.

Comment Nature la subtille
Forge tousjours ou filz ou fille,
Affin que l'humaine lignye
Par son deffault ne faille mye.

ET quant le serment fait ils eurent
 Et que tous entendre le peurent,
Nature qui pensoit des choses,
Qui sont dessoubz le Ciel encloses,
Dedans sa forge entrée estoit,
Où toute s'entente mectoit
A forgier singulieres pieces,
Pour continuer les especes.
Car les pieces tant les font vivre.

Que mort ne les peut aconfuivre ;
Jà tant ne fçaura courre après,
Car Nature tant luy va près, 16755
Que quant la mort o fa maffuë,
Des pieces fingulieres tuë,
Ceulx qu'el treuve à foy redevables,
Car elles font tous corrumpables,
Qui ne doubtent la mort neant, 16760
Et touteffoys vont decheant
Et s'ufent en temps & pourriffent,
Dont autres chofes fe nourriffent;
Quant toutes les cuide attraper,
Ne peut enfemble conciper, 16765
Que quant l'une par deça hape,
L'autre par de-là luy efchape.
Car quant elle tuë le pere,
Demeure filz, ou fille, ou mere,
Qui s'enfuyent devant la mort, 16770
Quant ilz voyent celluy jà mort.
Puis reconvient iceulx mourir,
Jà fi bien ne fçauroit courir,
Ny vault medecines, ne veux,
Dont faillent niepces & nepveux, 16775
Qui fuyent pour eulx deporter,
Tant que les piedz les peult porter ;
Dont l'ung s'enfuyt, l'autre carole,
L'autre au monftier, l'autre à l'efcole,
Les autres à leurs marchandifes, 16780
Les autres à leurs ars aprifes,
Et les autres à leurs delictz
De vins, de viandes, & de lictz.

DE LA ROSE.

Les autres pour plus tost fouyr,
Que mort ne les face enfouyr, 16785
Montent dessus les grans destriers,
A tout leurs dorez estriers.
L'autre met en ung fust sa vie,
Et s'enfuyt par mer en Navie,
Et maine au regart des estoilles 16790
Ses nefz, ses avirons, ses voilles;
L'autre qui par veu s'humilie,
Prent ung mantel d'ypocrisie,
Dont en fuyant son penser cueuvre,
Tant qu'il apert dehors par œuvre. 16795
Ainsi fuyent tous ceulx qui vivent;
Qui voulentiers la mort eschivent.
  Mort qui de noir le vis a taint,
Court après tant que les attaint,
Si qu'il y a trop fiere chasse : 16800
Ceulx s'en fuyent & mort les chasse
Dix ans, ou vingt, trente, ou quarante,
Cinquante, soixante, ou septante,
Voire octante, nonante; cent :
Lors va ce que tient despecent; 16805
Et s'ilz peuvent oultre passer,
Court-elle après sans soy lasser,
Tant que les tient en ses lyens,
Maugré tous les Phisiciens;
Et les Phisiciens eux-meismes, 16810
Oncques nul eschapper n'en veismes
Pas Hipocrat, ne Galiens,
Tant fussent bons Phisiciens.
Rasis, Constantin, Avicenne

Y ont tous laiſſé la couënne : 16815
Ne nul ſi ne peult tant bien courre,
Qu'ils ſe puiſſe de mort reſcourre ;
Ainſi mort qui jamais ne ſaoulle,
Gloutement les pieces engoulle.
Tant les ſuit par mer & par terre, 16820
Qu'en la fin toutes les enſerre :
Mais ne les peut toutes tenir
Enſemble, ni à chief venir
Des eſpeces du tout deſtruyre ;
Tant ſçavent bien les pieces fuyre. 16825
Car s'il n'en demouroit fors une,
Si vivroit la forme commune,
Et par le Phenis bien le ſemble,
Qu'il n'en peut eſtre deux enſemble.

 Tousjours eſt-il ung ſeul Phenis, 16830
Et vit ainçoys qu'il ſoit finis
Par cinq cens ans, & au dernier
Fait ung feu très-grant & plenier
D'eſpines, & s'y boute & s'art,
Ainſi fait de ſon corps heſart. 16835
Mais pour ce que ſa forme garde
De ſa pouldre, combien qu'il tarde ;
Ung autre Phenis en revient,
Où celluy-meſmes ſe devient,
Que Nature ainſi reſſuſcite, 16840
Qui tant à l'eſpece prouffite.
Car elle perdroit tout ſon eſtre,
S'el ne faiſoit ceſtuy renaiſtre ;
Si que ſe mort Phenis devourre,
Phenis touteffois vif demoure. 16845

DE LA ROSE.

S'el en avoit mil devourez,
Si seroit Phenis demourez.
C'est Phenis la commune forme,
Que Nature ès pieces reforme,
Qui du tout perduë seroit, 16850
Qui l'autre vive ne lairroit.
Ceste maniere mesmes ont
Trestoutes les choses, qui sont
Dessoubz le cercle de la Lune,
Que s'il en peut demourer une, 16855
S'espece tant en luy vivra,
Que jà mort ne la consuivra:
Mais Nature doulce & piteuse,
Quant elle voit que mort hayneuse,
Entre luy & corruption 16860
Viennent mectre à destruction,
Tant que treuve dedans sa forge,
Tousjours martelle, tousjours forge,
Tousjours l'espece renouvelle
Par generation nouvelle, 16865
Quant autre conseil n'y peut mectre.
Si taille empraintes de tel lectre,
Qu'elle leur donne formes vrayes,
En coingz de diverses monnoyes,
Dont art faisoit ses exemplaires, 16870
Qui ne fait pas formes si voyres.
Mais par moult ententive cure,
A genoulz est devant Nature,
Et prye, & requiert, & demande
Comme Mandiant & Truande, 16875
Povre de science & de force,

Qui de l'enfuivre moult s'efforce,
Que Nature luy vueille aprendre
Comment elle puisse comprendre,
Par son engin en ses figures, 16880
Proprement toutes creatures.
Si regard comment Nature œuvre,
Mais si subtilement luy cœuvre,
Que la contrefait comme singe ;
Mais tant est son sens nud & linge, 16885
Que ne peut faire choses vives,
Jà tant ne sembleront nayves :
Car art combien qu'elle se paine,
Par grant estude, qu'elle maine
De faire choses quelz qu'ilz soyent, 16890
Quelques figures qu'elles ayent,
Paigne, taigne, forge, ou entaille
Chevaliers armés en bataille,
Sur beaulx destriers trestous couvers
D'armes, yndes, jaunes, ou vers, 16895
Ou d'autres couleurs piolez,
Se plus piolez les voulez.
Beaulx oyselets en vers buissons,
De toutes eauës les poissons,
Et toutes les bestes saulvages, 16900
Qui pasturent par ces boscages ;
Toutes herbes, toutes fleurettes,
Que valetons & pucellettes
Vont en Printemps ès boys cueillir,
Que flourir voyent & fueillir. 16905
Oyseaulx privés, bestes domesches,
Balleries, dances & tresches ;

De belles Dames bien parées,
Bien pourtraictes, bien figurées,
Soit en metal, en fuft, en cire, 16910
Soit en quelconque autre matire;
Soit en tables ou en paroys,
Eftans beaulx Bacheliers & Roys,
Bien figurez & bien pourtrays;
Jà pour figure ne pour trays, 15915
Ne les fera par eulx aler
Vivre, mouvoir, fentir, parler.
  Ou d'alquemie tant apraigne,
Que tous metaulx en couleur taigne;
Quel fe pourroit ainçoys tuer, 16920
Que les efpeces tranfmuer:
Se tant ne fait quel les ramaine
A leur Nature primeraine.
Oeuvre tant comme elle vivra,
Jà Nature n'aconfuivra: 16925
Et fe tant fe vouloir pener,
Qu'elle les y fceuft ramener,
Si luy fauldroit, je croy, fcience
De venir à telle attrempance,
Quant elle feroit elixir, 16930
Dont la forme devroit yffir,
Qui devife entre eulx leurs fubftances
Par efpeciaulx differences;
Comme il apert au diffinir,
Qui bien en fcet à chief venir. 16935
Ne pour tant, c'eft chofe notable,
Alquemie eft art veritable;
Qui fagement en ouvreroit

Grans merveilles y trouveroit.
Car comment qu'il voit des especes, 16940
Aumoins les singulieres pieces
En sensibles œuvrages mises,
Sont muables en tant de guises,
Qu'ilz peuvent leurs complexions,
Par diverses digestions, 16945
Si changier entr'eulx, que le changes
Les mect soubz especes estranges,
Et leur toult l'espece premiere.
Ne voit-on comment de feugiere,
Verre font de la cendre naistre 16950
Ceulx qui de verriere sont maistre;
Par depuration legiere.
Si n'est pas le verre feugiere,
Ne feugiere ne rest pas verre.
Et quant espart vient en tonnerre, 16955
Ne peut l'en pas très-souvent veoir
Des vapeurs les pierres cheoir,
Qui ne monterent mye pierres.
Ce peut sçavoir le congnoissierres
De la cause, qui tel matyre 16960
A ceste espece estrange atyre:
Si sont especes très-changées,
Et les pieces d'eulx estrangées,
En substances & en figure;
Ceulx par art, ceste par Nature. 16965

 Ainsi pourroit des metaulx faire,
Qui bien en sçauroit à chief traire,
Et tolir aux ors leur ordure,
Et les mectre en forme très-pure,

DE LA ROSE.

Par leurs complexions voysines, 16970
L'une vers l'autre assez enclines.
Car ilz sont tous d'une matire,
Comment que Nature les tire;
Car tous par diverses manieres,
Dedans leurs terrestres minieres, 16975
De souffre & de vif argent naissent,
Comme les Livres le confessent.
Qui ce sçauroit bien subtillier,
Et aux espritz appareillier,
Si que force d'y entrer eussent, 16980
Et que voler si ne s'en peussent,
Quant ilz dedans les corps entrassent,
Mais que bien purgiez les trouvassent;
Et fust le souffre sans ardure,
Pour blanche ou pour rouge tainture, 16985
Son vouloir des metaulx feroit,
Qui ainsi faire le sçauroit.
Car d'argent vif, fin or font naistre
Ceulx, qui d'alquemie sont maistres;
Et poix & couleur luy adjoustent 16990
Par choses qui gaires ne coustent.
Et d'or fin pierres pecieuses
Font-ilz cleres & gracieuses;
Et les autres metaulx desnuent,
De leurs formes, si qu'ils les muent 16995
En fin argent par medecines
Blanches, précieuses & fines.
Mais ce ne feront iceulx mye
Qui œuvrent de sophisterie;
Travaillent tant comme ilz voudront, 17000

Jà Nature n'aconſuivront.

Nature qui tant eſt ſubtive,
Combien qu'elle ſoit ententive
A ces œuvres, que tant aymoit,
Laſſe & dolente ſe clamoit, 17005
Et ſi parfondement plouroit,
Qu'il n'eſt cueur qui point d'amour ait,
Ne de pitié qui l'eſgardaſt,
Qui de plourer ſe retardaſt.
Car tel douleur au cueur ſentoit 17010
D'ung fait, dont moult ſe repentoit,
Que ſes œuvres vouloit laiſſer,
Et du tout ſon povoir ceſſer;
Mais que tant ſeulement el ſceuſt,
Que congié de ſon maiſtre en euſt. 17015
Si l'en vouloit aler requerre,
Tant luy deſtrainct le cueur & ſerre.
Bien la vous voulſiſſe deſcrire,
Mais mon ſens n'y pourroit ſuffire;
Mon ſens, qu'ay-je dit, c'eſt du mains, 17020
Non feroit pas nul ſens humains,
Ne par voix vive, ne par note;
Et fuſt Platon, ou Ariſtote,
Argus, Euclides, Ptholomée,
Qui tant eurent de renommée 17025
D'avoir eſté bons eſcrivains.
Leurs engins ſeroient bien vains,
S'ilz oſoyent la choſe emprendre,
Qu'ilz ne la pourroient comprendre,
Ne Pygmalion entaillier, 17030
En vain ſe pourroient travaillier

Parrasius ains Apellés,
Qui fut moult bon Paintre appellés.
Beaulté de luy jamais descrivre
Ne pourroit, tant eust-il à vivre, 17035
Ne Miiro, ne Policletus,
Jamais ne sçauroient cest uz.

Comment le bon Paintre Zeuxis
Fut de contrefaire pensis
La très-grant beaulté de Nature, 17040
Et de la paindre mist grant cure.

Mesmes Zeuxis par son beau paindre,
Ne peut à telle forme ataindre,
Qui pour faire l'ymage au temple,
De cinq Pucelles prist exemple, 17045
Les plus belles que l'en peust querre,
Et trouver en toute la terre,
Qui devant luy se sont tenuës
Tout en estant trestoutes nuës,
Pour soy prendre garde à chascune, 17050
S'il trouvast nul deffault en l'une,
Ou fust sur corps, ou fust sur membre;
Ainsi comme Tulles remembre
Au Livre de sa rétorique,
Qui moult est science auctentique. 17055
Mais en ce ne peut onc riens faire
Zeuxis, tant sçeust-il bien pourtraire,
Ne coulourer sa pourtraiture,
Tant est de grant beaulté Nature.
Zeuxis, non pas trestous les maistres, 17060

Que Nature fist oncques naistres;
Car or soit que bien entendissent
Sa beaulté toute, & tous voulsissent
A tel pourtraiture muser;
Ains pourroient leurs mains user, 17065
Que si très-grant beaulté pourtraire,
Nul fors Dieu ne le pourroit faire:
Et pour ce que se je pouysse,
Moult voulentiers y entendisse,
Voyre d'escrire la vous eusse, 17070
Se je pouysse, ou se je peusse.
Je mesmes y ay-je bien musé,
Tant que mon sens y ay usé,
Comme fol & oultrecuidez,
Cent foys plus que vous ne cuidez. 17075
Car trop fis grant présumption,
Quant oncques mis intention,
A si très-haulte œuvre achever;
Avant me peust le cueur crever,
Tant trouvay noble & de grant pris 17080
La grant beaulté, que je tant pris,
Que pour penser je la compreisse
Pour quelque travail que g'y misse,
Ne que seulement en osasse,
Ung mot tinter, tant y pensasse. 17085
Si suis-je du penser recreuz,
Pour ce je m'en suis à tant teuz,
Que quant je plus y ay pensé,
Tant est belle que plus n'en sçay.
Car Dieu le bel oultre mesure, 17090
Quant il beaulté mist en Nature,

DE LA ROSE.

Il en yssit une fontaine
Tousjours courant & tousjours plaine,
De qui toute beaulté desrive ;
Mais nul n'en scet ne fons, ne rive : 17095
Pour ce n'est droit que compte face
Ne de son corps, ne de sa face,
Qui tant est advenant & belle,
Que fleur de lys, en May nouvelle,
Rose sur rain, ne noif sur branche, 17100
N'est si vermeille, ne si blanche.
Le devrois-je bien comparer,
Quant je l'os à riens comparer,
Puisque sa beaulté, ne son pris
Ne peut estre d'homme compris. 17105

 Quant elle ouyt tout ce serment,
Moult luy fut grant alegement
Du grant dueil qu'elle demenoit.
Car pour deceue se tenoit,
Et disoit lasse qu'ay-je fait ? 17110
Ne me repenty : mais de fait
Qui m'advenist deslors ença,
Que ce beau monde commença
Fors d'une chose seulement,
Où j'ay mespris trop malement, 17115
Dont je m'en tiens à trop musarde,
Et quant ma musardie esgarde,
Bien est droit que je m'en repente.
Lasse fole, lasse dolente,
Lasse, lasse, cent mille foys, 17110
Où sera jamais trouvé foys.
Ay-je bien ma paine employée,

Suis-je bien du sens desvoyée,
Qui tousjours ay cuydé servir
Mes amys pour gré dessérvir ? 17125
Et qui trestout mon travail ay mis,
En exaulser mes ennemis.
Ma debonnaireté m'affole,
Lors a mis son Prestre à parole,
Qui celebroit en sa Chappelle ; 17130
Mais ce n'est pas Messe nouvelle ;
Car tousjours eust fait le servise
Dès qu'il fut Prestre de l'Eglise.
Haultement en lieu d'haute Messe,
Devant Nature la Déesse, 17135
Le Prestre qui bien s'entendoit
En Audience, recordoit
Les figures representables
De toutes choses corrompables ;
Qu'ils ont escriptes en son livre. 17140
Si com Nature les luy livre.

Comment Nature la Déesse
A son bon Prestre se confesse,
Qui moult doulcement luy enhorte
Que de plus plourer se déporte. 17145

Genius, dist-elle, beau Prestre,
Qui des lieux estes Duc & Maistre,
Et selon leurs proprietez,
Trestous en œuvre les mectez,
Et bien achevez la besoigne, 17150
Si comme à chascun le tesmoingne,

D'une folie que j'ay faicte,
Dont je ne me suis pas retraicte;
Mais repentance moult me presse,
A vous m'en vueil faire confesse.

Genius.

Ma Dame, du monde la Royne,
Qui toute riens mondain encline,
S'il est riens qui vous griefve tant,
Que vous en alez repentant,
Ou qu'il vous plaise à le me dire
De quelconque soit la matire,
Soit d'esjouir ou de douloir,
Bien m'en povez vostre vouloir
Confesser trestout à loysir;
Et je tout à vostre plaisir,
Dit Genius, mette y vourray
Tout le conseil que je pourray,
Et celeray bien vostre affaire,
Si c'est chose qui soit à taire.
Et se mestier avez d'assouldre,
Ce ne vous doys-je mye touldre;
Mais vueilliez cesser vostre pleur.

Nature.

Certes, dist-el, se j'ay douleur,
Beau Genius, n'est pas merveille.

Genius.

Dame touteffoys vous conseille
Que vous vueilliez ce pleur laisser,

Se bien vous voulez confesser,
Et bien entendre à la matire,
Que vous avez empreins me dire;
Car je croy que grant soit l'oultrage, 17180
Car bien sçay que vostre courage
Ne se meut pas de peu de chose,
Cil est fol qui troubler vous ose.
Mais sans faillir vray est que femme
Legierement d'yre s'enflamme : 17185
Virgile mesmes le tesmoigne :
Qui moult congneut de leur besoigne;
Que jà femme n'est tant estable,
Qu'el ne soit diverse & muable,
Et est trop fort yreuse beste. 17190
Salomon dit qu'onc ne fut teste
Sur beste de serpent crueuse
Pire que n'est la femme yreuse.
N'onc riens, ce dit, n'eut tant malice;
Briefment en femme a tant de vice, 19195
Que nul ne peut ses mœurs pervers
Compter par rime, ne par vers :
Et si dit Titus-Livius,
Qui congneut bien quelz sont les us
Des femmes ; aussi leurs manieres, 17200
Que vers leurs meurs nulles prieres
Ne valent tant comme blandices,
Tant sont decevables & nices,
Et de flechissable Nature,
Oultre dit ailleurs l'Escripture, 17205
Que de tout le femenin vice,
Le fondement est avarice.

Et

DE LA ROSE.

Et quiconque dit à sa femme
ses secretz il en fait sa Dame ;
Nul homs qui soit de mere né, 17210
S'il n'est yvres ou forsené,
Ne doit à femme réveler
Nulle riens, qui face à celer,
Se d'autruy ne le veult ouyr.
Mieulx vauldroit du Pays souyr, 17215
Que dire à femme chose à taire,
Tant soit loyale & debonnaire :
Ne jà nul fait secret ne face,
S'il voit femme venir en place :
Car s'il y a peril de corps, 17220
Elle dira bien le recors,
Combien que longuement attende.
Et se nul riens ne l'en demande,
Si le dira-elle vrayment,
Sans estrange admonestement 17225
Pour nulle riens ne s'en tairoit ;
A son advis morte seroit,
S'il ne luy failloit de la bouche,
S'il y a peril ou reprouche.
Et cil qui dit le luy aura, 17230
S'il est tel puisqu'el le sçaura,
S'il l'ose après ferir ne batre,
Une foys, non pas trois, ne quatre
Jà si-tost ne la coursera,
Que celle luy reprouchera : 17235
Mais ce sera tout en appert ;
Qui se fie en femme il se pert.
Et est chetif qu'en luy se fie,

Sçavez-vous que il fait, il se lye
Les mains & se couppe la gueulle ; 17240
Car s'il une fois toute seule
Ose jamais vers el groucer,
Ne chastoyer, ne courroucer,
Il met en tel peril sa vie,
S'il a mort du fait desservye, 17245
Que par le col le fera pendre,
Se le Juge le peuvent prendre,
Ou meurdrir par amys privez ;
Tant est à mal port arrivez.

Cy dit à mon intention 17250
La meilleure introduction,
Que l'en peut aux hommes apprendre,
Pour eulx bien garder & deffendre,
Que nulles femmes leurs maistresses
Ne soient, quant sont jangleresses. 17255

MAis le fol quant au soir se couche,
Et gyst lez sa femme en sa couche
Ou reposer ne peut ou n'ose,
Qu'il a je croy fait quelque chose,
Ou veult par advanture faire 17260
Quelque meurdre ou quelque contraire,
Dont il craint la mort recevoir,
Se l'en le peut apparcevoir,
Et se tourne, plaint & souspire,
Et sa femme vers soy le tyre, 17265
Qui bien voit qu'il est à mal aise,
Si l'accolle, applanye & baise,

Et le couche entre ses mamelles.

La Femme qui parle à son Mary.

 Sire, dit-elle, quelz nouvelles
Qui vous fait ainsi souspirer   17270
Et tressaillir & revirer :
Nous sommes ores privément,
Icy nous deux tant seulement ;
Les personnes de tout le monde,
Vous le premier, moy la seconde,   17275
Qui nous devons mieulx entr'amer
De fin cueur loyal sans amer,
Et de ma main, bien m'en remembre,
Ay fermé l'huys de notre chambre,
Et les paroys, dont bien les proyse,   17280
Sont espesses plus d'une toyse,
Et si hault en sont les chevrons,
Que bien asseurs estre devons ;
Et si sommes loin des fenestres,
Dont moult plus seur en sont les estres ; 17285
Quant à noz secretz descouvrir.
S'il n'a povoir de les ouvrir,
Sans despecer nul homs vivant,
Ne plus qu'en peut faire le vent.
Briefvement je vous certifie,   17290
Vostre voix ne peut estre ouye
Fors que de moy tant seulement ;
Pource vous pry piteusement
Par amour, que tant vous fyés
En moy, que vous le me dyés.   17295

Le Mary.

Dame, dist-il, ou Dieu me voye
Pour nulle riens ne le diroye;
Car ce n'est mye chose à dire.

La Femme.

A moy, dist-elle, beaux doulx Sire;
M'avez-vous donc souspeçonneuse, 17300
Qui suis vostre loyale espeuse.
Quant par mariage assemblasmes,
Jesu-Christ que pas ne trouvasmes
De sa grace aver, ne eschar,
Nous fist deux estre en une char, 17305
Et quant deux nous n'avons chair qu'une,
Par le droit de la loy commune;
Il ne peut en une chair estre,
Fors ung seul cueur à la fenestre.
Tout ung sont doncques les cueurs nostre, 17310
Le mien avez, & j'ay le vostre;
Riens n'en doit donc le vostre avoir
Que le mien ne puisse sçavoir,
Pour ce vous pry que le me dictes
Et par guerdon & par merites; 17315
Car jamais joye au cueur n'auray
Jusques à tant que le sçauray;
Et le dire ne le voulez,
Je voy bien que vous me boulez,
Si sçay de quel cueur vous m'aymés, 17320
Qui doulce amye me clamés,
Doulce sœur & doulce compaigne;

DE LA ROSE.

A qui pelez-vous tel chataigne.
Se vous tantost ne le deissés,
Bien pert que vous me trahyssés ; 17325
Car tant me suis en vous fiée,
Puisque vous m'eustes affiée,
Que dit vous ay toutes les choses,
Que j'ay dedans mon cueur encloses.
Si laissay pour vous pere & mere, 17330
Oncles & sœurs, nepveux & frere,
Et tous amys & tous parens,
Comme les faitz sont apparens.
Certes moult ay fait maulvais change,
Quant vers moy estes si estrange, 17335
Que j'ayme plus que riens qui vive ;
Et ce ne me vault une cyve,
Qui cuidés que tant je mesprisse
Vers vous que vostre secret deisse :
C'est chose qui ne pourroit estre, 17340
Par Jesu-Christ le Roy celestre.
Qui vous doit mieulx de moy garder,
Plaise-vous aumoins regarder,
Se de loyaulté riens sçavez,
La foy que de mon corps avez. 17345
Ne vous suffist pas bien ce gage,
En voulez-vous meilleur hostage ;
Donc suis-je des aultres la pire
Quant voz secretz ne m'osez dire.
Je voy toutes ces autres femmes, 17350
Qui sont de leurs hostelz les Dames,
Et leurs maris en eulx se fient,
Tant que tous leurs secretz leur dient.

Tous à leurs femmes se conseillent,
Quant en leurs lictz ensemble veillent, 17355
Et bien privément se confessent,
Si que riens à dire ne laissent ;
Et plus souvent sont asseurez
Qu'ilz ne sont devant leurs Curez ;
Par eulx-mesmes bien je le sçay, 17360
Car mainteffois ouy les ay,
Car elles m'ont tout recongneu
Ce qu'elles ont ouy & veu :
Et aussi tout ce qu'elles cuident,
Ainsi se purgent & se vuydent ; 17365
Et redisent tout le conseil,
A eux en riens ne m'appareil ;
Car je ne suis pas janglerosse,
Vilotiere, ne tencereffe ;
Et suis de mon corps preude femme, 17370
Comment qu'il soit vers Dieu de l'ame,
Jà n'ouystes-vous oncques dire
Que j'aye fait nul adultire.
Se les folz qui le vous compterent,
Par leur mal ne le controuverent : 17375
Ne m'avez-vous bien esprouvée,
Ou m'avez-vous faulse trouvée ?

 Après, beau Sire, regardez,
Comment vostre foy me gardez ;
Certes très-malement mespristes, 17380
Quant vous l'annel au doy me meistes,
Et vostre foy me fiansastes,
Ne sçay comment faire l'osastes,
Qui vous fist à moy marier,

DE LA ROSE.

S'en moy ne vous osez fier ? 17385
Pource vous pry que vostre foy
Tenez & conservez à moy,
Et loyaulment si vous asseure,
Et prometz & fiance & jure
Par le très-beneuré saint Pierre, 17390
Que ce sera secret soubz pierre.
Je seroye pire que sole,
Se de ma bouche yssoit parole,
Dont en eussiez honte & dommage.
Honte seroit à mon lignage, 17395
Qu'oncques nul jour ne diffamay,
Et tout premierement à may.
L'en seult dire & est vray sans faille,
Que trop est fol qui son nez taille,
Sa face a tousjours deshonneure; 17400
Dictes-moy, se Dieu vous sequeure,
Ce dont le cueur vous desconforte ;
Ou se ce non vous m'avez morte.
Lors luy manye pis & chief,
Et le rembrasse de rechief, 17405
Et pleure sur luy larmes maintes,
Entre tous les baisieres faintes.

Comment le fol Mary couart
Se met dedans son col la hart,
Quant son secret dit à sa Femme, 17410
Dont pert son corps & elle s'ame.

A Donc le malheureux luy compte
Son grant dommage & sa grant honte,
Et par sa parole se pent,
Et quant l'a dit si s'en repent. 17415
Mais parole une fois volée
Ne peut plus estre rapellée.
Lors luy prie qu'elle se taise,
Com cil qui plus est à mal aise,
Qu'oncques devant esté n'avoit, 17420
Quant sa femme riens n'en sçavoit.
Et elle luy respond sans faille,
Que s'en taira vaille que vaille.
Mais le chetif que cuide-il faire,
Il ne peut pas sa langue taire, 17425
Si tend à l'autruy retenir ;
A quel chief en cuide-il venir.
Or se voit la Dame au desseure,
Et sçait bien que de quelconque heure
N'osera cil plus courroucer, 17430
Ne contre elle de riens groucer ;
Mut le fera tenir & coy ;
Elle a bien matiere de quoy.
Convenant je croy luy tiendra,
Tant que courroux entre eulx viendra 17435
Encores s'elle tant attend :

DE LA ROSE.

Mais envys attendra jà tant,
Que moult ne luy soit en grevance,
Tant aura le cueur en balance.
Et qui les hommes aymeroit　　　　　17440
Cestuy sermon leur prescheroit,
Que bon feroit en tous lieux lire,
Affin que chascun homs s'y mire
Pour eulx de grant peril retraire.
Si pourra-il je croy desplaire　　　　　17445
Aux femmes qui trop ont de jangles,
Mais verité ne quiert nulz angles.
Beaulx Seigneurs gardez-vous de femmes,
Se voz corps amez & voz ames;
Aumoins que jà si mal n'ouvrez,　　　　17450
Que voz secretz leurs descouvrez,
Que dedans voz cueurs estuyez.
Fuyés, fuyés, fuyés, fuyés,
Fuyés enfans, fuyés tel beste:
Je vous conseille & admoneste　　　　17455
Sans deception & sans guille,
Et notés ces vers de Virgile;
Si qu'en voz cueurs si les fichiez,
Qu'ilz n'en puissent estre fachiez.
Enfans qui cueillez les florettes,　　　17460
Et les fraises fresches & nettes,
Soubz gyst le fres serpent en l'herbe;
Fuyés enfans, car il enherbe,
Et empoisonne & envenyme
Tout homme qui de luy s'aprime.　　　17465
Enfans qui les fleurs allez querre
A framboises croissant par terre

K 5

Le mal serpent refroidissant,
Qui se va illec tapissant;
La malicieuse couleuvre, 17470
Qui son venin repont & cueuvre,
Et le musse soubz l'herbe tendre,
Jusques tant que le puisse espandre
Pour nous decevoir & grever.
Pensez enfans de l'eschever, 17475
Ne vous y laissez pas happer,
Se de mort voulez eschapper;
Car tant est venimeuse beste,
Par corps, par queuë, aussi par teste;
Que se d'elle vous approuchez, 17480
Tant vous trouverez encochez :
Car elle mort en trahyson
Ce qu'elle attaint sans guerison;
Et de cestuy venin l'ardure,
Jamais triacle ne le cure. 17485
Riens n'y vault herbe, ne racine,
Seul fouyr est la medicine.

 Si ne dy-je pas toutesvoye,
N'onc ne fut l'intencion moye,
Que les femmes chieres n'ayés; 17490
Ne que si fouyr les doyés,
Et qu'avec elles ne gysés :
Ains convient que vous les prisés,
Et par raison les exaulsez,
Bien les vestez, bien les chaussez, 17495
Et tousjours à ce labourez,
Que les servez & honnourez
Pour continuer vostre espece,

DE LA ROSE.

Si que la mort ne la defpiece;
Mais jà tant ne vous y fiés, 17500
Que chofe à taire leur dyés.
Bien fouffrez que voyfent & viennent,
La mefgnye & l'hoftel maintiennent,
Se veulent à ce mettre cure,
Ou s'il advient par advanture 17505
Que faichent achapter ou vendre,
A ce les laiffez bien entendre.
Ou fe fçaivent aucun meftier,
Faffent-le, s'ilz en ont meftier,
Et faichent les chofes appertes, 17510
Qui n'ont befoin d'eftre couvertes;
Mais fe tant vous habandonnez,
Qu'ung peu de pouvoir leur donnez,
A tard vous en repentirez,
Quant leur malice fentirez. 17515
L'efcripture fi nous efcrye,
Que fe la femme a Seigneurie,
Elle eft à fon mary contraire,
Quant luy voit riens ou dire ou faire.
 Prenez-vous garde toutesvoye 17520
Que l'hoftel n'aille à male voye;
Car on pert bien en meilleur garde,
Qui fage eft fa chofe regarde;
Et fe vous avez voz amyes
Portez leurs bonnes compaignies; 17525
Bient affiert que faichent chacunes
Affez de befongnes communes;
Mais fe preux eftes & fenez,
Quant entre voz bras les tenez

K 6

Et les accollés & baisiez, 17530
Je vous pry que vous vous taisiez.
Pensés de voz langues tenir,
Car riens n'en peut à chief venir,
Quant des secretz sont parsonnieres,
Tant sont orgueilleuses & fieres, 17535
Et tant ont les langues nuysans,
Et venymeuses & cuisans.
Mais quant les fols sont là venuz,
Qu'ilz sont entre leurs bras tenuz,
Et les accollent & les baisent 17540
Entre les jeux que tant leur plaisent ;
Lors n'y peut riens estre celé,
Là est le secret revelé ;
Là se descueuvrent les marys,
Dont puis sont dolens & marrys. 17545
Tous accusent lors leurs pensées,
Hormis les sages bien sensées ;
Dalida la malicieuse
Par flaterie venymeuse
A Sanson, qui tant fut vaillant, 17550
Tant fort, tant preux, tant bataillant,
Ainsi que le tenoit forment,
Souef en son gyron dormant,
Couppa ses cheveulx o ses forces,
Dont il perdit toutes ses forces. 17555
Car de ses cheveux le pela
Cil ses secretz luy revela ;
Et com fol compté luy avoit,
Qui riens celer ne luy sçavoit ;
Mais plus n'en vueil exemple dire, 17560

Bien vous peut ung pour tous suffire.
Salomon aussi en parole,
Dont je vous diray sans frivole
Tantost, pource que je vous aym,
Pour celle qui te dort au sain.　　　17565
Garde les portes de ta bouche,
Pour fouyr peril & reprouche.
Ce sermon bien devroit preschier
Quiconques auroit homme chier,
Que tous des femmes se gardassent,　　17570
Si que jamais ne s'y fiassent.
Or n'ay-je pas pour vous ce dit,
Car vous avez sans contredit
Tousjours été loyalle & ferme,
L'escripture même l'afferme,　　　17575
Que vous a donné Dieu tant fin
Que vous estes sages sans fin.
　Genius ainsi la conforte,
Et de ce qu'il peut luy enhorte,
Qu'elle laisse son dueil ester :　　　17580
Car nul ne peut riens conquester
En dueil, ce dit, & en tristesse ;
C'est une chose qui moult blesse,
Et qui se dit, riens ne prouffite.
Quant il eut sa voulenté dicte,　　　17585
Sans plus faire longue priere,
Il s'assit en une chayere
Jouxte de son autel assise ;
Et Nature tantost s'est mise
A genoux devant le provoyre.　　　17590
Mais sans faille, c'est chose voire,

Que son dueil ne peut oublier,
N'il ne l'en veut aussi prier,
Car il perdroit sa paine toute;
Ains se taist & la Dame escoute, 17595
Qui dit par grant devocion,
En plourant sa Confession,
Que je cy vous apporte escripte
Mot à mot, comme elle l'a dicte.

Entendez icy par grant cure 17600
La Confession de Nature.

Il Dieu, qui de tout bien habonde,
Quant il très-bien fist ce bel monde,
Dont il prenoit en sa pensée
La belle forme pourpensée, 17605
Tousjours en pardurableté,
Avant qu'elle eust dehors esté :
Car la print-il son exemplaire,
Autant que luy fut necessaire ;
Car s'il ailleurs le voulsist querre, 17610
Il n'y trouvast ne ciel ne terre,
Nulle riens dont aider se peust,
Comme nulle riens dehors n'eust.
Car de neant fist tout saillir
Cil en qui riens ne peut faillir ; 17615
N'onc riens ne le meut à ce faire,
Fors sa voulenté debonnaire,
Large, courtoise, sans envye,
Qui fontaine est de toute vie ;

DE LA ROSE.

Et le fist au commencement 17620
D'une masse tant seulement,
Qui fut toute en confusion,
Sans ordre & sans division :
Puis la divisa par parties,
Qui puis ne furent departies, 17625
Et le tout par nombre ensomma,
Et sçait combien en la somme a;
Et par raisonnables mesures
Termina toutes leurs figures,
Et les fist en rondesse estendre, 17630
Pour mieulx mouvoir, pour plus comprendre,
Selon ce que mouvables furent,
Et comprenables estre deurent,
Et les mist en lieux convenables,
Ainsi comme il les veit estables. 17635
Les legieres en hault volerent,
Les pesans à terre avallerent,
Et les moyennes, au milieu ;
Ainsi fut ordonné leur lieu
Par droit compas, par droit espace. 17640
Celluy Dieu mesmes par sa grace,
Quant il eut tout par ses divises
Ses autres creatures mises,
Tant m'honnora, tant me tint chiere,
Qu'il m'establit sa chamberiere ; 17645
Servir me laisse & laissera
Tant que sa voulenté sera.
Nul autre droit je n'y reclame,
Ains le mercy quant il tant m'ame,
Que si très povre Damoiselle 17650

A si grant maison & si belle ;
Celluy grant Sire tant me prise,
Qu'il m'a pour chamberiere prise ;
Pour chamberiere certes voire,
Pour Connestable & pour Vicaire, 17655
Dont je ne fusse mye digne,
Fors par sa voulenté benigne.
 Si gard com m'a Dieu honnorée
De la belle chaine dorée,
Qui les quatre elemens enlace, 17660
Tous enclinés devant ma face ;
Et me bailla toutes les choses
Qui sont dedans la chaine encloses ;
Et commanda que les gardasse,
Et leurs formes continuasse, 17665
Et voult que toutes m'obeyssent
Et que mes reigles ensuyvissent,
Et que jamais les oubliassent ;
Ains les tenissent & gardassent
A tousjours pardurablement, 17670
Ainsi le font communément :
Toutes y mettent bien leur cure,
Fors une seule créature.
Du Ciel ne me doy-je pas plaindre,
Qui tousjours tourne sans soy faindre, 17675
Et porte en son cercle poly
Toutes les estoilles o ly,
Estincellans & vertueuses
Sur toutes pierres précieuses.
Si va le monde chariant, 17680
Commençant son cours d'Orient,

DE LA ROSE.

Et par Occident s'achemine,
Et de tourner arrier ne fine,
Toutes les roës raviſſant,
Qui vont contre luy graviſſant,   17685
Pour ſon mouvement retarder:
Mais ne le peuvent ſi garder,
Que jà pour eulx courre ſi lans,
Qui n'aille à trente-ſix mille ans,
Pour venir au point droictement,   17690
Où Dieu le fiſt premierement.
Ung cercle acomply tout entier,
Selon la grandeur du ſentier
Du Zodiaque à la grant roë,
Qui ſur luy d'une forme roë :   17695
C'eſt le Ciel qui court ſi à point,
Que d'erreur en ſon cours n'a point.
Aplanos pour ce l'appellerent
Ceulx qui point d'erreur n'y trouverent;
Car Aplanos vault en gregeoys   17700
Choſe ſans erreur en françois ;
Si n'eſt-il pas veu par nul homme
Cil Aplanos que cy vous nomme.
Mais raiſon ainſi le nous preuve,
Qui les demonſtrance y treuve.   17705
Ne ne me plain des ſept planettes,
Cleres & reluyſans & nettes
Portant le cours de ſoy chaſcune.
Si ſemble-il aux gens que la Lune
Ne ſoit pas bien nette, ne pure,   17710
Pource qu'el pert par lieux obſcure ;
Mais c'eſt par ſa nature double,

Que par lieux pert espesse & trouble.
D'une part luyst, d'autre part cesse,
Pource qu'elle est clere & espesse ; 17715
Si luy fait sa lueur perir
Si qu'el ne peut pas referir
La clere part de sa substance.
Des rays que le Soleil luy lance,
Ains s'en passent parmy tout oultre : 17720
Mais l'espesse lueur demonstre
Qu'el peut bien aux rays contrester
Pour sa lumiere conquester.
Et pour faire entendre la chose,
Bien en peust-on en lieu de glose 17725
A briefz motz ung exemple mettre,
Pour mieulx faire éclarcir la lettre.
  Comme le verre tresparens,
Où les rays se passent par ens,
Qui par dedans, ne par derriere 17730
N'a riens espés qui le refiere,
Ne peuvent les figures monstrer,
Quant riens n'y peuvent encontrer
Les rays des yeulx qui les retienne,
Parquoy la forme aux yeulx revienne. 17735
Mais plomb ou quelque chose espesse,
Qui les rays trespasser ne laisse.
Qui d'autre part mettre vouldroit,
Tantost la forme retourroit,
Où s'aucun corps poly yere, 17740
Qui peut bien referir lumiere ;
Et fut espés d'autre ou de soy,
Retourroit-elle, bien le sçay.

Ainsi la Lune en sa part clere,
Dont elle ressemble à l'espere,   17745
Ne peut pas les rays retenir,
Pourquoy lueur luy peust venir :
Ains s'en passe oultre, mais l'espesse,
Qui passer oultre ne les laisse,
Mais les resiert forment arriere,   17750
Si fait à la Lune lumiere :
Pource pert par lieux lumineuse,
Et par lieux semble tenebreuse.

  Et la part de la Lune obscure
Nous represente la figure   17755
D'une très-merveilleuse beste ;
C'est d'ung serpent qui tient sa teste
Vers Occident adès encline,
Vers Orient sa queuë fine ;
Sur son doz porte ung arbre, estant   17760
Ses rains vers Orient portant ;
Mais en estendant les bestourne,
Et sur ces bestourneis sejourne
Ung homs sur les bras apuyez,
Qui vers Occident a ruez   17765
Ses piedz, ses cuisses ambedeux,
Comme il appert au semblant d'eulx.

  Moult font ces planettes bonne œuvre,
Leurs ouvrages si le descœuvre ;
Car toutes sept point ne sejournent,   17770
Par leurs douze maisons s'en tournent,
Et par tous les degrez s'en queurent,
Et tant que doivent y demeurent ;
Et pour bien la besongne faire,

Tournent par mouvement contraire, 17775
Sus le Ciel chascun jour acquierent
Les portions qui leur affierent,
A leurs cercles enteriner ;
Puis recommencent sans finer,
Et retardant du Ciel le cours, 17780
Pour faire aux élemens secours :
Car qui pourroit courre à délivre
Riens ne pourroit dessoubz luy vivre.

 Le bel Soleil qui le jour cause,
Qui est de toute clarté cause, 17785
Se tient au milieu comme Roys,
Trestout reflamboyant de rays
Au milieu d'eulx en sa maison,
Mais ce n'est mye sans raison ;
Car Dieu le bel, le fort, le sage 17790
Voult que fust illec son estage ;
Car s'il plus bassement courust,
N'est riens qui de chault n'en mourust :
Et s'il courust plus hautement,
Le froit mist tout à damnement. 17795
Là départ sa clarté commune
Aux estoilles & à la Lune,
Et les fait apparoir si belles,
Que la nuyt en fait ses chandelles.
Au soir quant elle met sa table, 17800
Pour estre moins espouventable
Devant Acheron son mary,
Qui moult en a le cueur marry,
Qui voulsist mieulx sans luminaire
Estre avec la nuyt toute noyre, 17805

DE LA ROSE.

Comme jadis ensemble furent,
Quant de premier s'entrecongneurent ;
Quant la nuyt en leurs drueries
Conceust les trois forceneries,
Qui sont en Enfer justicieres   17810
Gardes, felonneuses & fieres.
Mais touteffois la nuyt, se pense,
Quant bien se mire en sa despense,
En son celier, ou en sa cave,
Qui moult seroit hydeuse & have,   17815
Et face auroit trop tenebreuse,
Se n'avoit la clarté joyeuse,
Des corps du Ciel reflamboyans
Parmy l'air obscurcy rayans ;
Qui tournoyent en leur espere,   17820
Comme l'establit Dieu le pere.
Là sont entre eulx leurs harmonyes,
Qui sont causes de melodies
Et de diversités de tons,
Que par accordance mettons   17825
En toutes manieres de chant.
N'est riens qui par celles ne chant,
Et muent par leurs influences
Leurs accidens & leurs substances
Des choses qui sont soubz la Lune   17830
Par leur diversité commune :
S'espesse le cler element,
Cler sont les espés ensement
Et froit, & chault, & sec, & moyste,
Tout ainsi comme en une voyste   17835
Font-ilz à chascun corps venir,

Pour leur paix ensemble tenir;
Tant soyent-ilz contrarians,
Les vont-ilz ensemble lians;
Si font paix de quatre ennemis, 17840
Quant ils les ont ensemble mis
Par attrempance convenable
A complexion raysonnable,
Pour former en la meilleur forme
Toutes les choses que je forme. 17845
Et s'il advient qu'ilz soyent pires,
C'est du deffault de leurs matires:
Mais qui bien garder y sçaura,
Jà si bonne paix n'y aura,
Que la chaleur l'humeur ne succe 17850
Et sans cesser gâte & mangeusse
De jour en jour, tant que venuë
Soit la mort qui leurs en est deuë,
Par mon droit establissement.
Se mort ne leurs vient autrement, 17855
Qui soit par autre cas hastée
Ains que l'humeur soit dégastée.
Car jà soit ce que nul ne puisse
Par medecine que l'en truisse,
Ne par riens qu'on saiche songier 17860
La vie du corps alongier;
Se sçay-je bien que de legier
Là se peut chascun abregier.
Car mains acourcent bien leur vie,
Ains que l'humeur soit deffaillie, 17865
Par eulx faire noyer ou pendre,
Ou par quelque peril emprendre,

DE LA ROSE. 139

Dont ains qu'ilz s'en puiſſent fouir,
Se font ardoir, ou enfouir,
Ou par quelque meſchief deſtruire,   17870
Par leurs faitz folement conduire,
Ou par leurs privés ennemis,
Qui mains en ont en coulpe mis,
Par glaive à mort ou par venins,
Tant ont les cueurs faux & chenins,   17875
Ou bien par cheoir en maladie,
Par faulx gouvernemens de vie,
Par trop dormir, par trop veiller,
Trop repoſer, trop travailler,
Trop engreſſer, & trop lecher.   17880
Car en tout ce peut-on pecher,
Et par trop longuement jeuner,
Par trop de delictz aduner,
Et par trop meſaiſe grant avoir,
Trop esjouir, & trop douloir,   17885
Par trop boyre & par trop mangier,
Par trop leurs qualitez changier;
Si comme il appert meſmement,
Quant ilz ſe font ſoubdainement,
Trop chault avoir, trop froit ſentir,   17890
Dont à tart ſont au repentir;
Ou par leurs couſtumes muer,
Qui font beaucoup de gens tuer,
Quand ſoubdainement les remuent;
Mains s'en griefvent & mains s'en tuent. 17895
Car les mutations ſoubdaines
Sont trop à nature grevaines,
Si qu'ilz me font en vain pener

LE ROMAN

D'eux à naturel mort mener.
Et jà soit ce que moult mesfacent, 17900
Quant contre moy tel mort pourchacent;
Si m'en poyse moult toutesvoyes,
Quant ilz demeurent en telz voyès,
Comme chetif & recreans,
Vaincuz par mors si mescreans, 17905
Dont moult se peussent bien garder,
En eulx voulans contregarder
Des grans excès & des folies,
Qui leurs font acourcir leur vies,
Ains qu'ilz ayent atainte & prinse 17910
La bourne que je leur ay mise.

Comment Nature se plaint cy
Des deuils qu'ilz firent contre luy.

EMpedocles mal se garda,
Qui tant ès livres regarda, 17915
Et tant ayma Philosophie,
Plain estoit de melencolie,
Qu'oncques la mort ne redoubta,
Mais tout vif au feu se bouta,
Et à joinctz piedz dedans sailly, 17920
Pour monstrer que bien sont failly
Ceulx qui mort veullent redoubter:
Pour ce s'y voult premier bouter.
Ne n'en print pas ne miel, ne sucre,
Ains esleut illec son sepulcre 17925
Entre les sulphureux bouillons.
Origenes, qui les couillons

DE LA ROSE.

Se coupa, peu me reprisa,
Quant à ses mains les ancisa,
Pour servir en devotion   17930
Les Dames de religion ;
Si que nulluy soufpeçon n'euft
Que gesir avec elles peuft.
Si dit l'en que les destinées
Leur eurent telz morts destinées ;   17935
Et que tel bonheur leur eut meuz
Dès le jour qu'ilz furent conceuz,
Et qu'ilz prindrent leurs nations
En telles constellations,
Que par droicte necessité,   17940
Sans autre possibilité :
C'est sans povoir de l'eschever,
Combien qu'il leur en deuft grever,
Leur convient tel mort recevoir :
Mais je suis certaine de voir,   17945
Combien que les Cieulx y travaillent,
Que les meurs naturelz leur baillent,
Qui les enclinent à ce faire,
Et les font à ceste fin traire
Par la matiere obeiffant,   17950
Qui leur cueur leur va flechiffant,
Si peuvent-ilz bien par doctrine,
Par nourriture necte & fine
Par suivir bonnes compaignies
De sens & de vertuz garnies,   17955
Ou par aucunes medecines,
Qui soient très-bonnes & fines,
Et par bonté d'enseignement

Tome II. L

Procurer qu'il soit autrement :
Mais qu'ilz ayent, comme senez, 17960
Leurs meurs naturelz refrenez ;
Car quant de sa propre nature
Contre bien & contre droicture
Se veult homme ou femme tourner,
Raison l'en peut bien destourner, 17965
Mais qu'il la croye seulement,
Lors ira la chose autrement.
Car autrement peut-il bien estre ;
Quoy que face le cours celestre,
Qui moult a grand povoir sans faille ; 17970
Pour que Raison encontre n'aille,
Car n'ont povoir contre Raison,
Comme sçet chascun sages hom :
Qu'ils ne sont pas de raison maistre,
N'ilz ne la firent mye naistre. 17975
   Mais de souldre la question
Comment predestination,
De la divine prescience
Pleine de toute pourveance,
Peut estre voulenté délivre, 17980
Fort est aux gens laiz à descrivre,
Et qui vouldroit la chose emprendre,
Trop fort leur seroit à l'entendre,
Qui leur auroit mesmes soluës
Les raisons à l'encontre meuës. 17985
Mais il est vray, quoy qu'il leur semble,
Qu'ilz s'entreseuffrent bien ensemble,
Autrement ceulx qui bien feroient
Ja loyer avoir n'en devroient,

DE LA ROSE.

Ne cil qui de pecher se maine 17990
Jamais n'en devroit avoir paine,
Se telle estoit la verité,
Que tout fust par necessité :
Car cil qui bien faire vourroit
Autrement faire ne pourroit, 17995
Ne cil qui le mal vouldroit faire
Ne s'en pourroit mye retraire;
Voulsist ou non il le feroit,
Puisque destiné luy seroit.

Et si pourroit bien aulcun dire, 18000
Pour disputer de la matire,
Que Dieu n'est pas en riens deceuz
Des faitz qu'il a par devant sçeuz;
Dont adviendront-ilz sans doubtance,
Si comme ilz sçet en sa science; 18005
Mais il sçet comme ilz adviendront,
Comment & quel chief ilz tiendront,
Car s'aultrement estre se peut,
Que Dieu par avant ne le sçeust,
Il ne feroit pas tout-puissant, 18010
Ne tout bon, ne tout congnoissant;
N'il ne feroit pas souverain,
Le bel, le doulx, le primerain;
N'il n'en sçauroit ne que faisons,
Ains cuideroit avec les homs, 18015
Qui sont en doubteuse creance
Sans certaineté de science.
Mais tel erreur en Dieu retraire,
Ce seroit diablerie à faire;
Nul homs ne la devroit ouyr 18020

Qui de Raison vouldroit jouyr.
Donc convient-il par vive force,
Que vouloir d'homme à riens s'efforce,
De ce qu'il fait qu'ainsi le face,
Pense, dye, veuille ou pourchasse; 18025
Donc est-ce chose destinée,
Qui ne peut estre destournée,
Dont ce doit-il ce semble ensuyvre,
Que riens n'a voulenté délivre.

Et se les destinées tiennent 18030
Toutes les choses qui adviennent,
Comme cest argument le preuve,
Par l'apparence qu'il y treuve,
Cil qui bien œuvre ou malement,
Quant ne le peut faire autrement, 18035
Quel gré luy en doit Dieu sçavoir,
Ne quel paine en doit-il avoir.
S'il avoit juré le contraire,
Ne peut-il autre chose faire?
Donc ne feroit pas bien justice 18040
De bien rendre & pugnir le vice.
Car comment faire le pourroit,
Qui bien regarder y vourroit,
Il ne feroit vertus, ne vices,
Ne sacrifices, ne malices. 18045
Ne Dieu prier riens n'y vauldroit,
Quant vices & vertus fauldroit,
Où se Dieu justice faisoit
Comme vice & vertu ne soit.
Il ne feroit pas droicturiers, 18050
Ains clameroit les usuriers,

DE LA ROSE.

Les larrons & les meurtriers quittes ;
Et les bons & les ypocrites,
Tout y seroit à poix unis ;
Ainsi seroient-ils bien honnis   18055
Ceulx qui d'aymer Dieu se travaillent,
S'ilz à s'amour en la fin faillent ;
Et faillir les y conviendroit,
Puisque la chose ainsi viendroit,
Que nul ne pourroit recouvrer   18060
La grace Dieu pour bien ouvrer.
   Mais il est droicturier sans doubte,
Car bonté reluit en luy toute,
Autrement seroit en deffault
Cil en qui nulle riens ne fault.   18065
Doncques rend-il soit gaing ou perte
A chascun selon sa desserte ;
Donc sont toutes œuvres meries,
Et les destinées peries,
Aumoins comme gens laiz en sentent,   18070
Qui toutes choses leur presentent,
Bonnes, males, faulses & voyres,
Par advenemens necessaires,
Et franc vouloir est en estant,
Que telz gens vont si mal traitant.   18075
Mais qui se vouldroit opposer
Pour destinées aloser,
Et casser franche voulenté,
Car maint en a esté tenté ;
Et diroit de chose possible,   18080
Combien qu'il puisse estre faillible,
Aumoins quant elle est advenuë,

S'aulcuns l'avoient devant veuë
Et deissent, tel chose fera,
Ne riens ne l'en destournera, 18085
N'auroient-ils pas dit verité,
Donc seroit-ce necessité.
Car il s'ensuit se chose est voire,
Doncques est-elle necessaire
Par la convertibilité 18090
De voir & de necessité :
Donc convient-il qu'el soit à force,
Quant necessité s'en efforce.
Qui sur ce respondre vouldroit,
Eschapper comment en pourroit ? 18095
Certes il diroit chose voyre,
Mais non pas pour ce necessaire,
Car comment qu'il l'ait devant veuë,
La chose n'est pas advenuë
Par necessaire advenement, 18100
Mais par possible seulement ;
Car qui bien y aura égard,
C'est necessité en regard,
Et non pas necessité simple :
Si que ce ne vault une guimple, 18105
Et se chose advenir est voyre,
Donc est-ce chose necessaire,
Car telle verité possible
Ne peut pas estre convertible
Avec simple necessité, 18110
Si comme simple verité :
Si ne peut tel raison passer
Pour franche voulenté casser.

DE LA ROSE.

D'autre part qui garde y prendroit,
Jamais aux gens ne conviendroit 18115
De nulle chose conseil querre,
Et faire besoignes en terre;
Car pourquoy se conseilleroient,
Et besoignes pour quoy feroient,
Se tout fut avant destiné 18120
Et par force déterminé.
Par conseil pour œuvrer de mains,
Jà n'en seroit ne plus ne mains,
Ne mieulx ne pis n'en pourroit estre;
Fut chose née ou chose à naistre, 18125
Fust chose faicte ou chose à faire,
Fut chose à dire ou chose à taire;
Nul d'aprendre besoing n'auroit,
Sans estude des ars sçauroit,
Cil qui sçaura s'il estudie 18130
Par grant travail toute sa vie.
Mais ce n'est pas à octroyer,
Donc doit l'en plainement nier,
Que les œuvres d'humanité
Adviennent par necessité: 18135
Ains font bien ou mal franchement
Par leur vouloir tant seulement,
Qui n'est riens fors eulx à voir dire,
Qui tel vouloir leur face eslire,
Que prendre ou laisser ne le puissent, 18140
Se de Raison user voulsissent.
  Mais or seroit fort à respondre
Pour tous les argumens confondre,
Que l'on peut encontre admener;

L 4

Mais se vouldrent à ce pener, 18145
Et dirent par Sentence fine,
Que la prescience divine
Ne met point de necessité
Sur les œuvres d'humanité :
Car bien se vont apparcevant, 18150
Pour ce que Dieu les sçet devant ;
Ne s'ensuit-il pas qu'ilz adviennent
Par force, ne que telz fins tiennent :
Mais pour ce qu'elles adviendront,
Et tel chief & tel fin tiendront, 18155
Pour ce les sçet ains Dieu ce dient.
Mais ceulx maulvaisement deslient
Le neu de cette question,
Car qui voit leur intencion,
Et se veult à Raison tenir, 18160
Les faitz qui sont à advenir,
Se ceulx donnent vraye sentence,
Causent de Dieu la prescience,
Et la font estre necessaire ;
Mais moult est grant folie à croire, 18165
Que Dieu si foiblement entende,
Que son sens d'autruy fait despende ;
Et ceulx qui telz sentences suyvent,
Contre Dieu malement estrivent,
Quant veulent si par fabloyer 18170
Sa prescience affoibloyer.
Ne Raison ne peut pas comtendre
Que nul puisse à Dieu riens aprendre ;
Nul ne pourroit certainement
Estre sage parfaictement, 18175

DE LA ROSE.

S'il fuſt en tel deffault trouvé,
Que ce cas fuſt ſur luy prouvé.
Donc ne vault riens ceſte reſponſe,
Qui preſcience Dieu abſconſe,
Et muſſe ſa grant pourveance   18180
Soubz les tenebres d'ignorance,
Qui n'a povoir tant eſt certaine,
D'aprendre riens par œuvre humaine :
Et ſe le pouvoit ſans doubtance,
Celluy viendroit de non puiſſance,   18185
Qui eſt douleur de recenſer,
Et moult grant peché du penſer.

 Les autres autrement ſentirent,
Et ſelon leur ſens reſpondirent,
Et s'accorderent bien ſans faille,   18190
Que des choſes comment qu'il aille,
Qui vont par voulenté délivre,
Si comme election les livre :
Sçait Dieu ce qu'il en adviendra,
Et quel fin chaſcune tiendra,   18195
Par une addicion legiere,
C'eſt aſſavoir en tel maniere,
Comme elles ſont à advenir ;
Et veulent par ce ſoubſtenir
Qu'il n'y a pas neceſſité ;   18200
Ains vont par poſſibilité,
Si qu'il ſçait quel fin ils feront,
Et s'ilz feront ou ne feront ;
Tout ce ſçait-il bien de chaſcune,
Qui de deux voyes tiendra l'une :   18205
Ceſte yra par negacion,

L 5

Ceste par affirmacion,
Non pas si terminéément,
Qu'il ne viegne espoir autrement :
Car bien peut autrement venir, 18210
Se franc vouloir s'en veult tenir.

Mais comment osa nul ce dire,
Comment osa tant Dieu despire,
Qu'il luy donna tel prescience,
Qu'il n'en sçait riens fors en doubtance ; 18215
Quant il ne peut apparcevoir
Determinablement le voir ?
Car quant du fait la fin sçaura,
Jà si bien sçeuë ne l'aura,
Quant autrement peult advenir, 18220
S'il luy voit autre fin tenir,
Que celle que jà aura sceuë,
Sa prescience est moult deceuë,
Comme mal certaine, & semblable
A opinion decevable, 18225
Si comme avant monstré l'avoye.

Autres allerent autre voye,
Et maints encor à ce se tiennent,
Qui dient des faitz qui adviennent
C'a jus par possibilité, 18230
Qu'ilz vont tous par necessité,
Quant à Dieu non pas autrement;
Car il sçait tout certainement
De tousjours & sans nulle faille,
Comment que de franc vouloir aille, 18235
Les choses ains que faictes soient,
Quelzconques fins que celles ayent,

DE LA ROSE.

Et par science necessaire,
Sans faille c'est bien chose voire,
De tant que tous à ce s'accordent, 18140
Et pour verité le recordent,
Que la necessaire science
Est de tousjours sans ignorance.
Sçait-il comment ira le fait,
Mais contraignance pas n'y fait, 18145
Ne quant à soy, ne quant aux hommes;
Car sçavoir des choses les sommes,
Et les particularitez
De toutes possibilitez,
Ce luy vient de la grant puissance, 18150
De la bonté de sa science,
Vers qui riens ne se peut abscondre.
Et qui vouldroit à ce respondre,
Qu'il mette ès gentz necessité,
Il ne diroit pas verité; 18155
Car pource qu'il les sçait devant,
Ne sont-ilz pas de ce me vant,
Ne pource qu'ilz sont puis, jà voir
Ne luy feront devant sçavoir.
Mais pource qu'il est tout puissant, 18160
Tout bien & tout mal congnoissant,
Pource sçait-il de tout le voir,
Si qu'on ne le peut decevoir.
Riens ne peut estre qu'il ne voye,
Et pour tenir la droicte voye, 18165
Qui bien vouldroit la chose aprendre,
Qui n'est pas legiere à comprendre,
Ung gros exemple en peut-on mettre

L 6

Aux gens layz qui n'entendent lettre ;
Car telz gens veulent grosses choses, 18270
Sans grans subtilité de gloses.

 S'ung hom par franc vouloir faisoit,
Une chose quelle quel soit,
Ou du faire se retardast,
Pource que l'on le regardast, 18275
Il en auroit honte & vergongne.
Tel pourroit estre la besongne ;
Et ung autre de riens n'en sçeust
Devant que celluy faicte l'eust ;
Ou qu'il l'eust délaissée à faire, 18280
S'il se vouloit du fait retraire :
Cil qui la chose après sçauroit,
Ja pource mise n'y auroit
Necessité, ne contraignance ;
Et s'il en eut eu la science 18285
Aussi-bien par le temps devant,
Ja ne s'en allast decevant ;
Mais qu'il le sçeut tant seulement
Cela n'est pas empeschement,
Que celluy n'ait faist, ou ne fist 18290
Ce qui bien luy pleust, ou seist,
Ou que du faire ne cessast,
Se la voulenté le laissast,
Qu'il a si franche & si délivre,
Qu'il peut le fait fouyr ou suyvre. 18295

 Aussi Dieu & plus noblement
Et tout déterminablement
Sçait les choses à advenir,
Et quel fin ilz ont à tenir,

DE LA ROSE.

Comment que la chose puisse estre, 18300
Par la voulenté de son maistre,
Qui tient en sa subjection
Le povoir de l'election,
Et l'encline à l'une partie
Par son sens ou par sa folie; 18305
Et sçait les choses trespassées,
Comme faictes & compassées;
Et de ceulx qui les faitz cesserent
Pourquoy à faire les laisserent,
Pour honte, ou pour autre achoison, 18310
Soit raisonnable ou sans raison,
Comme leur voulenté les maine.
Car je suis bien seure & certaine,
Qu'ilz sont de gens à grant planté,
Qui de mal faire sont tempté: 18315
Touteffois à faire le laissent,
Dont aucuns en y a qui cessent
Pour vivre vertueusement,
Et pour l'amour Dieu seulement,
Qu'ilz sont de meurs bien réformez. 18320
Mais iceulx sont bien cler semez.
L'autre qui de pecher s'apense,
S'il ne cuidoit trouver deffense,
Touteffois son courage dompte,
Pour paour ou de paine ou de honte. 18325
Tout ce voit Dieu très-clerement
Devant ses yeulx appertement,
Et toutes les condicions
Des faitz & des intencions:
Riens ne se peut de luy garder, 18330

Jà tant ne sçaura regarder;
Car jà chose n'est si loingtaine,
Que Dieu devant soy ne la tienne,
Ainsi que celle fut presente:
Devant dix ans, ou vingt, ou trente, 18335
Voire cinq cens, voire cent mille,
Soit en Foire, en Champ, ou Ville,
Soit honneste, ou desadvenant,
Si là voit Dieu dès maintenant,
Ainsi que s'el fust advenuë. 18340
Et des toujours l'a-il bien veuë
Par demonstrance véritable
En son mirouer pardurable,
Que nul fors luy ne sçait polir,
Sans riens à franc vouloir tolir. 18345
 Le mirouer c'est-il luy-meismes,
De qui commencement prenismes.
En ce bel mirouer poly,
Qu'il tint & tient tousjours o ly,
Où tout voit ce qu'il adviendra, 18350
Et tousjours present le tiendra,
Il voit où les ames iront,
Qui loyaulment le serviront,
Et de ceulx aussi qui n'ont cure
De loyaulté, ne de droicture; 18355
Et leur promet en ses idées
Des œuvres qu'ilz auront œuvrées
Saulvement ou damnacion;
C'est la predestinacion
Et la prescience divine, 18360
Qui tout sçait & riens ne devine,

DE LA ROSE.

Qui sçait aux gens sa grace estendre,
Quant il les voit à bien entendre ;
Ne n'a pas pource supplanté
Povoir de franche voulenté. 18365
Tout homme œuvre par franc vouloir,
Soit pour jouyr ou pour douloir,
C'est la presente vision,
Car qui la diffinicion
De pardurableté deslye, 18370
C'est la possession de vie,
Qui par faim ne peut estre prise ;
Trestoute ensemble sans devise.

 Mais de ce monde l'Ordonnance,
Que Dieu par sa grant proveance 18375
Voult establir & ordonner,
Ce convient-il à fin mener.
Quant aux causes universelles
Celles feront par force telles,
Comme doyvent par tous temps estre ; 18380
Tousjours feront le cours celestre
Selon leurs révolucions,
Toutes leurs transmutacions :
Et useront de leurs puissances
Par necessaires influances 18385
Sur les particulieres choses,
Qui sont és élemens encloses,
Quant sur eux leurs rays recevront,
Comme recevoir les devront.
Car tousjours choses engendrables 18390
Engendreront choses semblables,
Ou feront leurs commixtions

Par naturelz complexions,
Selon ce qu'ilz auront chafcunes
Entr'eulx proprietez communes, 18395
Et qui devra mourrir mourra
Et vivra tant comme il pourra.
Et par ung naturel defir
Vouldront les cueurs des ungs gefir
En oyfeufes & en delices, 18400
Soit en vertus, ou foit en vices.

 Mais par advanture les faitz
Ne feront tousjours ainfi faiz,
Comme les corps du Ciel entendent,
Se les chofes d'eulx fe deffendent, 18405
Qui tousjours leur obeyroient,
Se deftournées n'en eftoient ;
Ou par cas, ou par voulentez,
Tousjours feront-ilz tous temptez
De ce faire où le cueur s'encline. 18410
Nul de traire à tel fin ne fine
Si comme à chofe deftinée,
Ainfi ottroy-je deftinée,
Que ce foit difpoficion
Sous la predeftinacion. 18415
Adjouftée aux chofes muables,
Selon ce qu'ils font inclinables.

 Ainfi peut eftre homs fortuné,
Pour eftre dès-lors qu'il fut né,
Preux & hardy en fes affaires, 18420
Sage & large & debonnaires,
D'amys garny & de richeffes,
Et renommé de grans proueffes.

DE LA ROSE.

Ou par fortune avoir perverse.
Mais bien regarde où il converse, 18425
Car tout peut bien estre empesché,
Non par vertu, mais par peché,
S'il sent qu'il soit avers & chiches;
Car tel homs ne peut estre riches.
Contre ses meurs par raison vienne, 18430
Et suffisance à soy retienne,
Prenne bon cueur, donne & despende
Deniers & robes & viande,
Mais que de ce son nom ne charge,
Que l'on le tienne pour fol large. 18435
Si n'aura garde d'avarice,
Qui d'entasser les gens atice,
Et les fait vivre en tel martire,
Qu'il n'est riens qui leur peust suffire;
Et si les aveugle & compresse, 18440
Que nul bien faire ne leur laisse,
Et leur fait toutes vertus perdre,
Quant à luy se veulent aherdre.
Ainsi peut homs, se moult n'est nice,
Soy garder de tout autre vice, 18445
Ou soy de vertus destourner,
Si se veult à mal atourner:
Car Franc-vouloir est si puissant,
S'il est de soy bien congnoissant,
Qu'il se peut tousjours garantir, 18450
S'il peut dedans son cueur sentir,
Que peché vueille estre son maistre,
Comment qu'il soit du corps celestre.
Car qui devant sçavoir pourroit

Quelz faitz le Ciel faire vourroit, 18455
Bien les pourroit-il empescher ;
Car s'il vouloit si l'air seichier,
Que toutes gens de chault mourussent,
Et les gens par avant le sçeussent,
Ilz forgeroient maisons neusves 18460
En moistes lieux & près des fleuves,
Où grans cavernes creuseroient,
Et soubz terre se musseroient,
Si que de chault n'auroient garde.
Ou s'il advenoit, quoy qu'il tarde, 18465
Que par eaues sourdist deluges,
Ceulx qui sçauroient les refuges,
Laisseroient tantost les plaines,
Et s'enfuyroient ès montaignes,
Où feroient si fors navyes, 18470
Qu'ils y saulveroient leurs vies,
Par la grant inundacion,
Ainsi que fist Deucalion
Et Pyrra qui s'en échapperent,
Par la nasselle, où ilz entrerent, 18475
Qu'ilz ne fussent des flots happez.
Et quant ilz furent eschappez,
Qu'ilz vindrent au port de Salus,
Et virent plaines de Palus
Parmy le monde les valées, 18480
Quant les mers s'en furent allées,
Et qu'il n'y eut Seigneur, ne Dame,
Fors Deucalion & sa femme ;
Si s'en allerent à Confesse
Au Temple Themys la Déesse, 18485

DE LA ROSE.

Qui jugeoit fur les affinées
De toutes chofes deftinées

Comment par le confeil Themis,
Deucalion tous fes amis,
Luy & Pirra la bonne Dame   18490
Fit revenir en corps & ame.

A Genoullons illec fe mirent,
Et confeil à Themis requirent
Comment ilz pourroyent ouvrer,
Pour leur lignage recouvrer.   18495
Quant Themis ouyt la Requefte,
Qui moult eftoit bonne & honnefte,
Leur confeilla qu'ilz s'en allaffent,
Et qu'ilz après leurs doz getaffent
Tantoft les os de leur grant mere :   18500
Tant fut cefte refponfe amere
A Pirra, qu'el la reffufoit,
Et contre le fort fe excufoit,
Qu'el ne devoit pas defpecer
Les oz de fa mere, ne blecer,   18505
Jufqu'à tant que Deucalion
Luy en dit l'expofition.
Ne faut, dit-il, autre fens querre,
Noftre grant mere c'eft la terre,
Les pierres fe nomment les oz ;   18510
Certainement ce font les motz.
Après nous les convient getter
Pour noz lignages fufciter.
Comme dit l'eut ainfi le firent,

Et maintenant hommes faillirent 18515
Des pierres que Deucalion
Gectoit par bonne intention :
Et des pierres Pirra, les femmes
Saillirent en corps & en ames :
Tout ainsi que Dame Themis 18520
Leur avoit en l'oreille mis.
Oncques n'y quirent autre pere,
Jamais ne sera qui n'en pere
La durté en tous leurs lignaiges.
Ainsi ouvrerent comme saiges 18525
Ceulx qui garantirent leur vie
De grant déluge par navie.
Ainsi ceulx eschapper pourroyent
Qui tel déluge avant sçauroyent.
  Ou se Herbout devoit saillir, 18530
Qui si fist les biens deffaillir,
Que les gens de fain mourir deussent
Pource qu'un seul grain de bled n'eussent ;
Tant en pourroit-on retenir,
Avant que ce peust advenir 18535
Deux ans devant ou troys, ou quatre,
Qui bien pourroit la fain abattre
Au peuple, tant gros que menu,
Quant le Herbout seroit venu ;
Comme fist Joseph en Egipte 18540
Par son sens & par son merite ;
Et faire si grant garnison,
Qu'ilz en pourroyent garison
Sans fin & sans mesaise avoir ;
Ou s'il le pourroit ains sçavoir 18545

Qu'il se deust faire oultre mesure
En Yver estrange froidure ;
Ilz mectroyent avant leur cure
En eulx bien garnir de vesture,
Et de buches à grant chartées,   18550
Pour faire feu en cheminées,
Et nateroient leurs maisons,
Quant seroient froides saisons,
De belle paille necte & blanche,   18555
Qu'ilz pourroyent prendre en leur granche,
Et clorroyent huys & fenestre,
Si en seroit plus chault leur estre.
Où seroyent estuves chauldes,
Par quoy leurs baleries baudes
Tous nudz pourroyent demener.   18560
Quant l'air verroyent forcener,
Et gecter pierres & tempestes,
Et tuassent aux champs les bestes
Et grans fleuves prendre & glacer,
Jà tant ne sçauroient menacer   18565
Ne de tempestes, ne de glaces,
Qu'ilz ne risissent des menaces,
Et caroleroient leans
Des perilz quittes & rians :
Bien pourroyent l'air escharnir,   18570
Si se povoyent ainsi garnir.
Mais se Dieu n'y faisoit miracle
Par vision ou par oracle,
Il n'est nul, je n'en doubte mye,
S'il ne sçait par astronomye   18575
Les estranges condicions,

Les diverses positions
Des cours du Ciel, & quel regard
Sur quel climat ilz ont esgard,
Qui puisse ce devant sçavoir,   18580
Par science ne par avoir.
  Et quant le cours a tel puissance,
Qu'il sçait des Cieulx la destrempance,
Et leur destourbe ainsi leur œuvre,
Quant encontre eulx ainsi se cœuvre,   18585
Et plus puissant bien le recors
Est force d'ame que de corps.
Car el m'eut le corps & le porte,
S'el ne fust, il fust chose morte.
Mieulx donc & plus legierement   18590
Par us de bon entendement
Pourroit eschever Franc-vouloir,
Tant qu'elle peut faire douloir,
N'a garde que de riens se deuille,
Pour quoy consentir ne se vueille,   18595
Et sache par cueur cette clause,
Qu'il est de sa mesaise cause.
Foraine tribulation
N'en fait fors qu'estre occasion,
N'il n'a des destinées garde,   18600
Se sa nativité regarde,
Et congnoist sa condition,
Que vault tel prédication :
Il est sur toutes destinées
Jà cy ne seront destinées.   18605
Des destinées plus parlasse,
Fortune & cas déterminasse,

DE LA ROSE.

Et bien voulſiſſe tout eſpondre,
Puis oppoſer & puis reſpondre,
Et moult d'exemples en diroye : 18610
Mais trop longuement y meſtroye,
Ains que je l'euſſe tout finé ;
Bien eſt ailleurs déterminé
Qui n'en ſçet à Clerc le demande
Ou bien le liſe, ſi qu'il entende. 18615
  Encore ſe taire m'en deuſſe
Jà certes mot parler n'en euſſe ;
Mais il affiert à ma matire,
Car mon ennemy pourroit dire,
Quant ainſi mourroit de luy plaindre 18620
Pour les deſloyautez eſtaindre,
Et pour ſon createur blaſmer,
Que le vueille à tort diffamer :
Car luy-meſmes ſouvent ſeult dire
Qu'il n'a pas Franc-vouloir d'eſlire. 18625
Car Dieu par ſa permiſſion,
Si le tient en ſubjection,
Qui tout par deſtinée maine,
Et l'œuvre & la penſée humaine,
Si que cil veult à vertu traire, 18630
Ce luy fait Dieu à force faire.
Et cil de mal faire s'efforce,
Ce luy fait Dieu faire par force,
Qui mieulx le tient que par le doyt,
Si qu'il fait ce que faire doyt 18635
De tout pechié, de toute aumoſne,
De bel parler & de rampoſne,
De loz & de détraction,

De larcin & d'occifion,
Et de paix & de mariages, 18640
Soit par raifon, foit par oultrages.
Ainfi, dit-il, convenoit eftre,
Cefte fift Dieu pour ceftuy naiftre,
Ne cil ne povoit autre avoir,
Par nul fens, ne par nul avoir 18645
Deftinée luy eftoit cefte.

 Et puis fe la chofe eft mal faicte,
Que cil foit fol ou celle fole,
Comme d'aucun, dont on parole,
Mauldit ceulx qui confentirent 18650
Au mariage & qui le firent.
Il refpond lors le mal fenez,
A Dieu, dift-il, vous en prenez,
Qui veult que la chofe ainfi aille,
Tout ce fit-il faire fans faille; 18655
Lors il conferme par ferment,
Qu'il ne pouvoit eftre autrement.
Non non, cefte refponfe eft faulfe,
Ne fers plus les gens de tel faulfe;
Le vrai Dieu, qui ne peut mentir, 18660
Ne les fait à mal confentir.
D'eulx vient le fol apenfement
Dont naift le mal confentement,
Qui les efment les œuvres faire,
Dont ilz fe deuffent toft retraire. 18665
Car moult bien retraire s'en peuffent,
Mais que fans plus bien fe congneuffent,
Leur createur lors reclamaffent,
Qui bien les aymaft, s'ilz l'aymaffent;

        Car

DE LA ROSE.

Car celluy ayme sagement, 18670
Qui se congnoist entierement.
Sans faille toutes bestes muës,
D'entendement vuides & nuës
Se mescongnoissent par Nature.
Car s'ilz eussent en eulx parlure 18675
Et la raison pour eulx entendre,
Et qu'ilz s'entrepeussent aprendre,
Mal fust aux hommes advenu.
Jamais le bel destrier crenu
Ne laisseroit sur luy monter, 18680
Ne par nul Chevalier dompter;
Jamais beuf sa teste cornuë
Ne mectroit à joug de charruë;
Asnes, muletz, chameaulx pour homme,
Jamais ne porteroyent somme. 18685
Oliphant sur sa haulte eschine,
Qui de son nez trompe & busine,
Et s'en paist au soir & matin
Comme ung homme fait de sa main;
Já chien, ne chat ne serviroient 18690
Sans homme bien se cheviroyent.
Ours, loups, liepars & sanglier
Viendroyent les hommes estranglier:
Les ratz mesmes l'estrangleroyent,
Quant vu berseau les trouveroyent. 18695
Jamais oysel pour mal appel
Ne mectroit en peril sa pel;
Ains pourroit moult homme grever,
Et en dormant les yeulx crever.
Et s'il vouloit à ce respondre, 18700

Tome II. M

Qui les cuideroit tous confondre,
Pour ce que faire sçet armeures,
Heaulmes, haubers, espées dures,
Et sçet faire arcz & arbalestes;
Aussi feroyent autres bestes. 18705
N'ont-ilz les cinges & marmottes
Qui leur feroyent bonnes cottes
De cuir, de fer, voyre pourpoins?
Il ne demourroit jà pour poins,
Car ceulx ouvreroyent des mains, 18710
Et n'en vauldroyent riens de mains;
Et pourroyent estre escrivains;
Ilz ne feroyent jà si vains,
Que tous ne se subtilliassent,
Comment aux armes contrestassent 18715
Et puis aulcuns engins feroyent,
Dont moult aux hommes greveroyent:
Mesmes puces & oreillées,
S'elles fussent entortillées
En dormant dedans leurs oreilles 18720
Les greveroyent-ils à merveilles:
Les poux, aussi sirons & lentes,
Tous leurs livrent souvent ententes,
Qui leur font les œuvres laisser
Et eulx flechir & abaisser, 18725
Genchir, tourner, saillir, triper,
Et dégrater & défriper,
Et despouiller & deschausser,
Tant ne les sçavent-ils chasser.
Mousches aussi à leur mangier 18730
Leur mainent souvent grant dangier,

Et les assaillent ès visaiges,
Ne leur chault s'ilz sont Roys ou Paiges;
Formis, & petites vermines
Leur feroyent moult grans ataynes, 18735
S'ilz avoient d'eulx congnoissance:
Mais est vray, que ceste ignorance
Leur vient de leur propre nature.
Mais raysonnable creature
Soit homs mortel, soyent divins Anges, 18740
Qui tous doyvent à Dieu louanges,
S'el se mescongnoist comme nice,
Ce deffault luy vient de son vice,
Qui le sens luy trouble & enyvre ;
Car il peut bien Rayson ensuyvre, 18745
Et peut de franc-vouloir user,
N'est riens qui l'en peut excuser.
Et pour ce tant dit vous en ay
Et telz raysons y admenay,
Que leurs jangles vueil estancher, 18750
Que nul ne s'en peut revancher.

 Mais pour l'intention poursuyvre,
Dont je vouldroye estre délivre
Pour ma douleur que si recors,
Qui me trouble l'ame & le corps, 18755
Ne vueil plus or dire à ce tour
Vers les Cieulx arrier m'en retour,
Qui bien font ce que faire doyvent
Aux créatures, qui reçoyvent
Les celestiaux influances, 18760
Selon leurs diverses substances.
Les vens font-il contrarier,

L'air enflammer, braire & crier,
Et esclarcir en maintes pars
Par tonnoirres & par espars, 18765
Qui tabourent, timbrent & trompent,
Tant que les nuës se desrompent,
Par les vapeurs qu'ilz font lever.
Si leur fait leurs ventres crever
La chaleur & les mouvemens, 18770
Par horribles tournoyemens,
Et tempester & gecter fouldres,
Et par terre eslever les pouldres ;
Voyre Tours & Clochiers abatre
Et maintz vieilz arbres tant debatre, 18775
Que de terre en font arrachés ;
Jà si fort n'y sont attachés,
Que les racines riens leur vaillent,
Que tous envers à terre n'aillent,
Ou que des branches n'ayent rouptes, 18780
Aumoins une partie ou toutes.
 Si dit l'en que ce font les diables,
A tous leurs grans crocz & leurs chables,
A leurs ongles, à leurs havetz ;
Mais tel dit ne vault deux navetz. 18785
Ilz en sont à grant tort mescreu
Car nulle riens jà n'y a eu,
Fors les tempestes & le vent,
Qui si les vont aconsuyvant,
Ce sont les choses qui leur nuysent. 18790
Ceulx versent bledz, & vignes cuysent,
Et fleurs & fruitz d'arbres abatent,
Tant les tempestent & debatent,

Qu'ès branches ne peuvent durer,
Tant qu'ils se puissent bien meurer.　18795
Voyre pleurer à grosses larmes
Refont-ilz l'air en divers termes;
Si ont si grant pitié les nuës,
Qu'elz s'en despouillent toutes nuës;
Ne ne prisent lors ung festu　18800
Le noir mantel qu'elz ont vestu:
Car à tel dueil faire s'atirent,
Que tous par pieces le dessirent,
Et si luy aydent à plourer,
Comme son les deust acueurer,　18805
Et plourent si parfondement,
Si fort & si espessement,
Qu'ils font les fleuves desriver,
Et contre les champs estriver,
Et contre les Forestz voysines　18810
Par leurs oultrageuses cretines,
Dont il convient souvent perir,
Les bledz & le temps encherir;
Dont les povres qui les labourent
L'esperance perduë en plourent.　18815
Et quant les fleuves se desrivent,
Les poissons qui les fleuves suivent,
Si comme il est droit & raisons,
Car ce sont leurs propres maisons,
S'en vont comme Seigneur & Maistre　18820
Par prez, par champs, par vignes paistre,
Et s'estorcent contre les chesnes,
Contre les pins, contre les fresnes;
Et tollent aux bestes saulvaiges

Leurs manoirs & leurs heritaiges: 18815
Et vont ainſi par tout nageant,
Dont tout vifs'en vont enrageant
Bacus, Cerès, Pan & Cibele,
Quant ainſi s'en vont à trubele.
Les poiſſons par leurs grands noueures, 18830
Par les delectables paſtures,
Auſſi Satyres & les Fées
Sont moult dolens en leurs penſées,
Quant ilz perdent par telz cretines
Leurs délicieuſes gaudines. 18835
Les Nimphes pleurent les fontaines;
Quant des fleuves les trouvent plaines,
Et ſurabondans & couvertes,
Comme dolentes de leurs pertes:
Et le folet & les dryades 18840
Ont les cueurs de dueil ſi malades,
Qu'ilz ſe tiennent treſtous pour pris,
Quant ilz voyent leurs boys pourpris,
Et ſe plaignent des Dieux des fleuves,
Qui leur font villenies neuves; 18845
Tout ſans deſſerte & ſans mesfait,
Comme riens ne leur ont forfait.
Et des prouchaines baſſes Villes
Qu'ilz tiennent chetives & viles,
Si font les poiſſons hoſteliers. 18850
N'y remaint granches, ne celiers,
Ne lieu ſi vaillant ne ſi chier,
Que par tout ne s'aillent fichier;
Vont aux Temples & aux Egliſes,
Et tollent aux Dieux leurs ſerviſes, 18855

DE LA ROSE.

Et chaſſent des chambres obſcures
Les Dieux privés & leurs figures.
 Et quant ce vient au chief de piece,
Que le bel temps le laid d'eſpiece,
Quant aux Cieulx deſplaiſt & ennuye   18360
Temps de tempeſte & temps de pluye;
L'air oſte de toute ſon yre,
Et le fait ribauldire & rire,
Et quant les nuës apparçoyvent,
Que l'air ſi ribaudy reçoyvent,   18865
Adonc ſe resjoyſſent-elles
Et pour eſtre advenans & belles,
Font robes après leurs douleurs,
De toutes leurs belles couleurs,
Et mettent leurs toyſons ſecher   18870
Au bel Soleil luiſant & cler;
Et les vont par l'air eharpiſſant
Au temps cler & reſplandiſſant;
Puis filent, & quant ont filé,
Si font voler de leur filé   18875
En eſguillées de fil blanches,
Ainſi que pour couldre leurs manches.
Et quant il leur reprent courage
D'aler loing en pelerinage,
Si font ateler leurs chevaulx,   18330
Montent & paſſent mons & vaulx
Et s'en fuyent comme deſvans,
Car Eolus le Dieu des vens,
Ainſi eſt ce Dieu appellez,
Quant il les a bien atteliez;   18335
Car ilz n'ont nul autre chartier,

M 4

Qui sçache leurs chevaulx traitier,
Leur met aux piedz si bonnes esles,
Que nul oyseau n'eut oncques telles.
Adonc prent l'air son mantel ynde, 18890
Qu'il vest trop voulentiers en ynde,
Si s'en affuble, & s'en apreste
De soy cointir & faire feste,
Et d'atendre en ce point les nuës,
Tant qu'elles soyent revenuës, 18895
Qui pour le monde solasser,
Ainsi que pour aller chasser,
Ung arc en leur poing prendre seulent,
Ou deux ou trois quant elles veulent,
Qui sont appellez arcz celestres, 18900
Dont nul ne sçait s'il n'est bon maistres,
Pour tenir des regars escolle,
Comment le Soleil les piolle.
Quantes couleurs ilz ont, ne quelles,
Ne pourquoy tant, ne pourquoy telles, 18905
Ne la cause de leur figure,
Il luy conviendroit prendre cure
D'estre disciple d'Aristote,
Qui mieulx a mis Nature à note,
Que nul homs puis le temps caym. 18910
Ashachim le vieil Huchaim,
Qui ne fut pas, ne fol ne gars,
Cil fist le livre des regars.
De ce doit cil science avoir,
Qui veult de l'arc du Ciel sçavoir, 18915
Car de ce doit estre jugeur,
Clerc naturel & regardeur,

DE LA ROSE.

Et sçache de geometrie,
Dont necessaire est la maistrie,
Au livre des regars prouver; 18920
Lors pourra les causes trouver
Et les forces des mirouers,
Qui tant ont merveilleux povoirs,
Que toutes choses très-petites
Lectres gresles, très-loing escriptes, 18925
Et pouldres de sablon menuës,
Si grans & si grosses sont veuës,
Et si près mises aux mirens,
Que chascun les peut choisir ens ;
Que l'en les peut lire & compter 18930
De si loin que qui racompter
Le vouldroit, & qui l'auroit veu.
S'il ne pourroit-il estre creu
D'homme qui point veu ne l'auroit,
Ou qui les causes n'en sçauroit. 18935
Si ne seroit-ce pas creance,
Puisqu'il en auroit la science.
Mars & Venus lesquels prins furent
Ensemble au lit où ilz se geurent,
S'ilz ains que sur le lict montassent, 18940
En tel mirouer se mirassent.
Mais que le mirouer tenissent,
Si que le lict au dedans veissent,
Ja ne fussent prins ne liez
Es lacz subtilz & déliez, 18945
Que Vulcanus mis y avoit,
De quoy nulz d'eux riens ne sçavoit,
Car celluy les eust fait d'airaigne,

Plus subtil que le fil d'araigne,
Si eussent-ilz bien les lacz veuz ; 18950
Et fust Vulcanus fort deceuz
Car ilz n'y fussent pas entré.
Car chascun lacz plus d'ung grant tré,
Leur parust estre gros & longs,
Si que Vulcanus le felons, 18955
Ardant de jalousie & dire ;
Jà ne trouvast leur adultire,
Ne jà les Dieux de riens n'en sçeussent,
Se ceulx de telz miroüers eussent ;
Car de la place s'en fouyssent, 18960
Quant les lacz tous tenduz y veissent,
Et courussent ailleurs gesir ;
Ou mieulx celassent leur desir,
Ou ilz fissent quelque chevances,
Pour eschever leur mescheances, 18965
Sans estre honnis, ne grevez.
Dis-je vray foy que me devez
De ce que vous avez ouy ?

Genyus.

Certes, ce dit le Prestre, ouy,
Ces mirouers, c'est chose voire : 18970
Iceulx fussent donc necessaire,
Car ailleurs assemblez se fussent,
Quant le grant peril ils congneussent,
Ou à l'espée qui bien taille :
Je croy que Mars Dieu de bataille 18975
Se fust si du jaloux vengié,
Que ses lacz eust moult dommagié.

DE LA ROSE. 275

Adoncqees se peust en honneur
Esbatre avec sa femme asseur
Au lict sans autre place querre,   18980
Ou près du lict dessus la terre.
Et se par aulcune adventure,
Qui moult fust felonneuse & dure,
Dam Ulcanus y survenist
A l'heure que Mars la tenist,   18985
Venus qui moult est sage Dame;
Car trop de barat a en femme,
Se quant l'huys luy ouïst ouvrir,
Peust bien à temps ses reins couvrir.
Moult eust eu excusations,   18990
Par quelques cavillations,
Et controuvast autre achoison,
Pour quoy Mars vint en sa maison;
Et jurast tant que l'en voulsist,
Tant que ses preuves luy toulsist,   18995
Et lors luy fist à force croyre,
Qu'oncques la chose ne fust voyre;
Car quant Vulcan si l'eust bien veuë,
Si eust-elle dit que la veuë
Luy fust obscurcie & troublée,   19000
Tant eust la langue bien doublée
En diverses plications,
A trouver excusations.
Car riens ne jure, ne ne ment
Com femme, ne plus hardiement,   19005
Si que Mars s'en alast tout quitte.

M 6

Nature.

Certes, Sire Preſtre, bien dictes;
Comme preux & courtoys & ſages,
Trop ont femmes en leurs courages
Et ſubtilitez & malices : 19010
Qui ne le ſçet eſt fol & nices
Ne de ce ne les excuſons;
Car plus hardiment que nulz homs
Certainement jurent & mentent,
Meſmement quant elles ſe ſentent 19015
De quelques forfait encoulpées;
Jà ſi ne ſeront attrapées
En ce cas eſpeciaulment,
Dont bien puis dire loyaulment,
Qui cueur de femme apparcevroit, 19020
Jamais fier ne ſi devroit;
Non feroit-il certainement,
Ou il meſcherroit grandement.

L'Acteur.

Ainſi s'accordent, ce me ſemble,
Nature & Genius enſemble; 19025
Si dit Salomon toutesvoys,
Puiſque par la verité voys,
Que bienneuré l'homme ſeroit,
Qui bonne femme trouveroit.

Nature.

Encor ont mirouers, diſt-elle; 19030
Mainte autre force grande & belle;

DE LA ROSE.

Car choses grans & grosses mises
Très-près, semblent loing estre assises ;
Et fust-ce la plus grand montaigne,
Qui soit entre France & Sardaigne, 19035
Qui y peuvent bien estre veuës
Si petites & si menuës,
Qu'envis les pourroit-on choisir,
Tant regardast l'en à loysir.
 Autres mirouers pour veritez 19040
Monstrent les propres quantitez
Des choses que l'en y regarde,
S'il est qui bien y prengne garde :
Autres mirouers sont-ilz qui ardent
Les choses qui en eulx regardent, 19045
Qui les sçet à droit compasser,
Pour les raiz ensemble amasser,
Quant le Soleil reflamboyant
Est dessus les mirouers royant.
Autres font diverses ymages 19050
Apparoir en divers estages,
Droictes, bellongues & enverses
Par composicions diverses ;
Et d'une en font-ilz plusieurs naistre
Ceulx qui des mirouers sont maistre : 19055
Et font quatre yeulx en une teste,
Et ont à cela forme preste ;
Si font fantosmes apparens
A ceulx qui regardent par ens,
Et les font dehors apparoir 19060
Tout vif, soit par eauë ou par air,
Et les peut l'en bien veoir jouer

Entre l'œil & le mirouer,
Par les diverſités des angles,
Sont le moyen compoſt ou ſangles, 19065
D'une matire & de diverſe,
En quoy ſa forme ſe reverſe,
Qui tant ſe va multipliant,
Par le moyen obediant,
Qu'il vient aux yeulx apparoiſſans 19070
Selon les raiz reſſortiſſans,
Que ſi diverſement reçoit,
Que les regardeurs en deçoit.

 Ariſtote auſſi nous teſmoigne,
Qui bien ſçeuſt de ceſte beſoigne; 19075
Car toute ſcience avoit chiere.
Ungs homs, diſt-il, malade yere,
Si luy avoit la maladie
Sa veuë moult fort affoyblie,
Et l'air eſtoit obſcur & troubles, 19080
Et dit que par ſes raiſons doubles
Qu'il veit en l'air de place en place,
Aller par devant ſoy ſa face.
Briefment mirouers s'ilz n'ont obſtacles
Font apparoir trop de miracles. 19085
Si font bien diverſes ſubſtances,
Sans mirouers grant decevances
Sembler choſes entre eulx loingtaines
Eſtre conjoinctes & prouchaines;
Et ſembler d'une choſe deux, 19090
Selon la diverſité d'eulx,
Ou ſix de troys, ou huyt de quatre,
Qui ſe veult bien au vray eſbatre,

DE LA ROSE. 279

Ou plus ou moins on y peut veoir,
Si y peut-il ses yeulx asseoir 19095
Ou plusieurs choses sembler une,
Qui bien les ordonne & adune.
Mesmes d'ung si tres-petit homme,
Que chascun à Nayn le renomme,
Font eulx paroir aux yeulx voyans, 19100
Qu'il soit plus grans que nul geans;
Et pert par sur les boys passer,
Sans branche ployer, ne quasser,
Si que tous de paour en tremblent
Et le geant, Nayn ilz ressemblent 19105
Par les yeulx que si les desvoyent,
Quant si diversement les voyent.
  Et quant ainsi en sont deceuz
Ceulx qui telles choses ont veuz,
Par mirouers ou par distances, 19110
Qui leur ont fait telles monstrances;
S'ilz vont puis au peuple & s'en vantent,
Et ne dient pas vray, mais mentent,
Qu'ils ont tous les grans Diables veuz,
Tant en sont leurs regars deceuz. 19115
Si font bien œil enferme & trouble,
De chose sengle sembler double,
Et paroir au Ciel double Lune,
Deux Chandelles ou n'en a qu'une.
Si n'est nul qui si bien regard, 19120
  Qui souvent ne faille en regard,
Dont maintes choses jugées ont
D'estre tout autres qu'ilz ne sont.
Mais je ne vueil pas mettre cure

A en déclarer la figure   19125
Des mirouers, rien ne diray
Comment font reflechir le ray,
Ne leurs angles ne vueil defcrivre,
tant eſt ailleurs eſcript en livre
Ne pourquoy des choſes mirées   19130
Sont les ymages revirées,
Aux yeulx de ceulx qui les remirent,
Quant vers les mirouers ſe mirent,
Ne les lieux de leurs apparences,
Ne les cauſes des decevances.   19135
Ne ne vous vueil dire, beau maiſtre,
Où telz ydoles ont leur eſtre,
Ou dans mirouers, ou defores ;
Ne recenſerai-je pas ores
D'autres viſions merveilleuſes   19140
Soit plaiſans ou ſoit ennuyeuſes,
Que l'en voit advenir ſoubdaines ;
Sçavoir moult s'elles ſont foraines,
Ou ſans plus en la fantaiſie,
Ce ne déclaireray-je mye ;   19145
N'il ne convient maintenant pas,
Ainçoys le laiſſe & le treſpas
Avec les choſes devant dictes,
Qui ne ſeront par moy deſcriptes ;
Car trop y a longue matire,   19150
Et ſeroit griefve choſe à dire,
Et auſſi moult fort à entendre,
S'il eſt qui le voulſiſt aprendre,
Aux gens lays eſpeciaulment.
Qui ne diroit generaument   19155

Si ne pourroient-ilz pas croire,
Que la chose fust ainsi voire,
De ces mirouers mesmement,
Qui tant œuvrent diversement,
Se par instrument ne voioient,   19160
Se clercs livrer ne leur vouloient,
Qui bien sçeussent par démonstrance,
Cette merveilleuse science ;
Ne des visions les manieres,
Tant sont merveilleuses & fieres,   19165
Ne pourroient-ilz ottroyer,
Qui les leur vouldroit desployer,
Ne quelz sont les deceptions
Qui viennent par telz divisions,
Soit en veillant, soit en dormant,   19170
Dont maint s'esbahyssent forment.
Pource les vueil cy trespasser ;
Ne si ne vous vueil plus lasser,
Moy de parler, ne vous d'ouyr :
Bon fait prolixité fouyr.   19175
 Si sont femmes moult envyeuses
Et de parler contrarieuses,
Si vous pry qu'il ne vous desplaise,
Pource que je du tout m'en taise,
Se bien par la verité vois ;   19180
Tant en vueil dire toutevois,
Que plusieurs en sont si deceuz,
Que hors de leurs lictz se sont meuz,
Et se chauffent & si se vestent,
Et de tous leurs harnoys s'aprestent,   19185
Si com les sens communs sommeillent,

Et tous les particuliers veillent.
Prennent bourdons, prennent escharpes,
Ou pieux, ou faulcilles, ou sarpes,
Et vont cheminant longues voyes 19190
Et ne sçavent où toutesvoyes,
Et aussi montent sur chevaulx,
Et passent ainsi mons & vaulx,
Par seiches voyes & par fanges,
Tant qu'ilz viennent en lieux estranges. 19195
Et quant les sens communs s'esveillent,
Moult s'esbahyssent & merveillent,
Quant puis à leur droit sens reviennent;
Et quant avec les gens se tiennent,
Si tesmoignent non pas pour fables, 19200
Que là les ont portés les Diables,
Qui de leurs ostelz les osterent;
Mais par eulx-mesmes si porterent.
 Si est bien souvent advenuz,
Quant aucuns sont prins & tenus 19205
Par aucune grant maladie,
Si comme il pert par frenaisie,
Quant ilz n'ont gardes suffisans,
Ou sont seulz en l'hostel gysans,
Qu'ilz saillent sus & puis cheminent, 19210
Et de tant cheminer ne finent,
Qu'ilz trouvent quelques lieux saulvages,
Ou prez, ou vignes, ou boscages,
Et se laissent illec cheoir;
Là les peut l'en bien aller veoir, 19215
Se l'en le veult combien que tarde,
Pource qu'ilz n'eurent point de garde,

Fors efpoir gens fole & maulvaife,
Tous mors de froit & de mefaife :
Ou quant font en bonne fanté   19220
Voit l'en des gens à grant planté,
Qui mainteffois fans ordonnance,
Par naturelle acouftumance
De trop penfer font curieux,
Quant trop font melencolieux,   19225
Ou paoureux oultre mefure,
Qui mainte diverfe figure
Se font apparoir en eulx-meifmes;
Autrement que nous ne dififmes
Quant des mirouers nous parlions,   19230
Dont fi briefvement nous paffions,
Et de tout ce leur fembloit lors
Qu'il foit ainfi pour vray dehors.

 Ceulx qui par grant dévocion
En trop grant contemplacion,   19235
Font apparoir en leurs penfées
Les chofes qu'ilz ont pourpenfées,
Et les cuident tout proprement
Veoir dehors tout appertement :
Et ce n'eft fors truffe & menfonge,   19240
Ainfi que de l'homme qui fonge,
Qu'il voit ce cuide en fa prefence
L'efpirituelle fubftance;
Comme fit Scipion jadis,
Qui veit Enfer & Paradis,   19245
Et ciel & air & mer & terre,
Et tout ce que l'en y peut querre;
Il voit eftoilles apparoir,

Et voit oyseaulx voler par air,
Et voit poissons par mer noer, 19150
Et voit bestes par boys jouer,
Et faire tours & beaulx & gentz
Et voit diversitez de gens;
Les ungs en chambres soulasser,
Les autres vont par boys chasser, 19155
Par montaignes, par rivieres,
Par prez, par vignes, par jachieres;
Et songe plaitz & jugemens,
Et guerres & tournoyemens
Et balleries & carolles, 19160
Et oyt vielles & citolles,
Et flairs d'espices doulcereuses,
Et toutes choses savoureuses,
Et gist entre les bras s'amye
Et touteffois n'y est-il mye, 19165
Et voit Jalousie venant,
Ung pestel à son col tenant,
Qui prouvez ensemble les treuve,
Par Male-bouche, qui contreuve
Les choses ains que faictes soient, 19170
Dont tous Amans par jour s'effroyent.
Car ceulx qui vrays Amans se clament
Quant d'amours ardamment s'entrament,
Dont ont moult travail & ennuys,
Quant de nuyt ilz sont endormis 19175
En leur lict où moult ont pensé;
Car les proprietez en sçé,
Si songent les choses amées,
Que tant ont par jour reclamées

Ou songent de leurs adversaires, 19280
Qui leur font ennuys & contraires.
Ceulx qui fort sont en males haynes,
Courroux songent & les ataines,
Et contemps à leurs ennemys,
Qui les ont en tel hayne mys ; 19285
Et choses à guerre ensuyvables,
Par contraires ou par semblables ;
Ou s'ilz sont boutez en prison
Par aucune grant mesprison,
Songent-ilz de leur délivrance, 19290
S'ilz ont en eulx bonne esperance,
Ou songent ou gybet ou corde,
Que le cueur par jour leur recorde ;
Ou quelque songe desplaisans,
Qui ne sont mye hors, mais ens. 19295
Si cuident-ilz pour vray dès-lors
Que ces choses soient dehors,
Et font de ce ou dueil ou feste,
Et portent ce dedans leur teste,
Qui les cinq sens ainsi deçoit, 19300
Par les fantosmes qu'il reçoit,
Dont maintes gens par leurs folies
Si cuydent veoir par nuyt estries,
Errans avecques Dame Habonde,
Et dient que par tout le monde 19305
Les tiers enfans de nacion
Sont de ceste condicion.
Qu'ilz vont trois fois en la sepmaine
Si comme destinée les maine ;
Et par tous les hostelz se boutent, 19310

Ne clef ne barre ne redoubtent;
Mais s'en entrent par les fendaces,
Par archieres & par crevaces,
Et se partent les corps des ames,
Et vont avec les bonnes Dames 19315
Par lieux forains & par maisons,
Et le preuvent par telz raisons.
Car ces diversitez qu'ont veuës
Ne sont pas en leurs lictz venuës;
Mais font leurs ames qui labeurent, 19320
Et parmy le monde s'en queurent,
Et tant comme ilz sont en tel erre,
Si comme ilz font aux gens acroire
Qui leur cors bestourné auroit,
Jamais l'ame entrer n'y sçauroit. 19325
Mais trop a cy folie horrible,
Et chose qui n'est pas possible;
Car corps humain est chose morte,
Tantost que l'ame en soy ne porte;
Doncques est-ce chose certaine, 19330
Que ceulx qui trois fois la sepmaine
Ceste maniere d'errer suyvent,
Trois fois meurent & trois fois vivent
Dedans une sepmaine meismes:
Et s'il est ainsi que nous deismes, 19335
Dont ressuscitent moult souvent
Les disciples de tel Convent.

 Mais c'est une terminée chose,
Que j'ose reciter sans glose,
Que nul qui doye à mort courir, 19340
N'a que d'une mort à mourir,

Ne jà ne reſſuſcitera,
Tant que le jugement ſera,
Se n'eſt miracle eſpecial
De par le Dieu celeſtial ; 19345
Comme de ſaint Ladre lyſons :
Car ce point ne contrediſons.
Et quant l'en dit d'autre partie,
Que quant l'ame s'eſt departie,
Ainſi du corps deſatourné, 19350
S'el treuve le corps beſtourné,
El ne peut en luy revenir.
Qui peut tel fable ſoubſtenir,
Il eſt voir & bien le recors
Ame ſeparée du corps, 19355
Plus apperte eſt & ſage & cointe,
Que quant elle eſt au corps conjoincte,
Dont el ſuyt la complexion,
Qui luy trouble l'intention ;
Dont eſt mieulx lors par elle ſçeuë 19360
L'entrée que ne fut l'yſſuë ;
Pourquoy pluſtoſt la trouveroit,
Jà ſi beſtourné ne ſeroit.

 D'autre part que le tiers du monde
Aille ainſi avec Dame Habonde, 19365
Comme foles vieilles le preuvent
Par les viſions qu'ilz y treuvent,
Dont convient-il ſans nulle faille
Auſſi que tout le monde y aille,
Qu'il n'eſt nul ſoit voir ou menſonge, 19370
Qui maintes viſions ne ſonge :
Non pas trois fois en la ſepmaine,

Mais quinze fois en la quinzaine,
Du plus ou moins par advanture,
Comme la fantafie dure. 19375
Si ne veuil-je dire des fonges,
S'ilz font vrays, ou s'ilz font menfonges;
Se l'en les doit du tout eflire,
Ou s'ilz font du tout à defpire.
Pourquoy les ungs font plus horribles, 19380
Les autres plus beaulx & paifibles,
Selon leurs apparicions,
En diverfes complexions,
Et felon leurs divers courages
Des meurs divers & des âages: 19385
Où fe Dieu par telz vifions
Envoye revelacions,
Où les malignes efperitz,
Pour mettre les gens en perilz;
De tout ce ne m'entremettray, 19390
Mais à mon propos me mettray.
 Si vous dy doncques que les nuës
Quant laffées font & recruës
De traire par l'air de leurs flefches,
Et plus de moiftes que de feiches: 19395
Car de pluyes & de roufées
Les ont treftoutes arroufées,
Se chaleur aucune n'en feiche,
Pour traire aucune chofe feiche,
Si deftendent leurs arcs enfemble, 19400
Quant ont trait tant que bon leur femble:
Mais trop ont eftranges manieres
Ces arcs dont trayent ces archieres,

      Quant

Quant toutes leurs couleurs s'en fuyent,
Et en deftendant les eftuyent, 19405
Ne jamais puis de ceulx-là meifmes
Ne retraïrent que nous veifmes ;
Car s'ils veulent autre fois traire,
Nouveaulx arcs leur convient refaire,
Que le Soleil puift pioler, 19410
Qu'il convient autrement doler.

  Encor œuvre plus l'influance
Des Cieulx, qui tant ont grant puiffance
Par mer, par terre, auffi par air,
Les Comettes font apparoir, 19415
Qui ne font pas aux Cieulx pofées,
Ains font parmy l'air embrafées,
Et pou durent puis que font faictes,
Dont maintes fables font retraictes.
Les mors aux Princes en devinent 19420
Ceulx qui de deviner ne finent ;
Mais les Comettes plus n'aguetent
Ne plus efpeffement ne jettent
Leurs influances & leurs rays
Sur povres hommes que fur Roys, 19425
Ne fur Roys que fur povres hommes ;
Ainçois œuvrent certains en fommes,
Au monde fur les regions,
Selon les difpoficions
Des climatz, des hommes, des beftes, 19430
Qui font aux influances preftes
Des planettes & des eftoilles,
Qui plus grant povoir ont fur elles.
Si portent les fignifiances

Des celestiaux influances, 19435
Et les complexions esmeuvent,
Si comme obeissans les treuvent.
   Si ne dy-je pas ne n'affiche,
Que Roys doyvent estre si riche
Plus que les personnes menuës, 19440
Qui vont à pied parmy les ruës.
Car suffisance fait richesse,
Et convoitise fait povresse ;
Soit Roy, ou n'ait vaillant deux miches,
Qui plus couvoite moins est riches, 19445
Et qui vouldroit croire escriptures,
Les Roys ressemblent les painctures,
Dont tel exemple nous appreste
Cil qui nous escript l'Almageste,
Se bien y sçavoit prendre garde 19450
Cil qui les painctures regarde,
Qui plaisent qui ne s'en apresse :
Mais de près la plaisance cesse,
De loing semblent délicieuses ;
De près ne sont point doulcereuses. 19455
Ainsi va des amys puissans
Qui fait les gens mescongnoissans,
Leur service & leur acointance
Par le deffault d'experience.
Mais qui bien les esprouveroit 19460
Tant d'amertume y trouveroit,
Qu'il si craindroit moult à bouter,
Tant fait leur grace à redoubter.
Ainsi nous en asseure Horace,
De leur amour & de leur grace. 19465

Ne les Princes ne font pas dignes,
Que les cours du Ciel donnent fignes
De leur mort plus que d'ung autre homme;
Car leur corps ne vault une pomme
Oultre le corps d'ung charruyer,   19470
Ou d'ung Clerc ou d'ung Efcuyer.
Car je les fais femblables eftre,
Si comme il appert à leur naiftre;
Par moy naiffent femblables nudz,
Fors & foibles, gros & menuz: 19475
Tous les metz en égalité
Quant à l'eftat d'humanité.
Fortune y met le remenant,
Qui ne peut eftre permanant,
Qui fes biens à fon plaifir donne,   19480
Ne prent garde à quelle perfonne:
Et tout retoult & retouldra
Toutes les fois qu'elle vouldra.
Car elle eft trop fort variable,
Que d'ung Varlet curant eftable   19485
Fait à la fois auffi grant compte,
Comme d'ung Roy, d'ung Duc, d'ung Conte;
Ainfi qu'il eft monftré deffus
Du grant Neron & de Crefus.

Comment Nature proprement 19490
Devife bien certainement
La vérité, dont gentilleße
Vient & en enfeigne l'adreße.

ET fe nul contredire m'ofe,
Qui de gentilleffe s'alofe,   19495

Et dye que le gentil-homme,
Comme le peuple le renomme,
Est de meilleur condicion,
Par noblesse de nacion,
Que ceulx qui la terre cultivent,   19500
Ou de qui leur labeur se vivent ;
Je respondz que nul n'est gentilz,
S'il n'est aux vertus ententifz :
Nul n'est villain que par son vice,
Dont il est oultrageux & nice.   19505
Noblesse vient de bon courage,
Car gentillesse de lignage,
N'est pas gentillesse qui vaille ;
Pourquoy bonté de cueur y faille,
Pourquoy doit estre en luy parans   19510
La prouesse de ses parens,
Qui la gentillesse conquirent,
Par les grans travaulx qu'ils y mirent.
Et quant du siecle trespasserent
Toutes leurs vertus emporterent,   19515
Et laisserent aux hoirs l'avoir ;
Car plus n'en peurent-ilz avoir.
L'avoir ont, plus riens ny à leur
Ne gentillesse ne valeur,
S'ilz ne font tant que gentilz soient,   19520
Par sens ou par vertus qu'ilz ayent.

   Si ont Clercs plus grans advantages
D'estre gentilz, courtois & sages,
Et la raison vous en diray,
Que n'ont les Princes ne le Roy,   19525
Qui ne sçaivent de la lecture ;

Mais le Clerc voit en l'efcripture
Avec les fciences prouvées,
Raifonnables & demonftrées,
Tous maulx dont l'en fe doit retraire, 19530
Et tous les biens que l'en peut faire.
Les chofes voit du monde efcriptes,
Comme elles font faictes & dictes.
Il voit ès anciennes vies
De tous villains les vilenyes, 19535
Et tous les faitz des courtois hommes,
Et des courtoifies les fommes :
Briefment il voit efcript en livre
Ce que l'en doit fouyr ou fuyvre,
Parquoy tout clerc, difciple & maiftre 19540
Sont gentilz ou le doyvent eftre ;
Et faichent ceulx qui ne le font,
C'eft pour le cueur que maulvais ont ;
Car ilz ont trop plus d'avantages,
Que ceulx qui vont aux cerfs ramages. 19545
Si valent pis que nulle gent
Clercs qui n'ont le cueur noble & gent,
Quant les biens congneuz ils efchivent,
Et les vices veuz ils enfuyvent,
Et plus punys en devroient eftre 19550
Par devant l'Empereur celeftre
Clercs qui s'abandonnent à vices,
Que les gens laiz, fimples & nices,
Qui n'ont pas les vertus efcriptes,
Qu'iceulx tiennent vils & defpites. 19555
Et fe Princes fçeuffent de lettre
Ne s'en peuvent-ilz entremettre,

N 3

De tant lire & de tant aprendre,
Qu'ilz ont trop ailleurs à entendre;
Parquoy pour gentilleſſe avoir, 19560
Ont les Clercs, ce pouvez ſçavoir,
Plus d'avantages & greigneurs,
Que n'ont les terriens Seigneurs;
Et pour gentilleſſe conquerre
Qui moult eſt honnorable en terre, 19565
Tous ceulx qui la veulent avoir
Doyvent cette regle ſçavoir.

 Quiconques tend à gentilleſſe,
D'orgueil ſe gard & de pareſſe;
Aille aux armes, ou à l'eſtuide, 19570
Et de villenye ſe vuyde;
Humble cueur ait, courtois & gent
En tous lieux & vers toute gent,
Fors ſans plus vers ſes ennemys,
Quant accord n'y peut eſtre mys. 19575
Dames honnoure & Damoiſelles;
Mais ne ſe fie trop en elles,
Bien luy en pourroit-il meſcheoir
Car nulle trop n'eſt bonne à veoir.
Tel homs doit avoir loz & pris, 19580
Sans eſtre blaſmé ne repris,
Et de gentilleſſe le nom
Doit recevoir, les autres non.
Chevaliers aux armes hardys,
Preux en faitz & courtois en ditz; 19585
Comme fut Meſſire Gauvain,
Qui ne fut pareſſeux ne vain,
Et le Conte d'Artoys Robers

DE LA ROSE.

Qui dèslors qu'il yssit du bers,
Hanta tous les jours de sa vie 19590
Largesse, Honneur, Chevalerie :
N'onc ne luy pleut oyseux sejours,
Ains devint homs avant ses jours.
Tel Chevalier preux & vaillant,
Large, courtois, bien bataillant 19595
Doit par tout estre bien venu,
Loué, amé & chier tenu :
Moult doit l'en le Clerc honnourer,
Qui bien veult aux arts labourer,
Et pense des vertus ensuyvre, 19600
Qu'il voit escriptes en son livre.
Et si fist l'en certes jadis,
Bien en nommeroye ja dix,
Voire tant, que se je les nombre,
Ennuy fera d'ouyr le nombre. 19605
Jadis tout vaillant Gentilhomme,
Comme la lettre le renomme,
Empereurs, Ducs, Contes & Roys,
Dont ja cy plus ne compteroys,
Les Philosophes honnorerent, 19610
Aux Poëtes mesmes donnerent
Villes, jardins, lieux delictables,
Et maintes choses honnorables.
Napples fut donnée à Virgile,
Qui plus est delictable ville, 19615
Que n'est Amyens ne Lavardins.
En Calabre il eust beaulx jardins
Et riches, qui donnez luy furent
Des anciens qui le congneurent.

Mais pourquoy plus en nommeroye,   19620
Par pluſieurs le vous prouveroye,
Qui furent nez de bas lignages,
Et plus eurent nobles courages
Que maints filz de Roys ou de Contes;
Dont ja cy ne vous feray comptes,   19625
Et pour gentilz furent tenuz.
Or eſt le temps à ce venuz,
Que les bons qui toute leur vie
Travaillent en philoſophie,
Et s'en vont en eſtrange terre,   19630
Pour ſens & pour honneur conquerre,
Et ſeuffrent les grans povretez,
Com mendians & endebtez,
Et vont je croy deſchaux & nudz
Ne ſont aymez, ne chier tenuz.   19635
Princes ne les priſent deux pommes,
Et ſi ſont-ilz plus gentilz-hommes,
Se Dieu me gard d'avoir les fievres,
Que ceulx qui vont chaſſer aux lievres;
Et que ceulx qui ſont couſtumiers   19640
De prendre oyſeaulx aux eſpreviers.

   Et cil qui d'autruy gentilleſſe,
Sans ſa valeur & ſa proueſſe,
Veult emporter loz & renom,
Eſt-il gentil ? Je dis que non.   19645
Mais doit eſtre villain clamé,
Et vil tenu & moins amé,
Que s'il eſtoit filz d'ung truant:
Je n'en iray nul excuſant,
Et fuſt ores filz d'Alexandre,   19650

DE LA ROSE.

Qui tant ofa d'armes emprendre,
Et tant continua de guerres,
Qu'il fut Sire de toutes terres ;
Et puis que ceulx luy obéirent,
Qui contre luy fe combatirent, 19655
Et que ceulx fe furent renduz,
Qui ne s'eftoient deffenduz,
Dift-il, tant fut d'orgueil deftroys,
Que ce monde eftoit fi eftroys
Qu'il s'y povoit envys tourner, 19660
Ne plus n'y vouloit fejourner;
Mais penfoit d'autre monde querre,
Pour commencer nouvelle guerre,
Et s'en alloit enfer brifer,
Pour foy faire par tout prifer : 19665
Dont tous de grant paour tremblerent
Les Dieux d'Enfer, car ilz cuyderent,
Quant je leur comptay que ce fuft
Cil qui par le bourdon de fuft
Devoit d'enfer brifer les portes, 19670
Pour les ames de pechié mortes,
Et leur grant orgueil esfacier,
Pour les ames d'enfer chaffier.

Mais pofons ce qui ne peut eftre,
Que je face aucun gentil naiftre, 19675
Et que des autres ne me chaille,
Qu'ilz vont appellant villenaille ;
Quel bien a-il en gentilleffe ?
Certes qui bien fon engin dreffe
A bien la verité comprendre, 19680
On n'y peut autre chofe entendre,

Qui bonne foit en gentilleſſe,
Fors qu'il ſemble que la proueſſe
De leurs parens doivent enſuyvre,
Soubs telz faits doivent toujours vivre ; 19685
Qui Gentilshoms veult reſſembler,
S'il ne veult gentilleſſe embler,
Et ſans deſſerte loz avoir.
Car je fais à tous aſſavoir,
Que gentilleſſe aux gents donne, 19690
Nulle aultre choſe qui ſoit bonne,
Fors que ſes faitz tant ſeulement.
Et ſachiez bien certainement,
Que nul ne doit avoir louange
Par vertu de perſonne eſtrange. 19695
Auſſi n'eſt pas droit que l'en blaſme
Nulle perſonne d'autruy blaſme.
Cil ſoit loué qui le deſſert,
Mais cil qui de nul bien ne ſert,
En qui l'on trouve maulvaiſtiés, 19700
Villenyes & engrietiés,
Et vanteries & boubans,
Ou s'il eſt double ou bien lobans,
D'orgueil farcy & de rampoſnes,
Sans charité & ſans aumoſnes, 19705
Et négligent & pareſſeux ;
Car l'en en treuve pou de ceulx,
Tant ſoient-ils de telz parens,
Où toutes vertus ſont parens.
Il n'eſt pas droit, bien dire l'os, 19710
Qu'il ait de ſes parens le loz ;
Mais doit eſtre plus vil tenu,

Que s'il fust de chetif venu.
Et saiche tout homme enteadable,
Qu'il n'est mye chose semblable 19715
D'acquerre sens & gentillesse
Et renommée par prouesse,
Et d'acquerre grans tenemens,
Grans deniers, grans aornemens,
Pour en faire à sa voulenté. 19720
Car cil qui est entalenté
De travailler pour moult acquerre
Deniers, aornemens ou terre,
Bien ayt hanaps d'or amassez,
Cent mille marcs ou plus assez, 19715
Tout peut laisser à leurs amis.
Mais ceulx qui leur travail ont mis
Es autres choses dessusdictes,
Tant qu'ilz les ont par leurs merites
Amours ne les peuvent plaisser, 19730
Qu'ilz leur en puissent riens laisser,
Pevent-ils laisser science ? Non ;
Ne gentillesse, ne renom ;
Mais ilz leur en pevent aprendre,
S'ilz y veulent exemple prendre. 19735
Autre chose n'en pevent faire,
Ne ceulx n'en pevent plus riens traire ;
Si n'en font-ilz mie grant force,
Ne n'en donroient une escorce :
Mais ne pensent fors que d'avoir 19740
Les possession & l'avoir :
Et dient qu'ilz sont gentil-homme,
Pource que l'en les y renomme,

Et que leurs bons parens le furent,
Qui furent telz comme estre deurent.   19745
Et qu'ils ont & chiens & oiseaulx,
Pour sembler gentilz Damoiseaulx,
Et qu'ils vont chantant par rivieres,
Par champs, par boys & par bruyeres,
Et qui se vont oiseux esbatre.   19750
Mais ils sont maulvais vilenastre,
Et d'autruy noblesse se vantent,
Ilz ne dient pas vray, mais mentent;
Car le nom de gentillesse emblent,
Quant leurs bons parens ne ressemblent,   19755
Et en leurs faitz semblables naistre
Ceulx veulent doncques gentilz estre
D'autre noblesse, que de celle
Que je leur doint, qui moult est belle,
Qui a nom naturel Franchise,   19760
Qu'ay sur tous également mise,
Avec raison, que Dieu leur donne;
Qui leur fait la voulenté bonne
Semblables à Dieu & aux Anges,
Se mort ne les en fist estranges.   19765
Mais mort par sa grant desirance,
Des hommes fait la desservance
Et querent neufves gentillesses,
S'ilz ont en eulx tant de prouesses,
Car se par eulx ne les acquerent   19770
Jamais gentilz par autruy nyerent,
Je n'en metz hors ne Duc, ne Conte.
D'autre part est-ce plus grant honte
A filz de Roy s'il estoit nices,

DE LA ROSE.

Et plain d'oultrages & de vices, 19775
Que s'il estoit filz d'ung chartier,
D'ung porchier, ou d'ung savetier.
Certes seroit plus honnourable
A Gauvain le bien combatable,
Qu'il fust d'ung couart engendré 19780
De feu de charbon encendré,
Qu'il ne seroit d'estre couart,
Et son pere fut renouart.

Mais sans faille, ce n'est pas fable,
La mort d'ung Prince est plus notable, 19785
Que n'est la mort d'ung Païsant,
Quant on le treuve mort gisant;
Et plus loing en vont les paroles,
Et pour ce cuident les gens foles,
Quant ilz ont veuës les Comettes, 19790
Qu'ilz soyent pour les Princes faittes.
Mais se jamais n'yert Roy, ne Prince
Par Royaulme, ne par Province;
Et fussent tous perilz en terre,
Fussent en paix, fussent en guerre 10795
Si feroyent les cours celestre
En leur tems les Comettes naistre,
Quant ès regardz se recourroyent,
Ou œuvres telz faire devroyent;
Mais qu'il y eust en l'air matire, 19800
Qui leur peust bien à ce suffire.
Dragons volans & estincelles
Font-ilz par l'air sembler chandelles,
Qui des Cieulx en cheant descendent,
Comme les simples gens entendent. 19805

Mais Rayson ne peut pas bien veoir,
Que riens se puisse des Cieulx cheoir,
Quant en eulx n'a riens corrompables,
Tant sont netz, fins, fors & estables;
N'ilz ne reçoyvent pas empraintes,　　19810
Par qui soyent dehors empraintes;
Ne riens ne les pourroit casser,
N'ilz ne layroient riens passer;
Tant soit subtille, ne passable,
S'il n'est je croy espiritable :　　19815
Leurs rays sans faille bien y passent,
Mais ne s'empirent, ne ne cassent.
Les chaulx Estés, les froys Yvers
Font-ilz par leurs regars divers,
Et font les noifs, & font les gresles　　19820
Une heure espaisses, l'autre gresles,
Et muoult d'autres impressions,
Selon leurs composicions,
Et selon ce qu'ilz s'entréeslonguent,
Ou s'approuchent, ou se conjoygnent,　　19825
Dont plusieurs souvent si s'esmaient,
Quant ès Cieulx les Eclipses voient,
Et cuident estre mal baillys
Des regars, qui leur sont faillys
Des Planettes, qu'ilz avoient veuës,　　19830
Dont si-tost deperdent les veuës.
Mais se les causes bien en sçeussent
Jà de riens plus ne s'en esmeussent,
Ne pour les behourdiz des vens,
Les undes de mer eslevans,　　19835
Et les flos aux nuës baisier,

DE LA ROSE.

Puis refont la mer apaifier,
Tant qu'elle n'ofe plus grondir,
Ne fes floz faire rebondir,
Fors celluy qui par efcouvoir   19840
Luy fait adez l'eauë mouvoir,
Et la fait aller & venir ;
N'eſt riens qui l'en peut rétenir.

 Et qui vouldroit plus bas enquerre
Des merveilles qui font en terre,   19845
Du Cours du Ciel & des eſtelles,
Tant y en trouveroit de belles,
Que jamais n'auroit tout deſcript,
Qui tout voudroit meſtre en eſcript.
Ainſi le Ciel vers moy s'aquite,   19850
Qui par ſa bonté tant prouffite,
Que bien me puis apparcevoir,
Que tous font très-bien leur devoir,
Ne ne me plains des elemens,
Bien gardent mes commandemens,   19855
Bien font entre eulx leurs miĉtions,
Selon leurs révolucions ;
Car quan que la Lune a foubz foy
Eſt corruptible bien le ſçay,
Riens ne fe peut ſi bien nourrir,   19860
Que tout ne convient-il pourrir.
Tous ont de leur complexion
Par naturelle intencion,
Reigle qui ne fault, ne ne ment,
Tout s'en va diffinement :   19865
Si generalle eſt ceſte reigle,
Qu'en eulx ne deffault, ne defreigle.

Si ne me plains mye des plantes,
Qui d'obeir ne font pas lentes;
Bien font à mes loix ententives, 19870
Et font bien tant qu'elles font vives
Leurs racines & leurs fueillettes,
Troncz, raims & fruitz, auſſi fleurettes;
Chaſcune chaſcun en aporte,
Tant comme peut tant qu'elle eſt morte, 9875
Comme herbes, arbres & buiſſons.
Les oyſeaulx, auſſi les poiſſons,
Qui moult font beaulx à regarder,
Bien ſçavent mes reigles garder.
Et font ſi très-bons eſcoliers, 19880
Qu'ilz traient tous à mes coliers;
Tous faonnent à leurs uſages,
Et font honneur à leurs lignages,
Ne ne les laiſſent pas décheoir,
Dont c'eſt moult grant ſoulas à veoir. 19885
Ne ne me plains des autres beſtes,
A qui fais incliner les teſtes,
Et regarder toutes vers terre.
Ceulx ne me meurent oncques guerre,
Toutes à ma cordelle tirent, 19890
Et font comme leur pere firent.
Le maſle va à la femelle,
S'il a couple advenant & belle;
Tous engendrent & vont enſemble
Toutes les foys que bon leur ſemble; 19895
Ne jà nul marchié ne feront,
Mais enſemble s'acorderont.
Ains plaiſt à l'ung pour l'autre faire

DE LA ROSE.

Par courtoysie debonnaire;
Et tous bien appayez se tiennent 19900
Des biens qui de par moy leur viennent.
Si font mes belles verminetes,
Formis, papillons & mouchetes,
Vers, qui de pourriture naissent,
De mes commans garder ne cessent, 19905
Et mes serpens & mes couleuvres,
Tous estudient à mes œuvres.
 Mais seul homme à qui fait avoye
Trestous les biens, que je pouvoye;
Seul homs que je fais & devis, 19910
Hault vers le Ciel porter le vis;
Seul homs que je forme & fais naistre
A la propre forme son maistre;
Seul homs pour qui paine & labour,
Trestoute nuyt & toute jour. 19915
N'il n'a pas se je ne luy donne
Quant à la corporel personne,
Ne de par corps, ne de par membre,
Qui vaille une pommete d'ambre
Ne quant à l'ame vrayement, 19910
Fors une chose seulement,
Il tient de moy, qui suis sa Dame
Troys forces, que de corps, que d'ame;
Car bien puis dire sans mentir,
Je fais estre, vivre & sentir. 19925
Moult a le chetif davantaige,
Si voulsist estre preux & saige,
De toutes vertus surabonde,
Que Dieu a mises en ce monde.

Compains est à toutes les choses, 19930
Qui sont dedans le monde encloses,
Et de leur bonté parsonnierres;
Il a son estre avec les pierres,
Et vit avec les herbes druës,
Et sent avec les bestes muës; 19935
Encor peut-il trop plus en tant
Qu'avec les Anges il entant :
Que vous puis-je plus recenser,
Il a tant qu'il convient penser ?
C'est ung petit monde nouveaux; 19940
Cil me fait pis que nulz louveaux,
Sans faille de l'entendement
Congnois-je bien que vrayement
Celluy ne luy donnay-je mye,
Là ne s'estend pas ma baillye. 19945
Ne suis si sage, ne puissant,
De faire riens si congnoissant.
Onques ne fiz riens pardurable,
Tout ce que fais est corrompable,
Platon moult bien si le tesmoigne, 19950
Quant il parle de ma besoigne,
Et des Dieux qui de mort n'ont garde;
Leur Createur, ce dit, les garde,
Et soustient pardurablement
Par son vouloir tant seulement; 19955
Et se son vouloir n'y tenist,
Trestous mourir leur convenist.
Mon fait, ce dist, est tout soluble;
Tant ay povoir povre & obnuble,
Au regard de la grant puissance 19960

DE LA ROSE.

De Dieu, qui voit en sa presence
La triple temporalité
Soubz ung moment de Trinité.
C'est le Roy & c'est l'Emperere,
Qui dit aux Dieux qu'il est leur pere. 19965
Ce sçavent ceulx qui Platon lisent,
Car telles paroles y gisent,
Au moins en est-ce la sentence,
Selon le langaige de France,
Dieu des Dieux qui est mon faiseur, 19970
Vostre pere, aussi créateur ;
Et vous estes mes créatures,
Et mes œuvres & mes faictures ;
Par nature estes corrompables,
Par ma voulenté pardurables. 19975
Car ja riens n'est fait par Nature,
Combien qu'elle y mecte grant cure;
Qu'el ne faille en quelque saison ;
Mais tant que par bonne raison
Veult Dieu conjoindre & attremper 19980
Fors & foibles, sages sans per.
Ja ne vouldra, ne n'a voulu
Que riens il y ait dissolu :
Ja n'y viendra corruption,
Dont je fais tel conclusion ; 19985
Puisque vous commensastes estre
Par la voulenté nostre maistre,
Dont vous êtes tous engendré,
Par quoy je vous tiens & tendré :
N'estes pas de mortalitez, 19990
Ne de corruption quittez

Du tout, qu'une fois ne vous veiſſe
Mourir, ſi je ne vous teneiſſe.
Par nature mourir pourrez,
Mais par mon vueil ja ne mourrez :   19995
Car mon pouvoir a ſeigneurie
Sur les liens de voſtre vie,
Qui les compoſitions tiennent,
Dont pardurabletez vous viennent.
C'eſt la ſentence de la lectre,   20000
Que Platon voult en livre mectre,
Qui mieulx de Dieu parler oſa,
Plus le priſa, plus l'aloſa,
Qu'oncques ne fiſt nulz terriens
Des Philoſophes anciens.   20005
Si n'en peuſt-il pas aſſez dire,
Car il ne peut pas bien ſuffire
A bien parfaictement entendre
Ce qu'oncq homme ne peut comprendre;
Fors le ventre d'une pucelle :   20010
Mais il eſt vray que celle ancelle,
Son très-ſainct ventre en eſtendit
Plus que Platon n'y entendit :
Car elle ſçeut dès qu'el portoit,
Dont au porter ſe déportoit,   20015
Qui eſt le pere merveillable,
Qui ne peut eſtre corrompable,
Qui par tous lieux ſon ſens tranſlance,
Ne nul n'a vers luy conferance,
Qui eſt le merveilleux triangles,   20020
Dont l'unité fait les troys angles,
Ne les troys tout entierement

DE LA ROSE.

Ne font que l'ung tant seulement.
C'est le cercle triangulier,
Et le triangle cerculier,
Qui en la Vierge s'hostella :
Ne sçeut pas Platon jusques-là,
Ne vid pas la trine unité
En ceste simple Trinité,
Ne la Deité souveraine
Affublée de pel humaine.

 Le Dieu qui Créateur se nomme,
Qui fist l'entendement de l'homme,
Et en le faisant luy donna,
Et cil si luy guerredonna,
Comme maulvais à dire voir,
Qui cuida puis Dieu decevoir,
Mais luy-mesmes si se deceut,
Dont messieres la mort receut ;
Quant il sans moy print chair humaine,
Pour les chetifs oster de paine :
Sans moy las ! je ne sçay comment,
Fors qu'il peut tout par son comment.
Ains suis trop forment esbahye,
Quant il de la Vierge Marie
Fut pour le chetif encharné,
Et puis pendu tout enchainé.
Car par moy ne peut-ce pas estre,
Que riens puisse de Vierge naistre,
Si fut jadis par maint Prophete
Ceste incarnation retraicte,
Et par les Juifz & par Payens,
Que mieulx noz cueurs en appayens

Et plus nous efforçons à croire
Que la Prophetie soit voyre. 20055
Car ès bucoliques Virgille
Lisons ceste voix de Sibille,
Du saint Esperit enseignée,
Jà nous est nouvelle lignée
Du hault Ciel cy jus envoyée, 20060
Pour avoir la gent desvoyée,
Dont les siecles de fer faudront,
Et ceulx d'or au monde sauldront.

 Albumasar aussi tesmoigne,
Comment qu'il sçeust ceste besoigne, 20065
Que dedans le virginal signe
Naistroit une pucelle digne,
Qui sera, dit-il, Vierge & mere,
Et qui alettera son pere,
Et son mary lez luy sera, 20070
Qui jà point ne la touchera.
Ceste Sentence peut sçavoir,
Qui veult Albumasar avoir:
Elle est au livre toute preste,
Dont chascun an font une feste 20075
Toutes gens Chrestiens en Septembre,
Qui tel nativité remembre.
Mais tout ce que j'ay dit dessus
Ce sçet nostre Seigneur Jesus,
Ay-je pour homme labouré 20080
Pour le chetif ce labour ay.
Cil est la fin de tout mon œuvre,
Cil seul contre mes regles œuvre,
Ne se tient de riens appayé

DE LA ROSE.

Le desloyal, le renoyé; 20085
N'est riens qui luy puisse souffire,
Nul ne pourroit faire ne dire
Les honneurs que je luy ay faictes
Ne, pourroyent estre retraictes;
Et il me refait tant de honte, 20090
Que ce n'est mesure ne compte,
Beaulx doulx Prestre, beau Chapelain,
Est-il doncques droit que je l'aym
Ne que luy porte reverence,
Quant il est de tel pourveance. 20095
Ainsi m'aist Dieu le Crucifiz,
Moult me repens quant je le fiz,
Mais pour la mort que cil souffrit,
A qui Judas baiser offrit,
Et Longis ferit de sa lance, 20100
Je luy coupperay bien sa chance
Devant Dieu qui le me bailla,
Quant à s'ymage le tailla,
Puisqu'il me fait tant de contraire.
Femme suis qui ne me puis taire, 20105
Ains veuil tantost tout reveler,
Car femme ne peut riens celer;
N'oncques ne fut mieulx ledengié,
Quant de moy s'est tant estrangié;
Ses vices seront recités, 20110
J'en diray toutes verités.

 Orgueilleux est, meurdrier & lierre;
Fel, couvoiteux, aver, tricherre,
Desesperé, glout, mesdisant,
Et hayneux, autruy mesprisant, 20115

Mescreant, envieux, menteur,
Parjure, très-maulvais vanteur,
Inconstant, fol & variable,
Idolatre desaggreable,
Traistre, desloyal, ypocrite, 20120
Et paresseux, & sodomite.
Briefment trop est chetif & nices,
Qu'il est serf à trestous les vices,
Et tous dedans soy les heberge.
Voyez de quel fer il s'enferge, 20125
Va-il bien pourchassant sa mort,
Quant à tel maulvaistié s'amort?
Et puisque toutes choses doyvent
Retourner là dont ilz reçoyvent
Le commencement de leur estre, 20130
Quant homs viendra devant son maistre,
Que tousjours, & tant comme il peut,
Servir, craindre, & honnorer deust
Et soy de maulvaistié garder;
Comment l'osera regarder? 20135
Et celluy qui Juge sera,
De quel œil le regardera,
Quant vers luy s'est si mal porté
Qu'en tous deffaulx s'est comporté,
Et qu'il a eu le cueur si lent, 20140
Qu'il n'a de bien faire talent?
Ains font du pis grant & mineur,
Qu'ilz peuvent, saulve leur honneur,
Et l'ont ainsi juré ce semble
Par ung accord trestous ensemble: 20145
Si n'y est-elle pas souvent

DE LA ROSE.

A chafcun faulve par Convent;
Ains en reçoyvent mainte paine,
Ou mort, ou grant honte mondaine;
Mais le las que peut-il penfer, 20150
S'il veult fes pechiés récenfer,
Quant il viendra devant le Juge,
Qui toutes chofes poife & juge,
Et tout à droit fans faire tort,
Que riens ne guenchit ne eftort? 20155
Quel guerdon peut-il en attendre,
Fors la hart à le mener pendre
Au douloureux Gybet d'Enfer,
Où fera prins & mis en fer,
Rivez en anneaulx pardurables 20160
Avec tous les Princes des Diables?
Ou fera boully en chauldiere,
Ou rofty devant & derriere,
Ou fur charbons ou fur grefilles,
Et tournoyé à grans chevilles 20165
Comme Yxion à trenchans roës,
Que mauffez tournent à leurs poës;
Ou mourra de foif ès palus,
Ou de fain avec Tantalus,
Qui tousjours en l'eauë fe baigne, 20170
Et combien que foif le deftraigne,
Jà n'approuchera de fa bouche
L'eauë, qui au menton luy touche,
Quant plus la fuyt & plus s'abeffe,
Et puis fain fi fort le compreffe, 20175
Qu'il n'en peut eftre affafié;
Ains meurt de fain tout efragié.

Tome II. O

Et si ne peut la pomme prendre,
Qu'il voit tousjours à son nez pendre;
Car de tant plus la veult mangier,　　　20180
Plus de luy se veult eslongier;
Ou roullera la meulle à terre
De la roche & puis l'yra querre;
Et de rechief la roullera,
Ne jamais jour ne cessera,　　　20185
Comme fist le las Ticius,
Qui pour ce faire fut mis sus
Ung tonnel sans fons & l'yra
Emplir, ne jà ne l'emplira,
Comme font les belles Dyanes　　　20190
Par leurs folies anciennes.
Si sçavez-vous, beau Genius,
Comme le cherif Ticius
S'efforce le vautour mangier,
Ne riens ne l'en peut estrangier.　　　20195
Moult y a d'autres grandes paines,
Et felonneuses & villaines,
Ou sera mys je croy ly homs,
Pour souffrir tribulacions
A grant douleur & à grant rage,　　　20200
Vengée sera de l'oultrage.
Certes le Juge devant dit,
Qui tout juge en fait & en dit,
S'il fust tant seulement piteux,
Bon fust, je croy, & deliteux　　　20205
Le prest qu'aura fait l'usurier;
Mais il est tousjours droicturier,
Par quoy fut moult à redoubter

Mal se fait en peché bouter.

 Sans faille de tous les pechez,
Dont le chetif & est entachez,
A Dieu les laisse & s'en chevisse,
Quant luy plaira si l'en punisse;
Mais de ceulx dont Amours se plaint;
Car j'en ay bien ouy le plaint
Je mesmes tant, comme je puis,
Me plains & m'en doy plaindre: puis
Que de ce me renient le treu,
Que trestous les hommes m'ont deu;
Et tousjours doyvent & devront,
Tant que mes houstilz recevront.

C'est cy comme Dame Nature
Envoye à Amours par grant cure,
Genius pour le saluer,
Et pour maints courages muer.

G Enius le bien emparlez,
 En l'ost du Dieu d'Amours allez,
Qui moult de moy servir se peine,
Et tant m'ayme, j'en suis certaine,
Que par son franc cueur debonnaire
Plus se veult vers mes œuvres traire,
Que ne fait le fer vers aymant;
Dictes-luy que salu luy mand,
Et à Dame Venus m'amye,
Puis à toute la Baronnye,
Fors seulement à Faulx-semblant,
Affin que mieulx s'aille assemblant

Avec les felons orgueilleux,
Les ypocrites perilleux,
Defquelz l'efcripture refpetes   10140
Que ce font les maulvais Prophetes :
Et puis eft moult foufpeçonneufe
Abftinence d'eftre orgueilleufe,
Et d'eftre à Faulx-femblant femblable,
Combien que femble charitable.   10145
Se Faulx-femblant eft plus trouvez
Avec ces faulx traiftres prouvez,
Jà ne foit mys en ma falvance,
Ne luy, ne s'amye Abftinence :
Trop font telz gens à redoubter,   10150
Bien les devroit Amours bouter
Hors de fon oft, fi bien luy pleuft,
Et que certainement ne fçeuft
Que bien luy fuffent neceffaire,
Et qu'il ne peuft fans eulx riens faire ; 10155
Mais s'ilz font Advocatz pour eulx
En la caufe aux fins amoureux,
Dont leur mal leur foit allegé,
De faluer vous doint congé.
Amys, allez au Dieu d'amours   10160
Porter mes plains & mes clamours,
Non pas pource que droit m'en face,
Mais qu'il fe conforte & folace,
Quant il orra cefte nouvelle,
Qui moult luy devra eftre belle,   10165
Et à noz ennemys grevaine,
Et trefpaffer ne luy foit paine
Le foucy que mener luy voy,

Dictes-luy qu'à luy vous envoy
Pour tous ceulx excommunier, 20270
Qui nous veulent contrarier,
Et pour absoudre les vaillans,
Qui de bon cueur sont travaillans
Aux reigles droictement ensuyvre,
Qui sont escriptes en mon livre, 20275
Et forment à ce s'estudient,
Que leur lignage multiplient,
Et qu'ilz pensent de bien amer,
Car tels les dois amys clamer,
Pour leurs ames mettre en délices; 20280
Mais qu'ilz se gardent bien des vices
Que j'ay cy-devant racomptez,
Et qu'ils fassent toutes bontez.
Pardon qui soit bien suffisans
Leur donnez non pas de dix ans; 20285
Ne le priseroient ung denier,
Mais à tousjours pardon planier
De trestout ce que fait auront,
Quant bien confesser se feront.
Et quant en l'ost serez venuz, 20290
Où vous serez moult chier tenuz,
Puisque salüez-les m'aurez,
Comme salüer les sçaurez,
Publiez-leur en Audience
Ce pardon & cette Sentence, 20295
Que je vueil que cy soit escripte.
Lors escript cil & celle dicte,
Puis la seelle & si la luy baille,
Et luy prie que tost s'en aille;

O 3

Mais qu'elle soit avant absoulte 20300
De ce que son penser luy oste.
  Si-tost qu'elle eust esté confesse
Dame Nature la Déesse,
Comme la Loy le veult & l'us,
Le vaillant Prestre Genius 20305
Tantost l'absoult & si luy donne
Penitence advenant & bonne,
Selon la grandeur du meffait,
Qu'il pourpensoit qu'elle eust forfait :
Luy enjoingt qu'elle demourast 20310
Dedans sa forge & labourast,
Si comme labourer souloit,
Quant de neant ne se douloit,
Et que son service adès fist,
Tant qu'ung autre conseil y mist 20315
Le Roy, qui tout peut adressier,
Et tout faire & tout despecier.
Si luy dist adonc Genius
Tout ce que j'ay dit cy-dessus ;
Pensez de faire & retenir 20320
Tant qu'à vous puisse revenir.

Nature.

Sire, dist-elle, voulentiers.

Genius.

Et je m'en vois endementiers
En l'ost d'amours plus que le cours ;
Pour faire aux fins Amans secours, 20325
Mais que desaffublé me soye

DE LA ROSE.

De ceste chasuble de soye,
De cest aube & de ce rochet.

L'Acteur.

Lors va tout pendre à ung crochet,
Et vest sa robe seculiere,   10330
Qui estoit honneste & legiere,
Comme s'il allast caroler;
Et prent ses esles pour voler.

Comment Damoiselle Nature
Se mist pour forgier à grant cure   10335
En sa forge presentement,
Car c'estoit son entendement.

Lors remaint Nature en sa forge,
Prent ses marteaulx & fiert & forge
Trestout ainsi comme devant: 10340
Et Genius plustost que vent,
Ses esles bat, qui plus n'attent,
En l'ost s'en est venu à tant;
Mais Faulx-semblant n'y trouva pas,
Allé s'en fut plus que le pas,   10345
Dès-lors que la Vieille fut prise,
Qui m'ouvrit l'huys de la pourprise;
Et tant m'eut fait avant aller,
Qu'à Bel-acueil m'eut fait parler.
Il n'y voulut pas plus attendre,   10350
Mais s'en fouyt sans congié prendre.
Ains sans faille c'est chose attainte,
Il trouve Abstinence contrainte,

Qui de tout son pouvoir s'apreste
De courre après à moult grant haste,   20355
Quant el voit le Prestre venir,
Qu'envis la peut l'en retenir.
Car au Prestre jà ne se mist,
Pource que autre nul ne la veist,
Qui luy donnast d'or ung besant,   20360
Se Faul-semblant n'estoit present.

 Genius sans plus de demeure
Parle, & en icelle mesme heure,
Si comme il deust, tous les saluë;
Et l'achoison de sa venuë,   20365
Sans oublier nul mot leur compte.
Je ne vous quier jà faire compte
De la grant joye que tous firent,
Quant ses nouvelles entendirent;
Mais vueil ma parole abbregier   20370
Pour voz oreilles alegier :
Car mainteffois celluy qui presche,
Quant briefvement ne se despesche;
En fait les auditeurs aller,
Par trop prolixement parler.   20375

L'Acteur.

 Tantost le Dieu d'Amours affuble
A Genius une chasuble;
Annel luy baille, & crosse & mittre,
Plus clere que cristal, ne vitre,
Ne quierent autre parement;   20380
Tant ont grant entalentement
D'ouir cette Sentence lyre,

DE LA ROSE. 321

Venus, qui ne cessoit de rire,
Si ne se pouvoit tenir coye,
Tant par estoit jolye & gaye   20385
Pour plus enforcir l'anathiesme,
Quant il aura finé son thiesme,
Luy met au poing ung ardant cierge,
Qui ne fut pas de cire Vierge.
Genius sans plus terme mettre,   20390
S'est lors pour mieulx lire en sa lettre
Selon les faitz devant comptez,
Sur ung grant eschaffault montez,
Et les Barons seirent par terre,
Ny vouldrent autre chose querre ;   20395
Et cil sa chartre leur desploye
De sa main entour soy tournoye,
Et fait signe que tous se taisent,
Et ceulx qui les paroles plaisent,
S'entreguignent & s'entreboutent,   20400
A tant se taisent & escoutent ;
Par telles paroles commence
La diffinitive Sentence.

Comment presche par très-grant cure
Les commandemens de Nature   20405
Le vaillant Prestre Genius,
En l'ost d'Amours, present Venus ;
Et leur fait à chascun entendre
Tout ce que Nature veult tendre.

D E l'auctorité de Nature,   20410
  Qui de tout le monde a la cure,

O 5

Comme Vicaire ou Connestable,
De par l'Empereur pardurable,
Qui siet en la Cour souveraine
De la noble cité mondaine, 20415
Dont il fist Nature ministre,
Qui tous les biens y administre
Par l'influence des estelles :
Car tout est ordonné par elles
Selon les droitz imperiaulx, 20420
Dont Nature est officiaulx,
Qui toutes choses a fait naistre,
Puisque ce monde vint en estre ;
Et leur donna terme ensement
De grandeur & d'acroyssement ; 20425
N'oncques ne fist riens pour neant
Soubz le Ciel, qui va tournoyant
Entour la terre sans demeure,
Si hault dessoubz comme desseure ;
Ne ne cesse ne nuyt, ne jour, 20430
Mais tousjours tourne sans sejour.
Soyent tous excommuniez
Les desloyaux, les reniez,
Et condamnés sans nul respit,
Qui les œuvres ont à despit, 20435
Soit de grant gent, soit de menuë,
Par quoy Nature est soustenuë.
Et cil qui de toute sa force
De garder Nature s'efforce,
Et qui de bien aymer se paine 20440
Sans nulle pensée villaine,
Mais que loyaulment y travaille,

DE LA ROSE.

Florir en Paradis s'en aille.
Mais qu'il se face bien confez,
J'en prens sur moy trestout le faiz   20445
De tel pouvoir que je puis prendre,
Jà pardon n'en porteray mendre.
 Mal leur ait Nature donné
Aux faulx, dont j'ay cy sermonné,
Greffes, marteaulx, tables, enclumes   20450
Selon les loys & les coustumes
Et socz à pointes bien aguës,
A l'usaige de ces charruës
Es jachieres non pas pierreuses,
Mais bien plantines & herbeuses,   20455
Qui d'arer & de cerfouyr
Ont besoing, qui en veult jouyr,
Quant ilz ne veullent labourer,
Pour luy servir & honnourer;
Mais veullent Nature destruire,   20460
Quant ses enclumes veulent fuyre,
Et ses tables & ses jachieres,
Qu'el fist précieuses & chieres,
Pour ses choses continuer,
Que mort ne les puisse tuer.   20465
Bien deussent avoir très-grant honte
Ces desloyaulx, dont je vous compte,
Quant ilz ne daignent la main mectre
Es tables pour escrire lectre,
Ne pour faire emprainte qui pere.   20470
Moult sont d'intention amere
Qu'ilz deviendront toutes moussuës
Se sont en oyseuse tenuës

Quant sans coupz de martel ferir
Laissent les enclumes perir ;　　　　　　20475
Or si peut la rouille s'embatre,
Sans ouyr marteler, ne batre
Les jachieres qui ne refiche
Le soc demoureroit en friche ;
Vifz les puisse l'en enfouir,　　　　　　20480
Quant les outilz n'osent fouir,
Que Dieu de ses mains entailla,
Quant à ma Dame les bailla,
Qui pour ce les luy voult bailler,
Quant elles les sçeut bien tailler,　　　　20485
Pour donner estre pardurables
Aux creatures corrompables.
Moult œuvrent mal & bien le semble,
Car se tous les hommes ensemble
Soixante ans fouyr les vouloyent,　　　　20490
Jamais hommes n'engendreroyent.
Et se ce plaist à Dieu sans faille,
Dont veult-il que le monde faille
Ou les terres demeuront nuës
Aux peuples & aux bestes muës,　　　　20495
Se nouveaulx hommes ne faisoit,
Se refaire les luy plaisoit,
Ou que ceulx fist ressusciter,
Pour la terre arriere habiter ;
Et se ceulx Vierges se tenoyent　　　　20500
Soixante ans, de rechief fauldroyent,
Si que si ce luy devoit plaire,
Tousjours les auroit à refaire.
Et s'il est qui dire voulsist

DE LA ROSE.

Que Dieu le vouloir leur toulſiſt, 10505
A l'ung par grace, à l'autre non,
Pour ce qu'il a ſi bon renon,
N'oncques ne ceſſa de bien faire.
Doncques luy devroit-il bien plaire
Que chaſcun autre ainſi le feiſt, 10510
Si que telle grace en luy meiſt :
Si r'auray ma concluſion,
Que tout aille à perdition.
Je ne ſçay pas à ce reſpondre,
Se foy n'y veult creance eſpondre ; 10515
Car Dieu en leur commencement
Les ayma tous communement ;
Et donna rayſonnables ames,
Auſſi aux hommes, comme aux femmes.
Si croyt qu'il vauldroit à chaſcune, 10520
Et non pas ſeulement à une
Que le meilleur chemin teniſt,
Par quoy plus-toſt à luy veniſt.
Si veult-il doncq que Vierges vivent,
Aucuns pour ce que mieulx le ſuyvent, 10525
Des autres pour quoy ne vourra
Quelle rayſon l'en deſtourra ;
Donc ſemble-il qu'il ne luy chauſiſt,
Se generation fauſiſt ;
Qui vouldra reſpondre reſpongne ; 10530
Je ne ſçay plus de la beſongne.
Viennent devin qui le devinent,
Qui de ce deviner ne finent.
 Mais ceulx qui des greffes eſcrivent,
Par qui les mortelz hommes vivent, 10535

Es belles tables précieuses ;
Que Nature, pour estre oyseuses,
Ne leur avoit pas aprestées ;
Ains leur avoit pour ce prestées
Que tous y fussent escrivans,   20540
Comme tous & toutes vivans.
Ceulx que les deux marteaux reçoyvent,
Et ne forgent si comme ilz doyvent
Droyctement sur la droicte enclume ;
Ceulx qui si leurs pechiez enfume   20545
Par leur orgueil qui les desvoye,
Qu'ilz desprisent la droicte voye
Du champ très-bel & plantureux,
Et vont comme folz maleureux
Arer en la terre deserte ;   20550
Où leur semence va à perte :
Ne jà n'y tiendront droicte ruë,
Ains vont bestournant la charruë,
Et conferment leurs reigles males
Par exceptions enormales,   20555
Quant Orpheus veulent ensuyvre,
Qui ne sçeut arer, ne escrire,
Ne forger en la droicte forge.
Pendu soit-il parmy la gorge
Quant telles reigles controuva,   20560
Vers Nature mal s'esprouva.
Ceulx qui telles œuvres desprisent,
Quant à rebours leurs lectres lisent,
Et qui pour le droict sens entendre,
Par le bon chief ne veulent prendre,   20565
Ains pervertissent l'escripture,

Quant ilz viennent à la lecture;
Où tous lisent communement,
Qui tous les met en damnement,
Puisque là se veullent aherdre, 20570
Ains qu'ilz meurent puissent-ilz perdre
Et l'aumosniere & les estalles,
Dont ilz ont signes d'estre males.
Perte leur vienne des pendans,
A quoy l'aumosniere est pendans, 20575
Les marteaulx dedans attachiés
Puissent-ilz avoir arrachiés:
Les greffes leur soient tollu,
Quant escrire n'en ont voullu
Dedans les précieuses tables, 20580
Qui leur estoyent convenables
Et des charruës & des socs,
S'ils n'en arent à droit, les os
Puissent-ilz avoir despecez,
Sans jamais estre redressez 20585
Tous ceulx qui telz vouldront ensuivre;
A grant honte puissent-ilz vivre,
Et leur pechié ort & terrible
Leur soit douloureux & penible,
Qui par tous lieux fuster les face, 20590
Si qu'on les voye emmi la place.
Pour Dieu, Seigneurs, vous qui vivez,
Gardez que telz gens n'ensuivez;
Soyez aux œuvres natureux
Plus vistes que nulz escureux, 20595
Et plus legiers & plus mouvans,
Que n'est ung oyselet volans.

Ne perdés pas cestuy pardon,
Trestous vos pechiez vous pardon,
Mais que bien vous y travaillez; 20600
Remués-vous, trippés, saillez,
Ne vous laissez pas refroidir,
Ne trop voz membres enroidir :
Mectés tous voz outilz en œuvre;
Assez s'eschauffe qui bien œuvre. 20605

Ce fort excommuniément
Met Genius sur toute gent,
Qui ne se veullent remuer,
Pour l'espece continuer.

Arez pour Dieu, Barons, Arez, 20610
Et voz lignaiges réparez :
Se ne pensés forment d'arer
N'est riens qui les peust réparer.
Recorcez-vous bien par devant,
Ainsi que pour cueillir le vent ; 20615
Ou s'il vous plaist tous nudz soyez;
Mais trop chault ne trop froit n'ayez.
Tenez à deux mains toutes nuës
Les mancherons de voz charruës;
Forment aux bras les soustenez, 20620
Et du soc bouter vous penez
Roidement en la droicte voye,
Pour mieulx enfondrer en la roye,
Et les chevaulx devant alans,
Pour Dieu ne les laissiez jà lans : 20625
Asprement les esperonnez,

DE LA ROSE.

Et les plus grans coupz leur donnez,
Que vous oncques donner pourrez,
Quant plus parfont arer vouldrez,
Et les beufz aux testes cornuës, 10630
Acouplés au joug des charruës,
Réveillez-les à aguillons
A noz biens faitz vous acueillons
Se bien les picqués & souvent,
Mieulx en arerez par convent. 10635
  Et quant aré aurez assez,
Tant que d'arer serez lassez,
Et la besoigne à ce viendra,
Que reposer vous conviendra;
Car travail sans reposement 10640
Ne peut pas durer longuement,
Ne ne pourrés recommencer
Tantost pour l'œuvre ravancer.
Du vouloir ne soyez pas las.
Cadmus, au dit Dame Palas, 10645
De terre ara plus d'ung arpent,
Et sema les dens d'ung serpent,
Dont Chevaliers armez saillirent,
Qui tant entre eulx se combatirent,
Que tous en la place moururent, 10650
Fors cinq qui ses compaignons furent,
Et luy vouldrent secours donner,
Quant il deut les murs massonner
De Thebes, dont il fut fondierres.
Ceulx assirent o luy les pierres, 10655
Et luy peuplerent sa cité,
Qui est de grant antiquité.

Moult fist Cadmus bonne Sentence,
Qui tout son peuple ainsi avance;
Se vous aussi-bien commencez   20660
Vos lignaiges moult avancez;
Si avez-vous deux advaintaiges,
Moult grans à saulver voz lignaiges,
Se le tiers avoir ne voulez,
Moult avez le sens affollez.   20665
Si n'avez que ung nuysement,
Deffendez-vous legierement.
D'une part estes assaillis,
Troys champions sont mal bailliz,
Et bien ont desservy à batre,   20670
S'ilz ne peuvent le quart abatre;
Trop seurs sont si ne le sçavez,
Dont les deux à secours avez :
La tierce seulement vous griefve,
Qui toutes les vies abriefve.   20675
Saichez que moult vous réconforte
Cloto, qui la quenouille porte,
Et Lachesis qui les filz file :
Mais Atropos si anichile
Ce que ces deux peuvent filer.   20680
Atropos vous bée à guiler,
Ceste qui parfont ne fourra,
Tous voz lignages enfourra;
Et s'en va espiant vous-meismes,
Oncques pires bestes ne veismes.   20685
N'avez nul ennemy greigneur,
Seigneur mercy, mercy Seigneur,
Souvienne-vous de voz bons peres,

DE LA ROSE.

Et de vos anciennes meres,
Selon leurs faitz vous maintenez: 10690
Gardez que vous ne forlignez
En ce qu'ilz ont fait prenez garde,
S'il est qui leur prouesse esgarde.
Ilz se sont si bien deffendus,
Qu'ilz vous ont les estres rendus; 10695
Se ne fust leur Chevalerie,
Vous ne fussiez pas or en vie.
Moult eurent de vous grant pitié
Par amours & par amitié;
Pensez des autres qui viendront, 10700
Qui voz lignages maintiendront;
Ne vous laissiez pas desconfire,
Greffes avez, pensés d'escrire;
Nayez pas les bras emmouflez;
Martelez, forgés & souflez, 10705
Aydez Cloto & Lachesis,
Si que de ses filz coupe six
Atropos, qui tant est villaine,
Qu'il en ressaille une douzaine.
Pensez de vous multiplier, 10710
Si pourrez ainsi conchier
La felonnesse, la revesche
Atropos, qui le tout empesche.
  Ceste lasse, ceste chetive,
Qui contre les vies estrive, 10715
Et des mors a le cueur si hault.
Nourrir Cerberus le ribault,
Qui tant desire leur morie,
Que tout en frit de lecherie,

Et de fain enragé mouruſt, 20710
S'Atropos ne le ſecouruſt.
Car s'elle ne fuſt, il ne peuſt
Jamais trouver qui le repeuſt;
Ceſte de luy paiſtre ne ceſſe,
Et pour ce que ſoif le compreſſe, 20715
Ce maſtin luy pend aux mamelles,
Qu'elle a triples non pas jumelles.
Ses trois groins en ſon ſain luy muſſe
Et tire, & ſi groignoye & ſuſſe.
N'onc ne fut, ne ſera ſevrez, 20720
Si ne quiert-il eſtre abruvez
D'autre laict, & ſi ne demande
Eſtre repeu d'une autre viande,
Fors ſeulement de corps & d'ames;
Et luy geʃte hommes & femmes 20735
A monceaulx en ſa triple gueulle;
Ceſte la le paiſt toute ſeule,
Et touſjours emplir la luy cuide:
Puis touſjours la treuve elle vuide,
Combien que de l'emplir ſe paine 20740
De ſon relief, ſont en grant paine
Les troys ribauldes felonneſſes,
Des felonnies vengereſſes
Alecto & Thiſiphonay;
Car de chaſcune le nom ay. 20745
La tierce aura nom Megera,
Qui tous ſe peut vous mangera:
Ces troys en Enfer nous attendent;
Ceulx fuſtent, batent, lyent & pendent,
Heurtent, hercent, eſcorchent, foulent, 20750

DE LA ROSE.

Nayent, ardent, greillent, & boulent
Devant les troys Prevoſtz Jeans,
En plain confiſtoire ſeans;
Ceulx qui firent les felonnies,
Quant ils eurent ès corps les vies; 10755
Ceulx par leurs tribulations
Recordent les Confeſſions,
De tous les maulx qu'ilz oncques firent,
Dès icelle heure qu'ilz naſquirent.
Devant eulx tout le peuple tremble; 10760
Si ſuis-je trop couart ſe ſemble,
Se ces Prevoſtz cy nommer n'os,
Ce ſont Radamante & Mynos,
Le tiers Cacus qui eſt leur frere.
Jupiter à ces troys fut pere, 10765
Ces troys, comme je les vous nomme,
Furent au ſiecle ſi preud'homme,
Et juſtice ſi bien maintindrent,
Que Juges d'enfer en devindrent.
Tel guerdon ſi leur en rendit 10770
Pluto, qui tant les attendit
Que leurs ames du corps partirent,
Et telz offices deſſervirent.

 Pour Dieu, Seigneurs, que là n'aillez;
Contre les vices bataillez, 10775
Que Nature noſtre maiſtreſſe
Me vint hyer compter à ma Meſſe:
Tous les me diſt, onc puis ne fiz,
Vous en trouverez vingt & ſix
Plus nuyſans que vous ne cuydez; 10780
Et ſe vous eſtes bien vuidez

De l'ordure de tous ces vices,
Vous n'entrerez jamais ès lices,
Des troys Gardes devant nommées,
Qui tant ont males renommées; 10785
Ne ne craindrés leur Jugement
Des Prevoſtz plains de damnement;
Ces vices en vous ne vouldroye,
Car d'oultrage m'entremectroye,
Aſſez briefment les vous expoſe 10790
Le jolis Rommant de la Roſe;
S'il vous plaiſt là les regardez,
Pour ce que d'eulx mieulx vous gardez.

 Penſez de mener bonne vie,
Chaſcun voyſe embraſſer s'amie, 10795
Et ſon amy chaſcune embraſſe,
Et bayſe, & feſtoye, & ſoulaſſe;
Se loyaulment vous entreamez,
Jà n'en devez eſtre blaſmez;
Et quant aſſez aurez joué, 10800
Comme je vous ay cy loué,
Penſez de vous bien confeſſer
Pour bien faire & pour mal laiſſer;
Et reclamez le Roy celeſtre,
Que Nature reclame à maiſtre. 10805
Cil en la fin vous ſecourra,
Quant Atropos vous enfourra:
Cil eſt ſalut de corps & d'ame;
C'eſt le bel miroir de ma Dame,
Jamais Madame riens ne ſçeuſt, 10810
Si ce très-bel miroir el n'euſt.
Cil la gouverne & cil la reigle,

DE LA ROSE. 335

Ma Dame n'a point d'autre reigle,
Ce qu'elle sçait il luy aprint;
Quant à chambriere la print : 20815
Si vueil, Seigneurs, que ce Sermon
Mot à mot, si vous en semon,
Et ma Dame ainsi le vous mande,
Que chascun si bien y entende
Par Bourgz, par Chasteaulx, par Citez, 20820
Et par Villes les recitez,
Et par Yver & par Esté,
A ceulx qui point n'ont cy esté.
Bon fait retenir la parole,
Quant elle vient de bonne escolle ; 20825
Et meilleur la fait racompter ;
Moult en peut l'en à pris monter.
Ma parole est moult vertueuse,
Elle est cent foys plus précieuse
Que Saphirs, Rubis, ne Baloy. 20830
Beaulx Seigneurs, ma Dame en sa loy
A moult grant besoing de Prescheurs,
Pour chastier tous les pecheurs,
Qui de ses reigles se desvoyent,
Que tenir & garder devoyent. 20835
Et se vous ainsi le preschiez,
Jà n'en seriez-vous empeschiez
Selon mon dit & mon accord.
Mais que le fait au dit s'acord
D'entrer au parc du champ joly, 20840
Ou l'aignel les brebis o ly
Conduit, saillant par les herbis
Le Filz de la Vierge brebis,

Avec ſa très-blanche toyſon,
Après & non pas à foyſon : 20845
Mais à compaignie eſcherie
Par l'eſtroicte ſente ſerie,
Qui toute eſt fleurie & herbuë,
Tant eſt pou marchée & batuë,
S'en vont les brebietes blanches, 20850
Beſtes debonnaires & franches,
Qui l'herbete broutent & paiſſent
Et les flourettes qui là naiſſent.
Mais ſachiez qu'ilz ont la paſture
De ſi merveilleuſe nature, 20855
Que les delectables fleurettes,
Qui là naiſſent freſches & nectes,
Que cueillent au Printemps pucelles,
Tant ſont freſches, tant ſont nouvelles.
Comme eſtoilles reflamboyans 20860
Par les vergiers reverdoyans,
Au matinet à la rouſée
Tant ſont toute jour atournée
De leurs propres beaultés nayves ;
Fines couleurs, freſches & vives 20865
N'y ſont point au ſoir envieillies,
Ains y peuvent eſtre cueillies,
Telles le ſoir que le matin,
Qui veult au cueillir meſtre main ;
Mais ne ſont point, ſachiez acertes, 20870
Ne trop cloſes, ne trop ouvertes,
Ains flamboyent par les herbages,
Au meilleur point de leurs ââges :
Car le ſoleil levant luyſant,

Qui

DE LA ROSE.

Qui ne leur est mye nuysant, 20875
Ne ne degaste les rousées,
Dont ilz sont toutes arousées;
Les tient adez en beauté fines,
Tant leur adoulcist leurs racines.
  Si vous dis que les brebiettes 20880
Ne des herbes, ne des fleurettes,
Jamais tant brouter ne pourroient,
Comme plus brouter en vourroient,
Tant ne sçavent brouter, ne paistre,
Que tousjours les voiront renaistre. 20885
Plus vous dy ne tenez à fables,
Qui ne sont mye corrompables,
Combien que les brebis les broutent,
Dont les pastures rien ne coustent,
Car les peaulx ne sont pas venduës 20890
Au derrenier, ne despenduës
Leurs toysons pour faire draps langes,
Ne couvertoirs à gens estranges,
Ja n'en seront d'eulx estrangées,
Ne les chairs en la fin mangées, 20895
Ne corrompuës, ne mal mises,
Ne des maladies surprises;
Mais sans faille quoy que je dye
Du bon Pasteur ne dis-je mye,
Qui devant soy paistre les maine, 20900
Qu'il ne soit vestu de leur laine,
S'il ne les despouille, ne plume,
Ne leur toult le pois d'une plume:
Mais il luy plaist & bon luy semble,
Que sa robe la leur ressemble. 20905

Tome II.   P

Plus diray, mais ne vous ennuye
Qu'oncques on n'y veist naistre nuyt;
Si n'ont-ils qu'ung jour seulement,
Mais il n'a point d'avesprement,
Ne matin n'y peut commencer,   20910
Tant se saiche l'aube avancer;
Car le soir au matin s'assemble,
Et le matin au soir ressemble :
Autant vous dy de chascune heure,
Tousjours en ung estat demeure   20915
Ce jour qui ne peut ennuyter,
Tant saiche à luy la nuyt luyter,
N'il n'a pas temporel mesure
Ce jour tant bel, qui tousjours dure,
Et de clarté presente rid :   20920
Il n'a present ne preterit;
Car qui bien la verité sent,
Tous les troys temps y sont present,
Lequel present le jour compasse;
Mais ce n'est pas present qui passe, 20925
En partie pour desfernir,
Ne dont soit partie à venir,
N'onc preterit present n'y fu :
Et aussi vous dy que le fu-
Tur n'y aura jamais presence,   20930
Tant est destable permanence.
Car le soleil resplendissant,
Qui tousjours leur est paroyssant,
Fait le jour en ung point estable;
Ceulx sont en printemps perdurable, 20935
Si bel ne veyd, ne si pur nulz,

Mesmes quant vivoit Saturnus,
Qui tenoit les dorées ââges,
Qui Jupiter fist tant d'oultrages
Son filz & tant le tormenta,   20940
Que les couillons luy supplanta.

  Mais certes qui le vray en compte
Moult fait à prudhomme grant honte
Et grant dommaige qui l'escouille;
Car qui des couillons le despouille,   20945
Jà soit ce que je cele & taise
Sa grant honte & sa grant mesaise;
Au moins de ce ne doubte mye,
Luy toult-il l'amour de s'amye.
Jà n'est si bien à luy lyé,   20950
Ou s'il je croy est maryé,
Puisque si mal vont ses affaires
Pert-il, jà tant n'est debonnaires,
L'amour de sa loyal moullier.
Grant pechié est d'homme escouillier,   20955
Car mesmement cil qui l'escouille
Ne luy toult pas sans plus la couille,
Ne s'amye que tant a chiere,
Dont jamais n'aura belle chiere:
Ne sa moullier, qui est du mains,   20960
Mais hardement & sens humains,
Qui doyvent estre en vaillans hommes,
Car escouillés certains en sommes
Sont pervers, couars & chenins,
Pour ce qu'ilz ont mœurs femenins.   20965
Homme escouillé certainement
N'a point en luy de hardement,

Se ce n'est je croy d'aucun vice,
Pour faire aucune grant malice :
Car à faire grandes diablies   10670
Sont toutes femmes trop hardies.
Escouillés en ce les ressemblent,
Pour ce que leurs mœurs s'entressemblent,
Et par dessus tout l'escouillié
D'autres vices tout despouillié,   10675
Aussi de tout mortel pechié,
Aumoins a-il de tant pechié,
Qu'il a fait grant tort à Nature
De luy tollir son engendreure.
Nul excuser ne l'en sçauroit,   10680
Jà si bien penser n'y pouroit,
Aumoins moy, car se j'y pensoye,
Et la verité récensoye,
Ains pourroye ma langue user
Que l'escouilleur en excuser,   10685
De tel pechié, de tel forfait,
Tant a vers Nature meffait.
Mais quelque pechié que ce soit,
Jupiter compte n'en faisoit,
Fors que sans plus à ce venist,   10690
Que le regne en sa main tenist ;
Et quant il fut Roy devenu
Et Sire du monde tenu,
Il bailla ses commandemens,
Ses loix, ses establissemens ;   10695
Et fist tantost tout à délivre,
Pour les gens enseigner à vivre :
Son ban crier en Audience,

Dont je vous diray la Sentence.

Comment Jupiter fist preschier 21000
Que chascun ce qu'avoit plus chier,
Prenist, & en fist à son gré
Du tout & à sa voulenté.

JUpiter qui le monde reigle,
Commande & establit pour reigle, 21005
Que chascun pense d'estre à ayse;
Et s'il sçet chose qui luy plaise,
Qu'il le face s'il le peut faire,
Pour soulas à son cueur actraire.
Onc autrement ne sermonna, 21010
Communement abandonna
Que chascun à son endroit feist
Tout ce que delectable veist.
Car delict, si comme il pensoit,
Est la meilleur chose qui soit, 21015
Et le souverain bien en vie,
Dont chascun doit avoir envie,
Et pour ce que tous l'ensuivissent,
Et qu'ilz à ses œuvres prenissent
Exemple de vivre, faisoit 21020
A son corps ce qu'il luy plaisoit.
Damp Jupiter le renvoysié,
Par qui delict fut tant prisié,
Et comme dit en Georgiques
Celluy qui escript Bucoliques, 21025
Car ès livres gregoys trouva,
Comment Jupiter ce prouva.
Avant que Jupiter venist

P 3

N'est nul qui charuë tenist,
Nul n'avoit oncques champ aré,
Ne cerfouy, ne reparé. 11030
N'onc n'avoit assise bourne
La simple gent paisible & bonne :
Communéement entre eulx cueilloient
Les biens qui de leur gré venoient.
Cil commanda partir la terre ; 11035
Dont nul sa part ne sçavoit querre,
Et la divisa par arpens ;
Cil mist le venin ès serpens,
Cil aprint les loups à ravir,
Tant fist malice en hault gravir, 11040
Celluy les chesnes mieulx trencha,
Les ruisseaulx courans estancha ;
Cil fist par tout le feu estaindre,
Tant soubtiva pour gens destraindre ;
Et le feu querir ès pierres, 11045
Tant fut subtil & baretierres.
Cil fist diverses ars nouvelles,
Cil mist noms & nombre ès estelles,
Cil fist les latz & les rethz tendre,
Pour les saulvages bestes prendre, 11050
Et leur hua les chiens premier,
Dont nul devant fut coustumier.
Cil dompta les oiseaulx de proye
Par malice, qui gens esproye,
Assaulx mist en lieu de batailles 11055
Entre esperviers, perdrix & cailles ;
Et fist tournoyement ès nuës
D'autours, de faulcons & de gruës,

DE LA ROSE.

Et les fist au loyrre venir,
Et pour leur grace maintenir, 21060
Qu'ilz retournassent à sa main,
Les peust-il au soir & au main.
Ainsi fist tant le Damoiseaulx,
Qu'homme fut maistre des oiseaulx,
Et les a en servage mys, 21065
Qu'ils sont aux autres ennemys.
Et comme ravisseurs horribles
Aux autres oysillons paisibles,
Ce mestier si aima à suyvre,
Car sans leur chair ne vouloit vivre; 21070
Ains en vouloit estre mangeur,
Tant fut délicieux lecheur,
Tant eut les volatilles chieres;
Cil mist les furetz ès tanieres,
Et fist les connins assaillir, 21075
Pour eulx faire ès raiseaulx saillir.
Celluy fist, tant eut son corps chier
Eschaulder, rostir, escorchier
Les poissons de mer & de fleuves,
Et fist les saulces toutes neufves, 21080
D'espices de diverses guyses,
Où il a maintes herbes mises.
 Ainsi sont artz avant venuës,
Car toutes choses sont venduës
Par travail, par Povreté dure, 21085
Parquoy les gens sont en grant cure,
Car le mal, les angoisses meuvent,
Par les malices qu'ilz y treuvent:
Ainsi le dit Ovide, qui

P 4

Eut aſſez tant comme il veſqui, 21090
De bien, de mal, d'honneur, de honte,
Comme luy-meſmes le racompte.
Briefment Jupiter n'entendit,
Quant à terre tenir tendit,
Fors muer l'eſtat de l'empire 21095
De bien en mal, de mal en pire.
Moult eut en luy mol juſticier;
Il fiſt Printemps appeticier;
Et miſt l'an en quatre parties,
Comme de preſent ſont parties: 21100
Eſté, Printemps, Automne, Yvers,
Ce ſont les quatre temps divers,
Que tous Printemps tenir ſouloit;
Mais Jupiter plus n'en vouloit,
Qui quant à regner s'efforça, 21105
Les âges d'or ſi deſpeça;
Et fiſt les ââges d'argent,
Qui puis furent d'arain, car gent
Ne finerent puis d'empirer,
Tant le vueillent à mal tirer. 21110
Or ſont d'arain en fer changiés,
Tant ont leurs eſtatz eſtrangiés,
Dont ſont joyeux les Dieux des ſalles
Tousjours tenebreuſes & ſalles,
Qui ſur les hommes ont envye, 21115
Tant comme ilz les voyent en vie.
Ceulx ont en leurs tectz attachées,
Dont jamais ne ſont arrachées
Les noires brebis douloureuſes,
Laſſes, chetives, mourineuſes, 21120

Qui ne vouldrent aller la fente,
Que le bel aignelet prefente.
Parquoy ilz fuffent toutes franches,
Et leurs noires toifons très-blanches,
Quant le grant chemin ample tindrent, 11125
Parquoy la hebergier fe vindrent,
A compaignie fi planiere,
Qu'el tenoit toute la charriere.
  Mais jà befte qui leans aille
N'y portera toyfon qui vaille, 11130
Ne dont on puiffe nul drap faire;
Ce n'eft aucune horrible haire,
Qui plus eft aguë & poignant,
Quant elle eft aux coftes joignant,
Que ne feroit ung peliffon 11135
De peaulx de velu heriffon.
Mais qui vouldroit charpir la laine,
Qui eft molle, fouefve & plaine,
Pourveu qu'il en euft tel foifon,
Pour faire drap de tel toyfon, 11140
Qui feroit prinfe ès blanches beftes,
Bien s'en veftiroient ès feftes
Empereurs & Roys: voire & Anges,
S'ilz fe veftoient de draps langes.
Pourquoy bien le povez fçavoir, 11145
Qui tel robe pourroit avoir,
Moult feroit veftu noblement,
Et pour la caufe mefmement,
Les devroit-on tenir plus chieres;
Car de telz beftes n'eft-il gueres, 11150
Ne le Pafteur qui n'eft pas nices,

Qui les bestes garde & les lices
En ce beau parc, c'est chose voire;
N'y lairroit entrer beste noire
Pour riens que l'on luy sçeust prier, 11155
Tant luy plaist les blanches trier.
Pource vont o luy herbergier,
Car bien congnoissent le bergier,
Et sont très-bien par luy congneuës,
Parquoy de mieulx en sont reçeuës. 11160
  Si vous dy que le plus piteux,
Le plus bel, le plus deliteux
De toutes les bestes vaillans,
C'est le bel aignelet saillans,
Qui les brebis au parc amaine, 11165
Par son travail & par sa paine.
Car bien sçait se nulle en desvoye,
Que le Loup seulement la voye,
Qui nulle autre chose ne trace,
Ne mais qu'elle ysse de la place 11170
A l'aignel qui mener la pense,
Qu'il l'emportera sans deffense,
Et la mangera toute vive;
Ne l'en peut garder riens qui vive.
Seigneurs c'est aignel vous attend, 11175
Mais de luy nous tairons à tant,
Fors que nous prirons Dieu le Pere,
Que par la requeste sa mere,
Luy doint si les brebis conduyre,
Que les Loups ne leur puissent nuyre; 11180
Et que par pechié ne faillés,
Que jouer en ce parc n'aillés,

Qui tant est bel & delectable
D'herbes, de fleurs tant bien flairable,
De violettes & de roses, 11185
Et de trestoutes bonnes choses.
Car qui du beau Jardin quarré,
Clos au petit guychet barré,
Où cil Amant veit la carole,
Ou déduyt & sa gent carole. 11190
En ce beau parc que je devise,
Qui tant est chose très-exquise,
Faire vouldroit comparaison.
Il feroit trop grant mesprison,
S'il ne la fait telle ou semblable, 11195
Comme il feroit de vray à fable :
Car qui dedans ce parc seroit,
Seurement jurer oseroit,
Ou qu'il mist sans plus l'œil leans,
Que le Jardin seroit neans 11200
Au regard de ceste closture,
Qui n'est pas faicte pas quarreure;
Mais est si ronde & si subtille,
Qu'oncques ne fut baril ne bille
De forme si bien arrondye. 11205
Que voulez-vous que je vous dye,
Parlons des choses qu'il veit lors,
Et par dedans & par dehors,
Et par briefz motz nous en passons,
Affin que trop ne nous lassons : 11210
Il veit dix laides imagettes
Hors du Jardin au mur pourtraictes.
 Mais qui dehors ce parc querroit,

Tout figuré y trouveroit,
Enfer avecque tous les Diables, 11215
Moult laidz & moult espouventables,
Et tous deffaulx & tous oultrages,
Qui font en Enfer leurs hostages;
Et Cerberus, qui tout enserre,
Et trouveroit toute la terre, 11220
O les richesses anciennes,
Et toutes choses terriennes;
Et verroit proprement la mer,
Et tous poissons, qui ont amer,
Et trestoutes choses marines, 11225
Eauës doulces, troubles & fines,
Et les choses grans & menuës,
Toutes en eauës contenuës,
Et l'air & tous les oysillons,
Et mouschettes & papillons, 11230
Et tout ce qui par l'air resonne,
Et le feu qui tout environne
Les nuës & les tenemens
De tous les autres élemens :
Si verroit toutes les estelles, 11235
Cleres, resplendissans & belles;
Soient errans, soient fichées
En leurs esperes attachées,
Qui là seroit : toutes ces choses
Verroit en ce bel parc encloses, 11240
Aussi appertement pourtraictes,
Qui proprement apparent faictes.
   Or au Jardin nous en allons,
Et des choses dedans parlons :

Il veit ce dit fur l'herbe frefche   11245
Déduyt, qui demenoit fa trefche,
Et les gens o luy carolans
Sur les florettes bien olans :
Et veit, ce dit, les Damoifeaulx,
Herbes, arbres, beftes, oyfeaulx,   11250
Et ruyffelletz & fontegelles
Bruyre & fremir fur les gravelles,
Et la fontaine foubz le pin :
Et fe vante que puis Pepin
Ne fut tel pin, & la fontaine   11255
Eftoit de trop grant beaulté plaine.

 Pour Dieu, Seigneurs, prenez-y garde ;
Qui bien la verité regarde,
Les chofes dedans contenuës
Sont frivoles & fafeluës.   11260
N'y a chofe qui foit eftable,
Tout ce qu'il veit eft corrompable :
Il veit caroles qui faillirent,
Et fauldront tous ceulx qui les firent ;
Auffi feront toutes les chofes   11265
Qu'il veit par tout leans enclofes ;
Car la nourriffe Cerberus,
A qui ne peut efchapper nulz
Humains, qu'el ne face finer,
Quant de fa force veult ufer,   11270
Et fans ceffer tousjours en ufe
Atropos, qui riens ne refufe,
Par derrier vous les efpyoit,
Fors les Dieux s'aucuns y avoit ;
Car fans faille chofes divines,   11275

Ne font pas à la mort enclines.

Mais or parlons des belles choses,
Qui font en ce beau parc encloses;
Je vous dy generalement,
Que taire m'en vueil erramment, 21280
Ne sçay-je proprement parler;
Car qui vouldroit le droit aller,
Nul homme ne pourroit penser,
Ne nulle bouche récenser
Les grans beaultés, les grans valuës 21285
Des choses dedans contenuës;
Ne les beaulx jeux, ne les grans joyes,
Qui sont pardurables & vrayes,
Que les caroleurs y demainent,
Et dedans la pourprise mainent : 21290
Ce sont les choses delectables
Toutes vrayes & pardurables,
Qu'ont ceulx, qui leans se déduysent,
Et bien est droit, que tous biens puisent
A mesmes une grant fontaine, 21295
Qui moult est précieuse & saine,
Et belle & clere & nette & pure,
Qui toute arrouse la closture;
Duquel ruyssel les bestes boyvent,
Qui là veulent entrer & doyvent, 21300
Quant des meres sont dessurées,
Car puisqu'ilz en sont abuvrées,
Jamais soif avoir ne pourront
Et vivront tant comme ilz voudront
Sans estre malades, ne mortes. 21305
De bonne heure entrerent aux portes,

DE LA ROSE.

De bonne heure l'aignelet veirent,
Que par eftroit fentier fuyvirent
En la garde au fage bergier,
Qui les voult o luy herbergier ; 21310
Ne jamais nulz hoins ne mourroit,
Qui une fois boire en pourroit.
Ce n'eft pas celle deffoubz l'arbre,
Qu'il veit en la pierre de marbre;
L'en luy devroit faire la mouë, 21315
Quant icelle fontaine louë.
C'eft la fontaine perilleufe,
Tant amere & tant venimeufe,
Qui tua le beau Narciffus,
Quant il fe mira par deffus : 21320
Et luy-mefmes n'a pas vergongne
De recongnoiftre, ains le tefmoigne,
Et fa cruaulté pas ne cele,
Quant perilleux miroir l'appelle;
Et dit que quant il fe mira, 21325
Maintefois puis en foufpira,
Tant fi trouva grief & pefant.
Telle odeur va celle cauë faifant,
Dieu, fi eft la fontaine fade !
Où le fain toft devient malade. 21330
Comment fi fait-il bon virer,
Pour foy dedans l'eauë mirer.
Elle fourt, ce dit, à grans undes
Par deux fources grandes, parfondes.
Mais elle n'a pas, bien le fçay, 21335
Ses fources, ne fes eaux de foy.
N'eft nulle chofe qu'elle tienne,

Que treſtout d'autruy ne luy vienne,
Puis ſi redit que c'eſt ſans fin,
Qu'elle eſt plus clere qu'argent fin.   21340
Voyés de quelz truffe il nous plaide,
Elle eſt ſi très-trouble & ſi laide,
Que chaſcun qui ſa teſte y boute,
Pour ſoy mirer il n'y voit goute.
Tous ſi forcenent & angoiſſent   21345
Pource que point ne s'y congnoiſſent :
Au fons, ce dit, à criſtaulx doubles,
Que le Soleil, qui n'eſt pas troubles,
Fait luyre quant ſes rays y jette,
Si cler que cil qui les aguette,   21350
Voit touſjours la moytié des choſes
Qui ſont en ce vergier encloſes :
Et pour le demourant y veoir,
S'il ſe veult d'autre part aſſeoir,
Tant ſont cleres, ne lumineuſes;   21355
Autres troubles & tenebreuſes :
Parquoy ne font pas demonſtrance,
Quant le Soleil ſes rays y lance
De toutes les choſes enſemble;
Car ilz ne peuvent pas, ce ſemble,   21360
Car l'obſcurité qui les affuble,
Qui eſt ſi trouble & ſi obnuble
A celluy qui dedans ſe mire,
Qu'ilz ne peuvent par eulx ſuffire,
Quant leur clarté d'ailleurs acquierent,   21365
Se les rays du Soleil n'y fierent,
Si qu'ilz les puiſſent encontrer;
Ilz n'ont povoir de riens monſtrer,

DE LA ROSE.

Mais celle que je vous devife,
C'eſt fontaine belle à devife.   21370
 Or levez ung pou les oreilles,
Si m'en orés dire merveilles,
Celle fontaine que j'ay dicte,
Qui tant eſt belle & tant prouffite,
Pour guerir, tant eſt favourée   21375
Treſtoute beſte enlangourée
Rend touſjours par trois dois foutives
Les eauës cleres & moult vives.
Si font ſi près à près chafcune,
Que toutes s'affemblent à une;   21380
Si que quant toutes les verrés,
Et une & trois y trouverés,
Se vous voulez au veoir embattre,
Vous n'y en trouverez jà quatre;
Mais touſjours trois & touſjours une,   21385
C'eſt leur profperité commune.
Onc telle fontaine ne veifmes,
Car elle fourt de foy-meifmes;
Ce ne font pas autres fontaines,
Qui fourdent par eſtranges vaines;   21390
Ceſte tout par foy fe conduyt,
N'a befoing d'eſtrange conduyt,
Et ſe tient en foy toute vive,
Plus ferme que roche nayve.
N'a meſtier de pierre de marbre,   21395
Ne d'avoir converture d'arbre.
Car d'une fourfe vient ſi haulte
L'eauë qui ne peut faire faulte,
Qu'arbre ne peut ſi hault attaindre,

Que sa haultesse ne soit graindre, 21400
Fors que sans faille en appendant,
Comme elle s'en vient descendant;
Là treuve une olivete basse,
Soubz qui toute l'eauë s'en passe:
Et quant l'olivete petite 21405
Sent la fontaine que j'ay dicte,
Qui luy tempere ses racines,
Par les eauës doulces & fines,
Si en prent tel nourrissement,
Qu'elle en reçoyt accroissement; 21410
Et de fueille & de fruyt se charge.
Si devint si haulte & si large,
Qu'oncques le pin, qu'il vous compta,
Si hault de terre ne monta,
Ne ses rains si bien n'estendit, 21415
Ne si bel umbre ne rendit.
Ceste olive tout en estant
Ses rains sur la fontaine estant;
Ainsi la fontaine s'en umbre,
Et par le confort du bel umbre, 21420
Les bestelettes là se mussent,
Qui les doulces rousées sussent,
Que le doulx ruisseau fait estendre
Par les fleurs & par l'herbe tendre.
Si pendent à l'olive escriptes 21425
En ung roulet lettres petites,
Qui dient à ceulx qui les lisent,
Qui soubz l'olive en l'ombre gysent:
Cy court la fontaine de vie
Par dessoubz l'olive fueillie, 21430

Qui porte le fruyt de falut,
Qui fut le pin qui la valut.
  Si vous dy qu'en celle fontaine,
Ce croyront foles gens à paine,
Et le tiendront plufieurs à fable, 21435
Luyt ungs charboucle merveillable
Sur toutes merveilleufes pierres,
Treftout rayant à quatre quierres;
Et fiet emmy fi haultement,
Que l'en le voit appertement 21440
Par tout le parc reflamboyer ;
Ne fes rays ne peut defvoyer,
Ne vent, ne pluye, ne nobleffe;
Tant eft bel & de grant nubleffe :
Et fçachiés que chafcune efquierre, 21445
Telle eft la vertu de la pierre,
Vault autant que les autres deux :
Telz font entr'eulx les forces d'eulx.
Ne les deux ne valent que celle,
Combien que chafcune foit belle, 21450
Ne nul ne les peut devifer,
Tant les faiche bien advifer,
Ne fi joingdre par advifées,
Qu'il ne les treuve divifées ;
Mais ung Soleil fi l'enlumine, 21455
Qui eft de clarté fi très-fine,
Si bel & fi refplendiffant,
Que le Soleil efclarciffant
En l'autre eauë les criftaulx doubles,
Les luy feroient obfcurs & doubles. 21460
Briefment que vous en compteroye,

Autre Soleil leans ne roye,
Que ces charboucles flamboyans;
C'est le Soleil qui luyt leans,
Qui plus de resplendeur abonde, 11465
Que nul Soleil qui soit au monde.
Cil la nuyt en exil envoye,
Cil fait le jour, que dit avoye,
Qui dure pardurablement,
Sans fin & sans commencement, 11470
Et se tient en un point de gré,
Sans passer signe ne degré,
Sans amendrir nulle partie;
Parquoy puisse estre departie.
Cil a si merveilleux pouvoir, 11475
Que ceulx qui là vont pour le voir,
Si-tost que celle part se virent,
Et leur face en celle eauë mirent,
Tousjours de quelque part qu'ilz soient
Toutes les choses du parc voyent, 11480
Et les congnoissent proprement,
Et eulx-mesmes pareillement;
Et puisque dedans se sont veuz,
Jamais ne seront plus déceuz,
De nulle chose qui puist estre, 11485
Tant y deviennent sage maistre.

Aultre merveille vous diray,
Que de cestuy Soleil le ray;
Ne trouble pas, ne ne retarde
Les yeulx de cil qui le regarde, 11490
Ne ne les fait pas esblouyr;
Mais conforter & resjouyr,

Et fait revigourer leur veuë,
Par la belle clarté & veuë,
Plaine d'attrempée chaleur,   21495
Qui par merveilleuſe valeur,
Tout le parc d'odeur reſpleniſt
Par la grant doulceur, qui en yſt.
Et pource que trop ne vous tienne,
D'ung brief mot vueil qu'il vous ſouvienne, 21500
Que qui la forme & la matire
Du parc verroit bien pourroit dire,
Qu'oncques en ſi bel Paradis
Ne fut formé Adam jadis.
Pour Dieu Seigneurs donc que vous ſemble 21505
Du parc & du jardin enſemble :
Donnez raiſonnable Sentence,
Et d'accident & de ſubſtance ;
Dictes par voſtre loyaulté
Lequel eſt de plus grant beaulté ;   21510
Et regardez des deux fontaines
Laquelle rend les eauës plus ſaines,
Plus vertueuſes & plus pures ;
Et des deux jugiés les natures,
Jugiés des pierres précieuſes,   21515
Leſquelles ſont plus vertueuſes,
Et puis du pin & de l'olive,
Qui eueuvre la fontaine vive.
Je m'en tiens à voz Jugemens,
Se vous ſelon les erremens   21520
Que dit vous ay cy en arriere,
Donnez Sentence droicturiere :
Car bien vous dy ſans flaterie,

Hault & bas de ce ne mens mye,
Que s'aucun tort y voulez faire, 21525
Dire faulx & verité taire,
Tantoſt ne le vous quiers celer,
Ailleurs en iroye parler.
Mais pour nous pluſtoſt accorder,
Je vous vueil briefment recorder, 21530
Selon ce que vous ay compté
De la fontaine la bonté;
Celle les vifz de mort enyvre,
Et ceſte fait de mort revivre:
Seigneur, ſachiés certainement 21535
Se vous contenez ſagement,
Et faictes ce que vous devrez,
De ceſte fontaine beuvrez:
Et pour tout mon enſeignement
Retenir plus legierement, 21540
Car la leçon à briefz motz leuë,
Plus eſt de legier retenuë;
Pource vous vueil briefment retraire
Tout cela que vous devez faire.

Penſez de Nature honnourer, 21545
Servez-la par bien labourer,
Et ſe de l'autruy riens avez,
Rendez-le, ſe vous le ſçavez;
Et ſe rendre ne le povez,
Et les biens deſpendus ayez, 21550
Ayés du rendre voulenté,
Se biens vous viennent à planté.
D'occiſion nul ne s'approuche;
Nettes ayés & mains & bouche,

Soyés loyaulx, soyez piteux; 21555
Lors irez au champ delicteux,
Par trace l'aignel ensuyvant
En pardurableté vivant,
Boyre de la belle fontaine,
Qui tant est pure, clere & saine. 21560
Car jamais mort ne recevrez,
Si-tost que l'eauë beuë aurez,
Ains irez par joliveté
Chantans en pardurableté
Mottez, rondeaulx & chansonnettes 21565
Par l'herbe verd sur les flourettes,
Soubz l'olivette carolant.
Que vous iray-je flajolant,
Droit est que mon frestel estuye,
Car beau chanter souvent ennuye, 21570
Trop vous pourroye huy mès tenir,
Si vous vueil mon Sermon finir :
Or y perra que vous ferez,
Quant en hault encore serez,
Pour bien preschier sur la bretesche. 21575

L'Acteur.

Genius tout ainsi leur presche,
Et jette en la place le cierge,
Qui ne fut pas de cire Vierge,
Dont la flamme toute enfumée
Par tout le monde est alumée. 21580
N'est Dame qui s'en sçeust deffendre,
Tant le sçeust bien Venus espandre ;

Elle a cueilly si hault les vens,
Que toutes les femmes vivans,
Leurs corps, leurs cueurs & leurs pensées 21585
Sont de celle odeur encensées.
Amours de la chartre ainsi leuë;
A si la nouvelle espanduë,
Que jamais n'est homs de vaillance,
Qui ne s'accorde à sa Sentence.   21590
Quant Genius eut trestout leuz,
Les barons de grant joye esmeuz
Furent trestous communéement,
Chascun se maintint lyéement;
Car oncques mais, comme ilz disoient,   21595
Si bon Sermon ouy n'avoient,
N'oncques puisqu'ilz furent conceuz,
Si grant pardon n'eurent receuz,
Ne n'ouyrent pareillement
Si droit excommuniément.   21600
Affin que le pardon ne perdent,
A la Sentence tous s'aherdent,
Et respondent tost & viat,
Amen, Amen, fiat, fiat.
Comme la chose est en ce point,   21605
N'y eut de demourée point;
Chascun le sermon mot à mot
L'a bien noté, comme il l'amot,
Car il leur sembla moult salvable
Par le bon pardon charitable;   21610
Et moult l'ont voulentiers ouy;
Et Genius s'esvanouy,
Qu'ilz ne sçeurent onc qu'il devint,

Dont

DE LA ROSE.

Dont crient en l'oſt plus de vingt :
Or à l'aſſault ſans plus attendre, 11615
Qui bien ſçait la Sentence entendre,
Moult ſont noz ennemys grevez.
Lors ſe ſont tous en piedz levez,
Preſt de continuer la guerre,
Pour tout prendre & mettre par terre. 11620
 Genius ſe leva devant,
Ainſi que pour cueillir le vent,
Et alla plus-toſt que le pas
Au Chaſtel, mais n'y entra pas.
Venus, qui d'aſſaillir eſt preſte, 11625
Premierement leur admoneſte,
Qu'ilz ſe rendent, mais ains que firent:
Honte & Paour luy reſpondirent ;
Certes Venus c'eſt pour neans,
Jà ne mettrez les piedz ceans ; 11630
Non voir s'il n'y avoit que moy,
Diſt Honte, point ne m'en eſmoy.
Quant la Déeſſe entendit Honte,
Diſt, orde, garce, à vous que monte ;
Me vouloir ainſi contreſter : 11635
Vous verrez jà tout tempeſter,
Se le Chaſteau ne m'eſt rendu,
Par vous ne ſera deffendu :
Encontre moy ne le tiendrez,
Certainement vous le rendrez, 11640
Où je vous ardray toute vive,
Comme douloureuſe & chetive ;
Tout le pourpris vueil embraſer,
Tours & tournelles arraſer ;

Tome II.   Q

Je vous eschaufferay les naches, 21645
J'ardray pilliers, murs & estaches,
Tous voz fossez seront remply,
Je les feray mettre à honny :
Voz barbacanes adressées
Jà si hault ne seront haussées, 21650
Que ne les face à terre estendre ;
A Bel-acueil lairray tout prendre,
Boutons & Roses à bandon,
Une heure en vente & l'autre en don.
Ne vous ne serez jà si fiere, 21655
Que tout le monde ne si fiere :
Tous yront à Procession,
Sans point faire d'exception,
Par les Rosiers & par les Roses,
Quant j'auray les lices descloses. 21660

   Et pour Jalousie bouler,
Feray-je par tout defouler
Et les preaulx & les herbages,
Tant eslargiray les passages :
Tous y cueilliront sans delay 21665
Boutons, Roses & Clerc & Lay ;
Religieux & séculier,
N'est nul qui s'en puist reculier ;
Tous y feront leur penitence,
Mais ne sera sans difference. 21670
Les ungs viendront répostement,
Et les autres appertement ;
Mais les répostement venus
Seront à Preud'hommes tenus :
Les autres seront diffamez, 21675

DE LA ROSE.

Et ribaulx bordeliers clamez ;
Tant soit ce qu'ilz n'en ayent coulpe,
Comme ont aucuns que nul n'encoulpe,
S'il advient qu'aucun maulvais homme,
Que Dieu & saint Piere Romme   21680
Confonde & eulx & leur affaire,
Laissent les Roses pour pis faire :
Et leur donne chappeau d'ortie,
Le Diable qui les enortie :
Car Genius de par nature,   21685
Pour leur vice, pour leur ordure,
Les a tous en Sentence mys,
Avec noz autres ennemys.
Honte, se je ne vous engin,
Pou prise mon art & engin,   21690
Qu'ailleurs jà ne m'en clameray.
Certes jà ne vous aymeray,
Ne vous, ne Raison vostre mere,
Qui tant est aux Amans amere,
Qui vostre mere & vous croyroit,   21695
Jamais par amours n'ameroit.
Venus à plus dire n'en tend,
Car luy souffisoit bien à tant.

 Lors c'est Venus hault secourcée,
Bien sembla femme courroucée,   21700
L'arc tend, & le boujeon encoche,
Quant la corde fut mise en coche,
Jusqu'à l'oreille l'arc entoyse,
Qui n'est pas plus long d'une toise ;
Puis ainsi comme bonne archiere   21705
Par une moult petite archiere,

Q 2

Qu'elle vit en la tour reposte,
Par devant non pas par decoste,
Que Nature eut par grant maistrise,
Entre deulx beaulx pilliers assise.   21710
Les beaulx pilliers d'ivire estoient
Moult gens; & d'argent soustenoyent,
Ung bel ymage en lieu de chasse,
Qui n'est trop haulte, ne trop basse,
Trop grosse, trop gresle non pas;   21715
Mais toute taillée a compas,
De bras, d'espaulles & de mains,
Qu'il n'y failloit ne plus ne moins.
Moult furent gens les autres membres,
Et mieulx flairans que pommes d'embres, 21720
Dedans avoit ung faintuaire,
Couvert d'ung précieux suaire,
Le plus gentil & le plus noble,
Qui fut jusqu'à Constantinoble;
Et se nulz usant de Rayson,   21725
Vouloit faire comparaison
D'ymaige à autre bien pourtraire;
Autel le peut de ceste faire,
A l'ymage Pygmalion
Comme de souris à Lion.   21730

Cy commence la fiction
De l'ymage Pygmalion.

Pygmalion fut entaillieres;
Pourtraiant en fer & en pierres,
En metaulx, en os, & en cyres   21735

DE LA ROSE.

Et en toutes autres matyres,
Qu'on peult à tel œuvre trouver,
Pour son grant engin esprouver,
Se voult à pourtraire desduire.
Il fist une ymage d'ivire,   21740
Et mist au faire tel entente,
Qu'elle fut si plaisant & gente,
Qu'elle sembloit estre aussi vive,
Que la plus belle riens qui vive,
N'oncques Heleine, ne Lavine   21745
Ne furent de couleur si fine,
Ne de si belle façon nées,
Tant furent-ilz bien façonnées,
Ne de beaulté n'eurent la disme.
Tout s'esbahit-il en luy-meisme   21750
Pygmalion, quant la regarde;
Et luy qui ne s'en donnoit garde,
Amours en ses réseaux l'enlace
Si fort qu'il ne sçet comme il face,
Et à soy-mesmes se complaint,   21755
Mais ne peut estanchier son plaint.
Las que fais-je, dist-il, dors-je,
Maint ymage ay fait & forgé,
Qu'on ne sçavoit dire leur pris.
N'onc d'eulx aymer ne fuz surpris;   21760
Or suis par ceste mal bailly,
Par luy m'est tout le sens failly;
Las dont me vient ceste pensée,
Comme fut telle amour brassée;
J'ayme une ymage sourde & muë,   21765
Qui ne se crosle, ne remuë,

Q 3

Ne jà de moy mercy n'aura :
Telle amour comment me navra,
Il n'est nul qui parler en oye,
Qui trop esbahir ne s'en doye ; 21770
Or suis-je le plus fol du siecle,
Que puis-je faire à cest article.
Par foy s'une Royne j'aymasse,
Mercy touteffois esperasse,
Pour ce que c'est chose possible ; 21775
Mais ceste amour est si horrible,
Car elle ne vient de Nature,
Trop folement y metz ma cure.
Nature en moy maulvais filz a ;
Quant me fist forment s'avilla, 21780
Si ne la doys-je pas blasmer,
Se je vueil folement amer,
Ne m'en doys prendre s'a moy non,
Puisque Pygmalion ay nom.
Dès que je peux sur piedz aller, 21785
De telle amour n'ouy parler :
Si n'ayme je trop folement ?
Car se l'escripture ne ment,
Maintz ont plus folement amé ;
N'ayma jadis au boys ramé, 21790
A la fontaine clere & pure,
Narcisus sa propre figure,
Quant cuida sa soif estanchier ;
N'oncques ne s'en peut revanchier,
Qu'il n'en mourust selon l'hystoire, 21795
Qui encor est de grant memoire ;
Dont suis-je moins fol touteffoys ;

DE LA ROSE.

Car quant je vueil à elle voys,
Et la prens & l'acolle & baise,
Dont puis mieulx souffrir ma mesaise.   11800
Mais cil ne povoit avoir celle,
Qu'il voioit en la fontenelle ;
D'autre part en maintes contrées
Ont mains amans Dames amées,
Et les servirent comme ilz peurent,   11805
Qu'oncques ung seul baiser n'en eurent.
Si s'en sont-ilz forment penez,
Dont m'a amours mieulx assenez.
Non a : car à quelque doubtance
Ont-ils touteffoys esperance   11810
Et de baiser & d'autre chose,
Dont l'esperance m'est forclose.
Quant au délict que ceulx attendent
Qui les déduitz d'amours demandent,
Car quant je m'en vueil à aiser   11815
Et d'acoller & de baiser,
Je treuve m'amye aussi roide
Comme est ung pal, & aussi froyde ;
Car quant pour la baiser y touche,
Toute me refroydist la bouche.   11820
Ha trop ay parlé folement,
Mercy, doulce Dame, en demand ;
Et pry que l'amande en prenez,
Car de tant que vous me daignez
Doulcement regarder & rire,   11825
Ce me doit assez bien souffire.
Car doulx regardz & riz piteux
Sont aux Amans moult délicteux.

Q 4

Comment Pygmalion demande
Pardon, en presentant l'amande 21830
A son ymage, des paroles,
Qu'il dit d'elle, qui sont trop foles.

PYgmalion lors s'agenouille,
 Qui de larmes sa face moille,
Son gaige tend si luy amende; 21835
Mais el n'a cure de l'amende,
Car elle n'entent riens, ne sent
De luy, ne de tout son present,
Si que cil craint perdre sa paine,
Qui de tel chose aymer se paine. 21840
Ne cil n'en sçet son cueur ravoir,
Car amours toult sens & avoir;
Si que trestout s'en déconforte,
N'il ne sçet s'elle est vive ou morte;
Souvent va aux mains & luy taste, 21845
Et fait ainsi com ce fust paste,
Que ce soit sa chair qui luy fuye
Mais c'est sa main qu'il y apuye.
 Ainsi Pygmalion estrive,
En son estrif n'a paix, ne trive; 21850
En ung estat pas ne demeure,
Or ayme, or hayt, or rid, or pleure;
Or est lyés, or à mal aise,
Or se tormente, or se rapaise;
Puis luy revest en maintes guises 21855
Robes faictes par grant maistrises
De beaulx draps de soye, ou de laine;

DE LA ROSE.

D'escarlatte, de tyretaine,
De verd, de pers & de brunette,
De couleur fine, fresche & nette,   21860
Où moult a riches pennes mises,
Herminées, vaires & grises :
Puis les luy oste, si essaye,
Com luy siet bien robe de soye,
Sandaulx, molequins, malebruns,   21865
Indes, vermaulx, jaunes & bruns,
Samits dyaprés, camelos.
Pour neant fust ung angelos,
Tant est de contenance simple :
Autreffoys luy met une gimple,   21870
Et par dessus ung cueuvrechief,
Qui cueuvre la gimple & le chief ;
Mais ne cueuvre pas le visaige,
Car ne veult pas tenir l'usaige
Des Sarrasins, qui d'estamines   21875
Cueuvrent les chiefs aux Sarrasines ;
Quant eulx trespassent par la voye,
Que nulz trespassans ne les voye,
Tant sont plains de jalouse rage.
Autreffoys luy reprent courage   21880
D'oster tout, & de mettre guindes
Jaunes, vermeilles, vers & indes,
Et treceures gentilz & gresles,
De soye d'or à menus perles,
Et dessus la crespine attache   21885
Une moult precieuse attache,
Et par dessus la crespinete
Une couronne d'or pourtraicte ;

Q

Où moult a précieuses pierres,
Et beaulx Chastons à quatre esquierres 21890
Et à quatre demis compas,
Sans ce que je ne compte pas.
L'autre pierrerie menuë,
Qui fict entour espesse & druë :
Et met à ses deux oreillettes 21895
Deux verges d'or pendans greslettes ;
Et pour tenir la chevessaille,
Deux fermeaulx d'or au col luy baille :
Emmy le pis ung en remet,
Et de la ceindre s'entremet ; 21900
Mais c'est d'ung si très-riche ceint,
Qu'oncques pucelle tel n'eut ceint :
Et pend au ceint une aumosniere,
Qui moult est précieuse & chiere ;
Et cinq pierres y met petites 21905
Du rivage de mer estites,
Dont pucelles aux marteaux jouent,
Quant rondes & belles les trouvent,
Et par grant entente luy chausse
En chascun pied soulier & chausse 21910
Entaillées joliement,
Presqu'à deux doys du pavement.
N'est pas de houseaulx estrenée,
Car el n'est pas de Paris née ;
Trop seroit rude chaussemente 21915
A pucelle de tel jouvente ;
D'une asguille bien affillée
D'argent, de fil d'or enfillée,
Luy a pour mieulx estre vestuë.

Chafcune manche eftroit coufuë. 21920
Puis luy baille fleurs nouvellettes,
Dont ces jolies pucellettes
Font en Printemps leurs chappelletz,
Et pommetes & oyfeletz,
Et diverfes chofes nouvelles, 21925
Delectables aux Damoyfelles ;
Puis chappelet de fleurs luy fait,
Oncques n'en veiftes nul mieulx fait :
Car il y met fa peine toute.
Annaletz d'or ès doys luy boute, 21930
Et dit comme loyal efpoux,
Doulce amye, je vous efpoux,
Et deviens cy voftre, & vous moye :
Ymeneus & Juno m'oye,
Qui veulent à noz nopces eftre. 21935
Je n'y quiers plus ne Clerc ne Preftre,
Ne Prelatz à mitres ne croces,
Car ce font les vrais Dieux des nopces,
Lors chante à haulte voix ferie
Chans plains de grant renvoyferie, 21940
En lieu de meffe chanfonnettes,
Des jolys fecrets d'amourettes ;
Et fait fes inftrumens fonner,
Qu'on n'y orroit pas Dieu tonner ;
Et plus en fçeut-il les manieres 21945
Et meilleures & plus entieres,
Qu'oncques n'eut Amphion de Thebes,
Harpes bien fonnans & rebebes.
Il a auffi Quitterne & Lus,
Qu'il a pour fon déport efleus ; 21950

Et puis fait sonner ses orloges
Par ses salles & par ses loges,
A roës trop subtillement
De pardurable mouvement.
Orgues avoit bien maniables   21955
A une seule main portables,
Où il mesmes & soufle & touche,
Et chante hault à plaine bouche
Mottez à contre & à teneure :
Puis met en cymbales sa cure,   21960
Puis prent freteaulx & si fretele,
Et chalemeaulx & chalemele,
Et puis tabours & fleute & tymbre ;
Pour neant sur tabour, sur tymbre
Et citole & trompe & cheurie,   21965
Li comme l'en fait en Surie ;
Et si psalterionne & viele
D'une joliete viele :
Puis prent sa muse & se travaille
Aux instrumens de cornouaille ;   21970
Et espringue, & sautele & bale,
Et fiert du pied parmy la sale ;
Puis la prent par la main & dance.
Mais moult a au cueur grant pesance,
Qu'el ne veult chanter ne respondre,   21975
Ne pour prier, ne pour semondre :
Puis la rembrace & si la couche
Entre ses bras dedans sa couche,
Et puis la baise & puis l'acole ;
Mais ce n'est pas de bonne escole.   21980
Quant deux personnes s'entrebaisent ;

DE LA ROSE.

Et les baisiers aux deux ne plaisent ;
Ainsi s'occist, ainsi s'affole,
Surprins en sa pensée fole
Pygmalion le bien deceu ; 21985
Or pour sa sourde ymage esmeu,
Tant qu'il peut la pare & atourne ;
Car tout à la servir s'atourne,
N'elle n'appert, quant elle est nuë ;
Moins belle que s'estoit vestuë. 21990
 Lors advint qu'en celle contrée
Eut une Feste celebrée,
Où moult advenoit de merveilles,
Si y vint tout le peuple aux veilles
Au Temple que Venus avoit ; 21995
Le Varlet qui moult si fioit,
Pour soy de s'amour conseiller,
Vint à celle Feste veiller.
Lors se plaint aux Dieux & démente
De l'amour qui si le tormente ; 22000
Et leur dist en ceste maniere,
A genoulx faisant sa priere :
Beaulx Dieux, dist-il, qui tout pouvez,
S'il vous plaist ma Requeste oyez ;
Et toy qui Dame ès de ce Temple, 22005
Saincte Venus de grace m'emple,
Qu'aussi es-tu moult courroucée,
Quant chasteté est exaucée.
Si j'ay grant peine desservie
De ce que je l'ay tant servie : 22010
Or m'en repens de cueur très-bon,
Et te pry m'en donner pardon,

Et m'octroye par t'amytié,
Par ta doulceur, par ta pitié,
Par convenant que mal m'opreſſe ; 22015
Se chaſteté du tout ne laiſſe,
Que la belle, qui mon cueur emble,
Qui ſi bien yvoire reſſemble,
Devienne ma loyalle amye,
Et de femme ait corps, ame & vie; 22020
Et ſe de ce faire te haſtes,
Se je ſuis jamais trouvé chaſtes,
J'octroy que je ſoye pendu,
Ou à grans haches pourfendu,
Ou que dedans ſa gueulle triple 22025
Treſtout vif m'engloutiſſe & crible ;
Ou me lye en corde ou en fer
Cerberus le portier d'Enfer.

 Venus qui la priere ouyt
Du Valet, forment s'esjouyt, 22030
Pource que chaſteté layſſoit,
Et de luy ſervir s'avançoit ;
Comme de bonne repentance
Preſt d'en faire la pénitance
Tout nud entre les bras s'amye, 22035
Se jà la peut tenir en vie.

 A l'ymage envoya lors l'ame,
Si devint ſi très-belle Dame,
Qu'oncques en toute la contrée
N'avoit nul ſi belle encontrée ; 22040
Ne jà plus au Temple ſejourne,
A ſon ymage s'en retourne
Pygmalion à moult grant haſte,

DE LA ROSE.

Puisqu'il eut faicte sa Requeste ;
Car plus ne se peut retarder   22045
De la tenir & regarder.
A luy s'en court les saultz menuz ;
Tant qu'il est jusques-là venuz,
Du miracle riens ne sçavoit ;
Mais ès Dieux grant fiance avoit,   22050
Et quant de plus près la regarde,
Plus art son cueur & frit & larde :
Lors voit qu'elle est vive & charnuë ;
Si luy manye sa chair nuë ;
Et voit ses beaulx crins blondoyans,   22055
Comme undes ensemble undoyans,
Et sent les os & sent les vaynes,
Qui de sang furent toutes plaines ;
Et le poulx debatre & mouvoir.
Ne sçait se c'est mensonge, ou voir : 22060
Arrier se trait, ne sçait que faire,
Ne s'ose plus près d'elle traire :
Car il a paour d'estre enchanté.
Qu'est-ce, dit-il, suis-je tempté,
Veille-je pas ? Nenny : je songe,   22065
Est-ce vérité ou mensonge.
Songier, certes non fais : je veille :
Dont me vient donc ceste merveille,
Est-ce fantosme ou ennemys,
Qui s'est en mon ymage mys.   22070
Lors luy respondit la pucelle,
Qui tant fut advenant & belle,
Et tant avoit blonde sa cosme ;
Ce n'est ennemy, ne fantosme,

Doulx amy, ains suis voſtre amye, 22075
Preſte de voſtre compaignie
Recevoir, & m'amour vous offre,
S'il vous plaiſt recevoir tel offre.
Cil voit que la choſe eſt acertes;
Et voit les miracles appertes; 22080
Si ſe trait auprès & s'aſſeure,
Pource que c'eſt choſe très-ſeure;
A elle s'ottroit voulentiers,
Comme cil qui ſien eſt entiers.
A ces paroles s'entralient, 22085
De leur amour s'entremercient,
N'eſt joye qu'ilz ne s'entrefacent:
Par grant amour lors s'entrembraſſent;
Comme deux coulombs s'entrebaiſent;
Moult s'entrayment, moult s'entreplaiſent; 22090
Aux Dieux tous deux graces rendirent,
Qui tel courtoiſie leur firent,
Eſpecialment à Venus,
Qui leur a aidé mieulx que nulz.
  Or eſt Pygmalion à aiſe, 22095
Or n'eſt-il riens qui luy deſplaiſe,
Car riens qu'il vueille ne refuſe;
S'il oppoſe el ſe rend confuſe,
S'elle commande il obeiſt,
Pour choſe ne la contrediſt 22100
De luy accomplir ſon plaiſir.
Or peut avec s'amie geſir,
Car n'en fait ne dangier, ne plainte;
Tant ont joué qu'elle eſt enſainte.
D'Epahos dont en fut nommée 22105

DE LA ROSE. 377

L'ysle Paphos est renommée,
Dont le Roy Cyniras nasqui,
Preud'homs fut fors en ung cas : qui
Tous bons eurs en soy eust bien euz,
S'il n'eust jamais été déceuz   22110
Par Mirra sa fille la blonde :
Car la Vieille que Dieu confonde,
Qui de peché doubtance n'a,
La nuyt en son lict luy mena.
La Royne estoit à une Feste,   22115
La pucelle saisist en haste
Le Roy sans ce que mot en sceust,
Qu'avec sa fille gesir deust :
Cy eut trop estrange semille,
Le Roy laissé avec sa fille,   22120
Quant les eut ensemble avenez,
Le bel Adonys en fut nez,
Puis fut-elle en arbre muée :
Car son pere l'eust lors tuée,
Quant il apparceut le tripot.   22125
Mais oncques advenir n'y pot,
Quant eut fait apporter le cierge :
Car celle, qui n'estoit pas Vierge,
Eschappa par ysnelle fuyte,
Autrement l'eust toute destruyte.   22130
Mais c'est trop loing de ma matire,
Pource est bien droit qu'arrier m'en tire,
Bien orrez que ce signifie,
Ains que c'est œuvre soit finie.
 Je ne vous vueil plus cy tenir,   22135
A mon propos vueil revenir,

Autre champ me convient arer.
Qui vouldroit doncques comparer
De ces deux ymages enſemble
Les beaultez, ſi comme il me ſemble ; 22140
Tel ſimilitude y peut prendre,
Qu'autant que la ſouris eſt mendre
Que le Lyon eſt moins oſſuë,
De force de corps, de valuë ;
Autant ſçachiez en loyaulté 22145
Eut celle ymage moins beaulté,
Que n'a celle que je tant pris.
Bien adviſa Dame de pris
Celle ymage que je cy priſe,
Deſſus les pilleretz aſſiſe, 22150
Dedans la Tour droit au millieu,
Oncques encores ne vy lieu,
Que ſi voulentiers regardaſſe,
Voire à genouillons l'aoraſſe,
Et le ſainctuaire & l'archiere 22155
Jà ne laiſſaſſe pour l'archiere,
Ne pour l'arc, ne pour le brandon,
Que je n'y entraſſe habandon.
Tout mon povoir aumoins en feiſſe,
A quelque chief que j'en veniſſe, 22160
Se trouvaſſe qui le m'offriſt
Ou ſans plus qu'il le me ſouffriſt.
Si me ſuis-je par Dieu vouez
Aux reliques que vous ouez,
Ou ſe Dieu plaiſt les requerray, 22165
Si-toſt que temps & lieu verray,
D'eſcharpe & de bourdon garny

Que Dieu me gard d'eſtre eſcharny,
Et deſtourbé par nulle choſe,
Que ne jouyſſe de la Roſe.   22170
　Venus n'y va plus attendant,
Le brandon plain de feu ardant
Tout empenné laiſſa voler,
Pour ceulx du Chaſtel aſſoler ;
Mais ſçachiez qu'onc nulle, ne nulz,   22175
Tant les traits ſubtilment venus,
N'eurent povoir de le choiſir,
Tant regardaſſent à loyſir.

Comment ceulx du Chaſtel yſſirent
Hors auſſi-toſt comme ils ſentirent 22180
La chaleur du Brandon Venus,
Dont aucuns jouſterent tous nudz.

Quant le Brandon s'en fut volez,
　Et ceulx de leans affolez,
Le feu eſprent tout le pourpris,   22185
Bien ſe deurent tenir pour pris.
Tous s'eſcrierent trahy, trahy
Tous ſommes mors hay, hay ;
Fuyons-nous en hors du pays ;
Jettons noz clefz comme eſbahys.   22190
Dangier, ceſt horrible mauffé,
Quant il ſe ſentit eſchauffé,
S'en fuyt plus fort que Cerf en lande ;
N'y a nul d'eulx qui l'autre attende.
Chaſcun les mains à la ceinture   22195
Met à fouyr toute ſa cure ;

Paour s'en fuyt, Honte si cesse,
Embrasé le Chastel délaisse,
N'onc puis ne voult riens mettre à pris,
Puisque le Chasteaux fut espris. 22200
Après arriva Courtoysie,
La preux, la sage, la prisie,
Quant el veit la desconfiture,
Pour son filz oster de laidure,
Avec luy Pitié & Franchise : 22205
Saillirent dedans la pourprise,
N'onc pour l'ardure ne laisserent
Jusqu'à Bel-acueil s'adresserent.

 Courtoisie prent la parole,
Premier & Bel-acueil accole, 22210
Car de bien dire n'est pas lente,
Beau filz, moult ay esté dolente,
Moult ay tristesse à mon cueur euë,
Dont tant avez prison tenuë.
Mal-feu & Male-flambe l'arde, 22215
Qui vous avoit mis en tel garde ;
Or estes Dieu mercy délivres,
Car là hors o ces Normans yvres
En ces fossez est mort gysant
Male-Bouche le mesdisant ; 22220
Veoir or ne peut plus escouter.
Jalousie ne fault doubter ;
L'en ne doit pas pour Jalousie,
Laisser à mener bonne vie,
Ne soy solasser privéement 22225
Avec son amy mesmement,
Quant à ce vient qu'il n'a povoir

De la chose n'ouyr ne veoir :
N'il n'est qui dire la luy puisse,
Ne n'a povoir que cy nous truisse. 22230
Et les autres desconseillez
Fouys s'en sont tous exillez,
Les felons & oultrecuidez
Ont trestous le pourpris vuydez.
Beau très-doulx filz, pour Dieu mercy 22235
Ne vous laissez pas brusler cy :
Nous vous prions par amytié,
Et je & Franchise & Pitié,
Que vous à ce loyal Amant
Ottroyés ce qu'il vous demand, 22240
Qui pour vous a long-temps mal trait,
N'oncques ne vous fist ung faulx trait.
Le franc qui oncques ne guilla,
Recevez & tout ce qu'il a,
Voire l'ame mesmes vous offre ; 22245
Pour Dieu ne refusez tel offre,
Beau doux filz, ains le recevez,
Par la foy que vous me devez,
Et par amours qui s'en efforce,
Qui moult y a mise grant force ; 22250
Beau filz, amour vainct toutes choses,
Toutes sont soubz la clef encloses,
Virgile mesme le conferme
Par Sentence esprouvée & ferme,
Quant bucoliques bien verrez : 22255
Amour vainct tout, ce trouverrez,
Et vous la devez recevoir.
Certes il dit, & bien est voir,

En ung seul vers tout ce nous compte
Nul ne peut ouyr meilleur compte, 12260
Beau filz, secourez tel Amant,
Que Dieux ambedeux vous amant
Ottroyez-luy la rose en don.
 Dame je la luy habandon,
Dist Bel-acueil, moult voulentiers, 12265
Cueillir la peut endementiers,
Que seulz sommes en ceste voye :
Pieça recevoir le dévoye,
Car bien voy qu'il ayme sans guille,
Dont luy rens des mercis cent mille. 12270
Tantost comme bon Pelerin,
Hatif, fervant & enterin,
De cueur comme fin amoureux.
Après cest ottroy savoureux,
Vers l'archiere acueil mon voyage 12275
Pour fournir mon pelerinage ;
Et porte o moy par grant effort
Escharpe & bourdon grant & fort,
Tel qu'il n'a mestier de ferrer
Pour tournoyer, ne pour errer. 12280
L'escharpe est de bonne facture,
D'une pel souple sans cousture ;
Mais sachiez qu'elle n'est pas vuyde,
Deux marteletz par grant estuide,
Y mit dedans, comme il me semble, 12285
Diligemment tous deux ensemble
Nature qui les me bailla,
Quant premierement les tailla,
Subtilment forgés les avoit,

DE LA ROSE.

Com celle qui forger sçavoit, 22290
Mieulx qu'oncques Dedalus ne sceust,
Si croy que pour ce fait les eust,
En pensant que j'en forgeroye
Maint palefray quant j'erreroye.
Si feray-je certainement, 22295
Se je puis avoir l'aysement,
Car Dieu mercy bien forger sçay ;
Si vous dy bien que plus chier ay
Mes deux marteletz & m'escharpe,
Que ma citolle, ne ma harpe. 22300
Moult me fist grant honneur Nature,
Quant m'arma d'une telle armure,
Et m'en enseigna si l'usage,
Que m'en fist bon ouvrier & sage :
Car elle-mesmes le bourdon 22305
M'avoit appareillé pour don,
Et voult au doler la main mectre,
Ains que je fusse mis à lectre.
Mais du ferrer ne luy chaloit,
Pour ce que riens mains n'en valoit ; 22310
Et depuis que je l'euz receu
Près de moy je l'ay tousjours eu :
Je ne le perdis oncques puis,
Ne ne perdray pas se je puis,
Car n'en vouldroye estre délivres 22315
Pour cinq cens foys cent mille livres.
Beau don me fist, pour ce le garde,
Moult suis joyeulx quant le regarde :
Je la mercy de son present,
Comptant suis de l'avoir present. 22320

Mainteffois m'a puis conforté,
En maintz lieux, où je l'ay porté,
Bien me fert & fçavez de quoy,
Quant fuis en aulcun lieu requoy,
Et je chemine, je le boute   22325
Es foffes où je ne voy goute.
Ainfi que pour les guez tempter,
Si que je me puis bien vanter,
Que n'y ay garde de nayer,
Tant fçay bien le gué effayer,   22330
Et fier par rives & par fons :
Mais j'en treuve de fi parfons,
Et qui tant ont larges les rives,
Qu'il me greveroit moins deux lives
Sur la marine efbanoyer,   22335
Que telz rivages coftoyer ;
Et moins m'y pourroye laffer,
Que fi perilleux gué paffer.
Car trop les ay grans effayés,
Et fi n'y fuis-je pas noyés :   22340
Car fi-toft que je les trouvoye,
Et d'entrer ens m'entremectoye,
Et telz les avoye efprouvez,
Que jamais fons n'y fut trouvez
Par perche, ne par aviron.   22345
Je m'en alloye à l'environ,
Et près des rives me tenoye,
Tant que hors en la fin venoye ;
Mais jamais yffir je n'en peuffe
Se lors les armeures je n'euffe,   22350
Que Nature m'avoit données.

      Mais

Mais or laiſſons ces voyes lées
A ceulx qui là vont voulentiers,
Et nous les deſduyſans ſentiers,
Non pas les chemins aux charrettes,   22355
Mais les jolyes ſentellettes,
Belles & joyeuſes tenons,
Qui les jolivetés menons.
Si reſt plus de gaigne rentier
Vieilz chemin, que nouveau ſentier;   22360
Et plus y trouve-l'on d'avoir,
Dont l'en peut grand prouffit avoir.
Et Juvenal meſmes affiche
Que qui ſe met en vieille riche,
S'il veult à grant eſtat venir,   22365
Ne peut plus brief chemin tenir,
S'elle prent ſon ſervice en gré,
Tantoſt le met en hault degré.

  Et Ovide meſmes afferme
Par Sentence eſprouvée & ferme,   22370
Que qui ſe veult à Vieille prendre,
Moult en peut bon loyer attendre,
Tant à grande richeſſe acquiſe
Pour mener telle marchandiſe.
Mais bien ſe gard qui Vieille prie,   22375
Qu'il ne face riens, ne ne dye,
Qui puiſſe barat reſſembler,
Ne qu'il vueille s'amour embler,
Ou laidement meſmes acquerre,
Quant amours en ſes las l'enſerre.   22380
Car les dures Vieilles chenuës,

Tome II.   R

Quant de jeuneſſe ſont venuës,
Où jadis ont eſtes flactées
Et ſurpriſes & baratées,
De tant plus qu'ont eſté déceuës, 22385
Et plus-toſt ſe ſont apparceuës
Des baratereſſes flavelles,
Que ne font les tendres pucelles,
Qui des aguëtz point ne ſe doubtent,
Quant les flateries eſcoutent. 22390
Ains cuident que barat & guille
Soit auſſi voir comme Evangille :
Car onc n'en furent eſchauldées.
Mais les dures Vieilles ridées,
Malicieuſes & recuites 22395
Sont en l'art de barat ſi duites,
Qu'elles ont toute la ſcience
Par art & par experience,
Que quant les flajoleurs là viennent,
Qui par flavelles les détiennent, 22400
Et aux oreilles leur tabourent,
Quant de leur grace avoir labourent,
Et ſouſpirent & ſe humilient,
Joygnent les mains & mercy crient,
Et s'enclinent & s'agenouillent, 22405
Et pleurent ſi que tous ſe mouillent,
Et devant eulx ſe crucifient,
Pour ce que plus en eulx ſe fient,
Et leur promettent par faintiſe
Cueur & corps, avoir & ſerviſe ; 22410
Et leur fiancent & leur jurent

DE LA ROSE.

Les faitz qui font, feront & furent,
Et les vont ainfi decevant
Par paroles où n'a que vent.
Tout ainfi comme l'oyfeleur 22415
Prent l'oyfel, comme cauteleur,
Et l'appelle par doulx fonnetz,
Muffé dedans les buiffonnetz,
Pour le faire à fon bray venir,
Tant que prins le puiffe tenir. 22420
Le fol oyfel de luy s'aprime,
Qui ne fçet refpondre au fophifme,
Qui la mis en déception,
Par figure de diction;
Comme fait le cailleur la caille, 22425
Pour ce que dedans la retz aille,
Et la caille le fon efcoute,
Si s'en approuche, & puis fe boute
Soubz la retz que cil a tenduë
Sur l'herbe en Printemps frefche & druë; 22430
Se n'eft aucune Vieille caille,
Qui n'a garde qu'au caillier aille,
Tant eft efchaudée & batuë
Qu'elle a fa retz autreffoys veuë,
Dont elle s'eft bien efchappée, 22435
Quant elle y deuft eftre happée,
Par entre les herbes petites.
Ainfi les Vieilles devant dites,
Qui jadis ont efté requifes,
Et des requereurs fort fuprifes 22440
Par les paroles qu'elles oyent,

Et les contenances qu'ilz voyent,
De loing leurs aguetz apparçoyvent;
Par quoy plus envis les reçoivent,
Ou s'ilz leur font ainſi à certes, 22445
Pour avoir d'amour les deſſertes,
Comme ceulx qui ſont prins aux latz,
Dont moult ſont plaiſans les ſoulas,
Et les travaulx tant delectables,
Que riens ne leur eſt ſi greables, 22450
Comme eſt ceſte eſperance briefve,
Qui tant leur plaiſt & tant leur griefve,
Sont-elles en grant ſouſpeçon
D'eſtre prinſes à l'ameçon,
Et oreillent & eſtudient, 22455
Se ceulx voir ou fables leur dient;
Et vont paroles ſouſpeſant,
Tant redoubtent barat peſant
Pour ce que moult en ont paſſez,
Dont leur remembre encore aſſez. 22460
Tousjours cuide chaſcune Vieille,
Que chaſcun décevoir la vueille,
Et s'il vous plaiſt à ce flechir
Voz cueurs pour plus-toſt enrichir,
Ou s'aucun délict y ſçavez, 22465
Se regard au délict avez,
Bien povez ce chemin tracer,
Pour vous deſduire & ſoulacer;
Et vous qui les jeunes voulez,
Que par moy ne ſoyez boulez, 22470
Quoy que mon maiſtre me commant,

DE LA ROSE.

Si est bel son commandement,
Bien vous redis pour chose voyre,
Croye-m'en, qui m'en vouldra croyre,
Qu'il fait bon de tout essayer, 22475
Pour soy mieulx ès biens esgayer.
Ainsi que fait le bon lecheur,
Qui des morceaulx est cognoisseur,
Et de plusieurs viandes taste,
En pot, en rost, en saulse, en paste, 22480
En friture & en galentine,
Quant entrer peut en la cuisine :
Et sçet loer & sçet blasmer
Lesquelz sont doulx, lesquelz amer,
Car de plusieurs en a goustez. 22485
Ainsi saichiez & n'en doubtez,
Qui du mal essayé n'aura,
Jà du bien gueres ne sçaura;
Et qui ne sçet que d'honneur monte,
Jà ne sçaura congnoistre Honte. 22490
N'onc nul ne sçeust quel chose est ayse,
S'il n'a devant apris mesaise;
Ne n'est pas digne d'aise avoir,
Cil qui ne veult meschief sçavoir :
Et qui bien ne la sçet souffrir 22495
Nul ne luy devroit ayse offrir.
 Ainsi va des contraires choses,
Les unes sont des autres gloses,
Et qui l'une en veult desservir,
De l'autre luy doit souvenir; 22500
Où jà pour nulle intention

N'y mettra diffinition ;
Car qui des deux n'a congnoissance
Jà n'y mectra de difference,
Sans qui ne peut venir en place 22505
Diffinition que l'en face.
Tout mon harnoys tel que le port,
Se porter le puis à bon port,
Vouldray aux reliques touchier,
Se je m'en puis tant approuchier. 22510
Lors ay tant fait & tant erré
A tout mon bourdon defferré,
Qu'entre les deux jolis pilliers,
Comme vigoureux & legiers
M'agenouillay sans demourer ; 22515
Car moult eu grant fain d'aorer
Le bel sanctuaire honorable
De cueur dévot & piteable.
Car tout estoit tombé à terre,
Qui contre feu riens ne peut guerre 22520
Que tout par terre tost mis neut,
Pour ce que riens là ne me n'eust.
Retiray ung peu la courtine,
Qui les reliques encourtine :
De l'imaige lors m'approuchay, 22525
Quant je fuz près je la baisay,
Moult la baisay dévotement.
Et pour essayer promptement
Voys mon bourdon mectre en l'archiere,
Où l'escharpe pendoit derriere : 22530
Bien le cuiday lancer debout,

DE LA ROSE.

Mais il ressort & je rebout,
Ce riens n'y vault tousjours reculle,
N'y peult entrer pour chose nulle;
Car ung palis devant trouvay, 22535
Que je sens bien, & pas ne voy,
Dont l'archiere fut embordée
Dès-lors que premier fut fondée,
Qui estoit près de la bordeure;
Si en fut plus fort & plus seure. 22540
Forment m'y convint assaillir,
Souvent heurter, souvent saillir,
Se la bouhourder m'y veissiez,
Pourveu que bien garde y prissiez,
D'Hercules vous peut remembrer, 22545
Quant il voult Cacus desmembrer.
Troys foys sa porte assaillit,
Troys foys heurta, trois foys saillit,
Troys foys s'assit en la valée,
Tout las pour avoir s'alenée; 22550
Tant eut souffert paine & travail,
Et je qui cy tant me travail,
Qui trestout tressuë d'angoisse,
Quant tel Palis tantost ne froisse.
Si suis-je bien autant lassez, 22555
Comme Hercules & plus assez.
Tant ay heurté, que toute voye
M'aperceuz d'une estroite voye,
Par où cuyday oultrepasser;
Mais convint le Palis casser. 22560
 Par la sentelle que j'ay dicte,

R 4

Qui tant fut eſtroicte & petite,
Par où le paſſaige quis ay,
Le Palis au bourdon briſay.
Si l'ay dedans l'archiere mis, 22565
Mais n'y entra tout, ne demis.
Peſoit moy que plus n'y entroye,
Mais oultre paſſer ne povoye.
Mais lors pour riens je ne laiſſaſſe,
Que le bourdon tout n'y paſſaſſe. 22570
Oultre le paſſay ſans demeure,
Mais l'eſcharpe dehors demeure,
O les martelletz rebillans,
Qui dehors furent pendillans ;
Ainſi me mis en grant deſtroit, 22575
Tant trouvay le paſſage eſtroit ;
Car largement ne fut-ce pas,
Que je treſpaſſaſſe le pas ;
Et ſe bien l'eſtre du pas ſçé,
Nul n'y avoit oncques paſſé ; 22580
Car j'y paſſay tout le premier ;
N'encores n'eſtoit couſtumier
Le lieu de recevoir paſſage,
Ne ſçay s'il fiſt puis advantage,
Autant aux autres comme à moy ; 22585
Mais bien vous dy que tant l'amoy,
Que je ne le peux oncques croyre,
Non pas ſe ce fuſt choſe voyre ;
Car nul de legier choſe amée
Ne meſcroit, tant ſoit diffamée, 22590
Ne ſi ne le croit pas encors,

DE LA ROSE. 393

Mais je sçay bien aumoins que lors
N'estoit ne froissé, ne batu;
Et pour ce me suis embatu,
Car d'autre entrée n'y a point,   22595
Pour le bouton cueillir à point.
Si sçavez comme my cointins,
Quant à mon gré le bouton tins:
Le fait orés & la maniere
Pour ce besoing qu'en vous requiere,   22600
Quant la doulce saison viendra,
Seigneurs Varlets, qu'il conviendra
Que vous aillez cueillir les Roses,
Et les ouvertes & les closes;
Que si sagement y aillez,   22605
Que vous au cueillir ne faillez.
Faictes comme vous m'orrez faire,
Se mieulx n'en sçavez à chief traire.
Car se vous plus legierement,
Ou mieulx, ou plus subtillement   22610
Povez le passage passer,
Sans vous destraindre ne lasser,
Si le passez à vostre guise,
Quant vous aurez la voye aprise.
Tant aurez aumoins d'avantaige,   22615
Que je vous aprens mon usaige,
Sans riens prendre de vostre avoir,
Si m'en devez bon gré sçavoir.
Quant je fuz illec empeschié,
Tant suis du Rosier approuchié   22620
Qu'à mon vouloir peuz la main tendre
R ʃ

Aux rainseaulx, pour le bouton prendre,
Bel-acueil moult fort me prioit,
Que nul oultraige fait n'y ait ;
Et je luy mis bien en Convent, 22625
Pour ce qu'il m'en prioit souvent.
Que jà nulle riens n'y feroye
Fors sa voulenté & la moye.

La conclusion du Rommant
Est, que vous voyez cy l'Amant 22630
Qui prent la Rose à son plaisir,
En qui estoit tout son desir.

PAr les rains saisi le Rosier,
 Qui plus est franc que nul osier,
Et quant à deux mains m'y peus joindre, 22635
Tout souefvement sans moy poindre,
Le bouton prins à eslochier,
Car envis l'eusse eu sans hochier.
Toutes en fis par escouvoir
Les branches crosler & mouvoir, 22640
Sans jà nul des rains despecer,
Car n'y vouloye riens blecer :
Et si m'en convint-il à force
Entamer ung pou de l'escorce,
Autrement avoir ne sçavoye 22645
Ce dont si grant desir avoye.
En la fin fis tant, vous en dy,
Qu'un peu de graine y espandy,
Quant j'eus le bouton eslochié,

Ce fut quant dedans l'euz touchié, 22650
Pour les feuillettes revercher;
Car je vouloye tout chercher
Jufques au fons du boutonnet,
Comme il me femble que bon eft:
Si fis lors fi mefler les graines, 22655
Qu'ilz fe defmeflaffent à paines,
Et tant que tout le bouton tendre
En fis eflargir & eftendre.
Ce fut tout ce que je forfis,
Mais de tant fu-je lors bien fis, 22660
Qu'oncque nul mal gré ne m'en fçeut
Le doulx, qui nul mal n'en confceut:
Ains me confent & feuffre à faire
Ce qu'il fçet qu'il me doye plaire.
Si m'appelle-il de convenant, 22665
Que luy fais grand defavenant,
Et fuis trop oultrageux, ce dit,
Si n'y met-il nul contredit,
Que je ne praine, & maine, & cueille
Rofiers, branches, & fleurs & fueille. 22670

 Quant en fi hault degré me vi,
Que j'eus fi noblement chevi,
Que m'efperance n'eft pas fable,
Pour ce que bon & aggréable
Fuffe vers tous mes bienfaicteurs, 22675
Comme faire doyvent debteurs:
Car moult eftoye à eulx tenuz,
Quant par eulx je fuis devenus
Si riche, que pour voir affiche,

396   LE ROMAN
Richesse n'estoit pas si riche.   22680
  Au Dieu d'amours & à Venus,
Qui m'eurent aidé mieulx que nulz,
Puis à tous les Barons de l'ost,
Lesquelz jamais Dieu ne forclost,
Des secours aux fins amoureux,   22685
Entre les baisiers savoureux
Rendy graces dix foys ou vingt;
Mais de Raison ne me souvint,
Qui tant gasta en moy de paine,
Maulgré Richesse la villaine,   22690
Qui oncques de Pitié n'usa,
Quant l'entrée me refusa,
Du senteret qu'elle gardoit,
En cestuy pas ne regardoit,
Par où je suis ceans venuz,   22695
Repostement les saulx menus.
Malgré mes mortelz ennemis,
Qui tant meurent arriere mis,
Especialment Jalousie
A tout son chappeau de soussie,   22700
Qui des Amans les Roses garde,
Moult en fait ores bonne garde;
Ains que d'illec me remuasse,
Car bien eus le tems & l'espace.
Par grant joliveté cueilly   22705
La fleur du beau Rosier fleury.
Ainsi euz la Rose vermeille,
A tant fut jour, & je m'esveille.

DE LA ROSE.

Et puis que je fus esveillié *
Du songe, qui m'a traveillié 22710
Ou moult y ai eu grant afaire
Avant que j'en pusse à fin traire
De ce que j'avoie entrepris :
Mais toutesfois si ai-je pris
Le bouton que tant desiroie, 22715
Combien que traveillié me soie,
Et tout le soulas de ma mie,
Maulgré Danger & Jalousie,
Et maulgré Raison ensement,
Qui tant me lesdengea forment : 22720
Mais Amour m'avoit bien promis,
Et aussi me le dist amis,
Se je servoie loyaulment,
Que j'auroie certainement,
Ma voulenté toute accomplie. 22725
Fols est qui en Dieu ne se fie ;
Et quiconques blasme les songes,
Et dist que ce soient mensonges;
De cestuy je ne le dis mie,

---

* Ces vingt-quatre derniers Vers ne se trouvent dans aucune Edition, non plus que dans la plûpart des Manuscrits ; je les ai trouvés seulement dans un des Manuscrits de la Bibliotheque que M. le Duc de Coislin Evêque de Metz, digne & vertueux Prelat, a leguée à l'Abbaye de S. Germain des Prez.

Car je tesmoingne & certifie, 22730
Que tout ce que j'ai recité
Est fine & pure verité.

Explicit.

C'est fin du Roumant de la Rose
Où l'Art d'Amours est toute enclose.

NOTES
SUR LE ROMAN DE LA ROSE.

TOME PREMIER.

Vers 1. *Cy est le Roman de la Rose, &c.*] Je dois avertir ici, ne l'ayant pas fait dans la Preface, que tous les Sommaires en vers, que j'ai fait imprimer en italique, ne sont pas des premiers Auteurs du Roman de la Rose, & ne se trouvent pas dans les anciens Manuscrits de ce Livre. Ils sont vraisemblablement des reviseurs, qui ont corrigé cet Ouvrage vers la fin du quinziéme siécle.

Vers 3. *Maintes gens, &c.*] Voici comme Clement *Marot* met ces huit premiers vers dans son Edition :

 Maintes gens vont disant qu'en songes
 Ne sont que fables & mensonges ;
       Mais

> Mais on peult tel fonge fonger,
> Qui pourtant n'eſt pas menſonger ;
> Ains eſt après bien aparent,
> Si en puis trouver pour garant
> Macrobe un Acteur très-affable,
> Qui ne tient pas fonges à fable.

On voit par ces vers & par d'autres, qui feront raportés ci-après, que Marot a extrêmement paraphraſé le Roman de la Roſe en le faiſant imprimer.

Un ancien Manuſcrit de la Bibliotheque de S. Germain des Prez met ainſi ces huit premiers vers :

> Maintes gens dient qu'en fonges
> N'a fe fables non & menſonges ;
> Mais on en peut de telz fonger
> Qui ne font mie menſonger :
> Ains font après bien apparant
> Si en puis bien traire à garant
> Ung Acteur qui ot nom Macrobes
> Qui ne les tint pas à lobes.

Vers 9. *Macrobes*] fut un des plus celebres Litterateurs du bas empire ; nous avons de lui des Remarques critiques fous le titre de *Saturnalia*, & un Commentaire fur le Songe de Scipion par Ciceron. C'eſt à ce dernier Ouvrage que le Roman fait alluſion ; du reſte cet Auteur n'eſt lû que par les Savans de profeſſion.

Vers 12. *Au Roy Cipion.*] La qualité de Roy ne coutoit rien à l'Auteur de l'apliquer ainsi à un Senateur de l'ancienne Rome, où le titre de Roy étoit en horreur, depuis que Tarquin en eut été chassé.

Vers 14. *Que soit folie ou musardie*] c'est ainsi que lisent la plûpart des Manuscrits.

Vers 15. Clem. Marot met ainsi ce vers *de croire qu'aucun songe adviengne* : les Manuscrits mettent *de croire que songes adviengne*, & c'est ainsi qu'il faut lire.

Vers 16. La plûpart des Manuscrits mettent ainsi, *qui le voudra pour fol m'en tiengne.*

Vers 17. *Car endroit moy*] Marot met, *car quant à moy, &c.*

Vers 18. *Que songe soit signifiance*] on a fort écrit sur l'interprétation des songes ; on y croyoit autrefois beaucoup, il y a encore bien des gens qui n'en sont pas revenus. Et il faut avoüer qu'il y auroit bien des choses à dire à ce sujet.

Vers 21. *Moult de choses*] plusieurs Manuscrits *maintes choses couvertement, que l'en voit puis appertement.*

Vers 23. *Au vingtiéme an de mon aage*]
quel-

quelques Manuscrits difent *droit au vingtiéme an de mon aage* ; & Marot, *fur le vingtiéme an de mon aage*. Mais il faut lire comme nous avons mis, parce que la plûpart de nos anciens Poëtes faifoient ââge de trois filabes dont la derniere étoit muette. C'eſt ce que Clement Marot remarque lui-même dans ſes Notes fur le Poëte Villon.

Vers 25. *M'eſtoye*, Marot met, *malloye*, en quoi il abandonne les MSS. & les Imprimés.

Vers 27. *Et me dormoye moult formant*, Marot lit, *& de fait dormir me convint ; en dormant ung ſonge m'advint*, mais j'ai fuivi les MSS.

Vers 29 & 30. Ces deux vers manquent en quelques MSS.

Vers 31 & 32. Voici comme on lit ces deux vers en quelques MSS.

> Qui moult fut biaux & moult me plot ;
> Car en ce ſonge oncques riens n'ot, &c.

Vers 34. *Comme l'Hiſtoire le reçoit*, Marot met :

> Comme le ſonge récenſoit,
> Lequel vueil en ryme déduyre
> Pour plus à plaiſir vous induire.

Mais nous avons fuivi les MSS.

de la Rose.

Vers 37, &c. *Amours le me prie & commande*; Marot met:

> Amours m'en prie & le commande;
> Et si d'advanture on demande,
> Comment je vueil que ce Rommant
> soit appellé, sachés Amant,
> Que c'est le Romant de la Rose.

Vers 43. *Bonne & briefve*, &c. Marot met:

> La matiere est belle & louable;
> Dieu doint qu'elle soit agréable
> A celle pour qui l'ai empris.

Quelques MSS. mettent:

> La matiere en est bonne & neufve:
> Or doint Dieu qu'engré la receuve
> Celle pour qui je l'ai empris.

Vers 51. *Que ou mois de Mai je songeoye*; quelques MSS. mettent, *qu'ou joli mois de May songeoye*; & Clement Marot:

> Que je songeoye au mois de May,
> Au temps amoureux sans esmay,
> Au temps que tout rit & s'esgaye,
> Qu'on ne voit ne buisson ne haye, &c.

Mais nous avons suivi les meilleurs MSS.

Vers 59 & 60. Clement Marot, change

change ainſi ces deux vers :

> Terre meſme fiere ſe ſent
> Pour la roſée qui deſcent.

Vers 63. Marot met ainſi ces Vers :

> En effet ſi gaye ſe treuve,
> Qu'elle veut avoir robe neuve.

Vers 67 & 68. Marot met :

> D'herbes & fleurs rouges & perſes
> Et de maintes couleurs diverſes

Quelques Manuſcrits liſent :

> D'herbes, de fleurs indes & perſes
> Et de maintes couleurs diverſes.

Vers 71 juſqu'au 76. Marot met ainſi :

> Les oyſeletz qui ſe ſont teuz
> Durant que les grans froitz ont euz
> Pour le fort temps divers nuyſible,
> Sont ſi aiſes au temps payſible
> De May qu'ils monſtrent en chantant
> Qu'en leur cueurs a de joye tant, &c.

Des Manuſcrits mettent :

> Ly oyſel qui ſe ſont teu
> Tant comme ils ont le froid eu,
> Et le temps divers & frarin
> Sont en May pour le temps ſerin,
> Si liez qu'ils monſtrent en chantant
> Qu'en leurs cueurs s'y a de joye tant, &c.

Vers 79, &c. *de chanter & de faire joye*, &c. quelques MSS. ômettent ce vers & les trois suivans, & lisent :

> A estre gays & amoureux
> En icelluy tems doulcereux, &c.

Vers 84, &c. Marot met ainsi :

> Pour le beau Printemps vigoureux.
> Dur est qui n'ayme d'amour franche
> Quant il oyt chanter sur la branche
> Aux oyseaux les chants gracieux, &c.

Quelques Manuscrits mettent ainsi ce dernier vers :

> Aux oyseaux les sons gracieux
> En ce doux temps délicieux.

Vers 98. *Hors de Ville euz talent d'aller*; les MSS. mettent, *hors de la ville euz fain d'aller*, & Clement Marot lit, *hors de ville euz desir d'aller*.

Vers 102. *Vindelle*, Marot met *videlle* & les MSS. *vilelle*.

Vers 106. *Jardins*, les MSS. mettent *buissons*.

Vers 112. *Qui d'ung tertre près & derriere*, &c. le MS. met : *D'ung tertre qui près d'illec yere*; c'est-à-dire, *étoit*; & Marot met : *D'ung petit mont d'illecques derriere*.

Vers 119. *Moindre que saine*, &c. il veut

veut parler de la Riviere de Seine, qui arrose Paris & bien d'autres villes.

Vers 119, 120. Clement Marot met ainsi ces deux vers :

> Je n'avois cette eau qui couloit,
> Parquoi mon œil ne se souloit
> De regarder, &c.

Et quelques Manuscrits portent :

> Celle eauë qui si bien seoit,
> Sachez que grant bien me faisoit
> De regarder le lieu plaisant, &c.

Vers 123. *Mon vis*, Marot met, *mon visaige*.

Vers 135. *Enclos d'ung hault mur bastillié*; Marot met :

> Enclos d'un hault mur richement
> Dehors entaillé vivement.

Vers 137. Les MSS. mettent ainsi :

> A maintes riches portraitures.
> Les images & les figures
> Ay moult voulentiers remiré,
> Si vous compteré & diré, &c.

Vers 145. Le Manuscrit porte :

> Iré estoit, & moult perverse,
> Bien sembloit estre tenceresse;
> Et remplie de grande rage,
> Estoit par semblant ceste image.

Vers 150. Ce vers manque dans l'Edition

dition de Clement Marot in fol. gothique de l'an 1527.

Vers 157. Toute la description de Felonie jusqu'au vers 167 manque en quelques Manuscrits.

Vers 174. Le Manuscrit met : *Et medisante & rapporteuse.*

Vers 184. Le Manuscrit met : *Et des grands avoirs aduner.*

Vers 185 jusqu'au 196. le Manuscrit met ainsi ces vers :

> C'est celle qui fait à usure
> Prester, moins pour la grant ardure
> D'avoir, conquerre & assembler.
> C'est celle qui semond d'embler
> Les larrons & les ribauldiaulx,
> Dont en advient souvent telz maulx,
> Qu'en la fin en convient maint pendre.
> C'est celle qui l'autruy fait prendre,
> Rober, tollir & barrater,
> Et bestourner & mescompter.
> C'est celle qui les tricheours
> Fait tous & les faulx plaideours,
> Qui maintesfois par leurs flavelles,
> Ont aux Varletz & aux Pucelles
> Leurs droites heritez tolluës.
> Recoquillées & crochuës
> Avoit les mains icelle image.

Et Clement Marot a retenus quelques vers de ce Manuscrit, sur tout les quatre premiers.

Vers 216, &c. le Manuscrit met ainsi :

> Com s'elle fust aux chiens remese,
> Moult estoit ceste coste rese,
> Et pleine de vielz paletiaulx.

Et l'Edition de Marot met :

> Comme si des chiens plus de treize
> L'eussent tint, & si estoit raise
> Et plaine de vieil maint lambeau.

Vers 224 & 225. le Manuscrit met :

> D'aigneaulx noirs velus & pesans,
> Bien avoit la pane cent ans.

Et Marot met :

> Mais d'agneaulx velus & pesans,
> Et la robbe avoit bien seize ans.

Vers 239. Après ce vers on lit dans le Manuscrit les deux vers suivans :

> Ne n'alloit point à ce beant,
> Que de sa bourse ostast neant.

Et Marot met après le vers 237.

> Avant que d'y mettre le poing,
> Aussi de ce n'avoit besoing,
> Car d'y riens prendre n'eust envie,
> Et fut-ce pour sauver sa vie.

Après quoi suit le vers 240, &c.
Vers 256. *La convient*, le Manuscrit

de la Rose.

& Clem. Marot mettent *luy convient*: ce qui est mieux.

Vers 272 & 273. Le Manuscrit met:

> Son felon cueur l'art & détrenche
> Qui de luy Dieu l'agent revenche,

Et Marot met:

> Et souhaite en son cueur immonde
> Se venger de Dieu & du monde.

Vers 276 & 277. Ces deux vers manquent en quelques MSS. & dans l'Edition de Marot.

Vers 286. Le Manuscrit met: *Sa renommée & son honneur.*

Vers 292. Ce vers & les trois suivans manquent dans quelques MSS. mais se trouvent en d'autres, aussibien que dans l'Edition de Clement Marot.

Vers 300. *Près*; le Manuscrit met, *delez*, c'est-à-dire, *auprès*.

Vers 308, &c. Le Manuscrit met ainsi:

> Et la pesance & les ennuyts
> Qu'el souffro't de jour & de nuyts.

Vers 357. *Grand dommaige*, &c. L'Edition de Marot, & quelques autres mettent:

> Pas n eult esté grande mourie *ou* morie.

Tome II. S

C'est-à-dire, *folie* : mais nous avons suivi les MSS.

Vers 366. *Qu'à grant peine, &c.* Clement Marot met ainsi ce vers & le suivant :

> Parquoy n'eust sceu mascher qu'à peine
> De vieillesse estoit si fort pleine.

Vers 379. *Au Clerc lisant*] tous ceux qui anciennement s'apliquoient au sciences ou à l'Etude étoient nommés Clercs : nous en avons encore retenu une maniere de parler populaire. *Ce n'est pas*, dit-on, *un grand Clerc* ; pour dire un homme qui sçait peu de chose. Et ce que nous apellons Science & Doctrine, avoit anciennement le nom de *Clergie*.

Vers 605. *Terre Alexandrin*] c'est apparemment Alexandrie d'Egypte, dont le Roman veut parler.

Vers 703. *Oiseuse*] n'a-t-on pas bien dit que l'oisiveté est la mere de tous les vices, & sur tout de la passion amoureuse. Qui ne fait rien pense à faire le mal.

Vers 822. & 824. *Les yeux vers & cheveulx blonds*] c'étoit anciennement une beauté d'avoir les yeux vers & les cheveux blonds ; c'est dumoins ce que j'ai

de la Rose. 411

j'ai vu en beaucoup de Poëtes antiques. Ce goût a changé; ainsi il en est de la beauté comme des autres modes.

Vers 828. *Le faulx du corps*] c'est ce que nous apellons la taille.

Vers 1139. *d'Alexandre*] comme Alexandre, avant son expedition d'Asie, donnoit tout ce qu'il avoit à ses Officiers, on lui demanda : Mais, Seigneur, que vous réservez-vous donc ? Il répondit, l'esperance.

Vers 1178. *Au bon Roy Artus*] ce Roy Artus fut, *dit-on*, le Chef de la Table ronde, sur laquelle il s'est fait tant de Romans de Chevalerie.

Vers 1185. *D'un tournoyement*] c'étoit l'ancien usage des Amans de la plus haute volée, d'aller faire le coup de lance pour l'amour de leurs Maîtresses, & pour faire avoüer que celle du Chevalier Victorieux étoit la plus belle.

Vers 1249. *Jusques Arras*] on voit que la Ville d'*Arras* n'est mise ici que pour la rime, que nos Anciens cherchoient par tout, même aux dépens de la raison. On en voit encore une preuve au vers 1629. où *Pavie* est mise, parce qu'il faloit rimer à envie.

Vers 1337. *Au cas des Malades*] parce que dans les fievres ardentes, le suc ou sirop de grenades est fort utile.

Vers 2021. *Il est assez Seigneur du corps, qui a le cœur en sa commande*] ces deux vers ont été copiés par Clement Marot : Chanson 8.

Vers 2126. *Gauvain*] fut un des plus celebres Chevaliers de la Table ronde.

Vers 2238. *Ne te fais tenir pour aver*] c'est ce que dit le même Poëte au vers 5025.

> Plus est cornu que Cerf ramé
> Chiche homme qui cuide estre amé.

Et le *Champion des Dames* :

> Homme qui est d'étroite marge
> Jà ne sera bien fortuné.

Il s'agit de l'amour ; mais La Fontaine le dit plus élégamment :

> Quant à l'avare on le hait, le magot
> A grand besoin de bonne réthorique,
> La meilleure est celle du magnifique.

Vers 2467. *Chasteaux en Espagne*] il y a long-tems que ce Proverbe est en vogue.

Vers 2565. *La porte baise*] c'étoit une galanterie des anciens amoureux, de baiser même en sortant la porte de sa Maî-

Maîtresse ; mais il faloit dumoins faire en sorte qu'elle en fut informée, autrement quel avantage le galant auroit-il pu tirer de cette singerie ? On voit encore d'autres galanteries de cette sorte dans les arrêts d'Amours [*Arresta amorum.*]

Vers 2583. *Plus gras qu' Abbez, &c.*] C'est un des attributs que l'on donnoit jadis aux Abbez, aux Prieurs & aux Moines. Aussi Clement Marot, dit-il :

> Un gros Prieur son petit fils baisoit.

Et il nous en est resté le Proverbe, gras comme un Moine.

Vers 2668. *Esperance te gardera, &c.*] C'est ce que dit quelque part Clement Marot :

> A tout le moins laisse-moi l'esperance.

Vers 2827. *Un Varlet*] c'étoit un jeune Gentilhomme, qui aspirant au degré d'Ecuyer & de Chevalier, commençoit à faire ses premieres armes.

Vers 2864. *Dangier*] c'étoit dans l'ancien stile amoureux un fâcheux qui interrompoit les Parties interessées, & souvent on le prenoit pour le mari.

Vers 3099. *Blanc Moine*] ce sont les Religieux de Cîteaux, dont le Poëte

Poëte parle ici comme des personnes qui ont beaucoup de peine à servir l'Eglise.

Vers 4397. Le Poëte commence ici une description de l'amour par contradiction; il s'en trouve de pareilles dans le *Champion des Dames*, & en quelques autres Poëtes.

Vers 4511. L'Auteur confondant l'amour avec la charité, aplique au premier ce que S. Paul dit de la seconde au Chapitre XIII. de la premiere Epitre aux Corinthiens.

Vers 5582. *Botterel*] c'est un Crapaux.

Vers 6999. Manfredus ou Mainfroy fils naturel de l'Empereur Frederic II. usurpateur de la Sicile fut batu en 1265.

Vers 7018. Conradin fils de l'Empereur Conrad IV. de la Maison de Souabe, fut batu & pris par Charles d'Anjou frere du Roy Loüis, & eut la tête coupée en 1268. Bien des Auteurs ne louent pas cette action de Charles d'Anjou, qui occasionna les Vespres de Sicile en 1282.

Vers 7056. *Policratique*] il parle d'un Livre de Jean de Sarisberi, intitulé, *Polycraticus de nugis Curialium*;

Ou-

Ouvrage rempli de diversités très-curieuses.

Vers 7094. Marseille se révolta contre Charles d'Anjou en 1262. pour la seconde fois, Boniface de Castellane chef de la révolte eut la tête tranchée, quoiqu'en dise Gauffridi en son Histoire de Provence.

Vers 7098. *Dont il est huy Roy Couronné*) Charles d'Anjou fut obligé par les Vespres de Sicile de quiter le Royaume en 1282. Et depuis il n'en a eu que le Titre.

Vers 7118. *Qui firent pis que Sarrasins*] Jean de Meun étoit François, & par conséquent obligé de parler contre Conradin, qui cependant étoit un Prince sage & vertueux, & véritable Titulaire du Royaume de Sicile.

Vers 7135. *Daire*] c'est Darius Roy de Perse, vaincu par Alexandre.

Vers 7295. On voit par ce reproche qu'alors notre Langue étoit chaste ; mais pas autant qu'elle l'a été depuis.

Vers 7758. *Tarse*] en Cilicie est ici mis pour la rime.

Vers 7927. L'Etoile du Nort a toujours servi de guide aux Mariniers, & leur en sert encore fort souvent.

Vers 8246. La Défaite de Charles

Magne & de son Neveu Rolland à la Bataille de Roncevaux, est un des grands évenemens des Romans de Chevalerie.

Vers 8285. Hé! que le pauvre Clement l'a bien dit en parlant du temple de Cupidon, il marque :

> En après sont les très-saintes Reliques,
> Carcans, anneaux aux secrets Tabernacles,
> Ecus, Ducats dedans les clos obstacles,
> Grans chaines d'or dont maint beau corps ceint,
> Qui en Amours font trop plus de miracles
> Que beau parler ce très-glorieux Saint.

Et La Fontaine, oüi, La Fontaine n'a-t-il pas dit :

> Et quelle affaire ne fait point
> Ce bien-heureux métal, l'argent maître du monde,
> Soyez beau, bien disant, ayez Perruque blonde :
> N'obmettez un seul petit point ;
> Un financier viendra, qui sur votre moustache enlevera la belle.

Vers 8600. Clement Marot l'a bien dit en parlant d'une de ses Maîresses.

> Je lui ai donné fruits nouveaux
> Acherez en la Place aux Veaux,
> Disant que c'étoit de mon crû ;
> Je ne sçai si elle l'a cru :
> Et puis tant de bouquets de Roses.

Vers 8731. Le Poëte Marot l'avoit déjà dit :

> J'ai soupiré, j'ai fait des cris;
> J'ai envoyé de beaux écrits;
> J'ai dansé, j'ai fait des gambades, &c.

Vers 9158. Phoroneus fut le second Roy d'Argos qui poliça la partie du Peloponnese qu'il habitoit.

Vers 9172. Le pauvre Pierre Abailart & la tendre Heloïse ont été les objets les plus tragiques que l'amour ait jamais presenté.

Vers 9214. Ce fut à S. Gildas de Ruys en Bretagne que le Bon Abailart fut Abbé. C'étoit un honnête homme, mais il avoit de mauvais Moines; cela n'étoit pas étonnant alors.

Vers 9358. Olympiades fut la mere d'Alexandre, & a passé pour le plus beau corps de femme qu'il y ait jamais eu.

Vers 9552. *S. Arnoulx.*] Aparemment que ces Messieurs ont changé de Patron & de Protecteur dans le Ciel; car aujourd'hui on prétend qu'ils doivent s'adresser à S. Gengoux, dont on lit une Historiette assez jolie dans le Menagiana, Tome I. où l'on voit qu'il sçût se venger de Madame Gengoux son épouse.

Vers 10017. Villon l'a bien fait connoître, lorsqu'il dit que le motif des Vols n'est pas tant la pauvreté que la débauche, aussi dit-il : Où tout va-t-il ?

Tout aux Tavernes & aux filles.

TOME SECOND.

Vers 1107. *Toute sa Báronnie*] C'est-à-dire, tous les Seigneurs de sa Cour. Anciennement le terme de Baron vouloit dire les Seigneurs les plus grands & les plus qualifiés du Royaume.

Vers 11180 & 11194. Ce sont-là les Poëtes de l'amour, & ceux qui en ont écrit avec plus de délicatesse.

Vers 11135. Par tout ce discours & par la prophetie qui vient après, il paroîtroit que Jean de Meun ne commença le Roman qu'au vers 11135. quoique nous ayons dit dans la Préface que Guillaume de Lorris n'en a fait que les 4149 premiers vers. Ce qui me pouroit faire croire que Guillaume a été plus loin que je n'ai dit dans la Preface est le 7098e vers, où l'on voit que

que Charles d'Anjou vainqueur de Mainfroid & de Conradin étoit encore vivant au tems que l'Auteur étoit au huitiéme millier des vers de son Roman. Or Charles d'Anjou dompta Marseille en 1262. & mourut en 1265. ainsi Guillaume auroit avancé le Roman plus que je n'ai dit d'abord.

Vers 11689. *Le cas*] pour le chat. On dit encore un *cat* en langage Picard.

Vers 11703. *Sergent*] veut dire ici un Serviteur ; *Serviens*.

Vers 11745. *Mantel zebelin*] pour manteau doublé de martre zebeline.

Vers 11850. *L'Apostole*] pour le Pape, tiré de l'usage ancien, qui disoit *petere Apostolos*, pour dire en apeller au Pape.

Vers 11856. Tout cet endroit attaque le Privilege que les Religieux mandians prétendoient avoir d'être les Curés universels des Fidéles ; mais aujourd'hui ils ne sont plus dans ce sentiment, du moins en France.

Vers 12036. Nos anciens ont très-fort crié contre les Mendians vigoureux & robustes, *contra Validos mendicantes*. Ils en vouloient aux Moines établis, dont la subsistance établie sur la

Pro-

Providence les obligeoit quelquefois à mendier au-lieu de travailler des mains pour vivre, comme faisoient les Apôtres.

Vers 12064. C'est *de mendicantibus validis* au Code Justinien Liv. XI. Titre 25.

Vers 12135. *Ces blancs Moines*, ce sont les Religieux de Cîteaux : *Ces noirs*, ce sont les Benedictins, nommés jadis *Monachi nigri. Riglez Chanoines*, pour Chanoines Reguliers : ceux de *l'Hôpital*, ce sont ceux de S. Jean de Jerusalem, depuis nommés Chevaliers de Rhodes, & aujourd'hui Chevaliers de Malte : *ceux du Temple*, ce sont les Templiers. Voyez la Preface à ce sujet.

Vers 12192. *Chevallerie.*] Les pauvres Gentilshommes entreprenoient anciennement des actions de Chevalerie, soit pour purger les grands chemins de voleurs, soit pour défendre la veuve & l'orfelin, & ils en tiroient une honnête subsistance. Il y avoit aussi des Chevaliers de Loix, qui enseignoient le Droit ou les autres Sciences.

Vers 12226. Guillaume de S. Amour Docteur de Paris fut à la sollicitation des

de la Rose. 421

des Moines banni l'an 1254. pour avoir défendu contre eux l'ancienne discipline de l'Eglise ; mais il rentra glorieusement l'an 1263.

Vers 12259. *Attermoyeurs.*] Ce sont les Usuriers, ancienne maladie des des François, qui prêtoient à tant pour cent par chaque terme.

Vers 12301. *Dames Palatines.*] Ce sont les Dames de la Cour.

Vers 12324. *Saint Macy*] pour S. Matthieu l'Evangeliste ; anciennement on disoit *Macé* pour Matthieu.

Vers 12359. Belle remarque à faire sur toute cette politique.

Vers 12404. *Procurations.*] C'est le Droit de visite qui étoit donné par les Curés aux Evêques, aux Archidiacres & aux Doyens.

Vers 12514 & 12547. Bel éloge de l'Université de Paris, qui étoit dès-lors en grande estime.

Vers 12524. *L'Evangile pardurable.*] C'est l'*Evangelium æternum*, contre lequel Guillaume de S. Amour écrivit très-vivement.

Vers 12872. *Les Barrés.*] Ce sont les Carmes, qui vinrent en France avec des habits barrés de diverses couleurs.

Vers 13124. *Gerſay.*] Petite Iſle aux Anglois ſur les Côtes de Normandie.

Vers 13501. C'eſt ici que commence le Sermon de la vieille Matrone, d'où Regnier a tiré ſa Macette.

Vers 13560. Sterlins étoit monnoye d'argent venant ordinairement d'Angleterre & qui a eu cours en Guyenne & en France.

Vers 14697. Ho que la Fontaine a bien tourné cet endroit ! Quelle difference entre les graces de notre Poeſie & celle de ce bon vieux tems.

<blockquote>
J'en prens à témoins les combats
Qu'on vit ſur la terre & ſur l'onde,
Lorſque Paris à Menelas
Oſta la merveille du monde.
</blockquote>

Vers 18922. Les Lunettes d'aproches étoient alors inventées, comme on le voit par cet endroit.

Vers 19044. Les verres ardens ſont ici déſignés.

Vers 19050. Il parle en cet endroit des verres ou miroirs à facette. Il paroît par tout ce détail que les inventions de ces ſortes de verres, auſſi-bien que des lunettes d'aproches, n'étoient pas anciennes.

Vers 19586. Meſſire Gauvain fut un des plus braves & des plus courtois

tois Chevaliers de la Table Ronde,

Vers 19588. Robert I. Comte d'Artois, frere de S. Louïs, né au mois de Septembre 1216. & tué à la Bataille de Massoure en Syrie le 9 Février de l'an 1250. nouveau stile. Laissa Robert II. Comte d'Artois, qui mourut à la Bataille de Courtray l'an 1302. Je crois que c'est ce dernier que parle le Roman.

Vers 20929. *Que le fu- tur n'y aura jamais presence*] J'ai déja marqué dans la Preface la singularité de cette rime, où l'Auteur coupe un mot en deux pour y arriver. Cependant il faut avouer que quelques Manuscrits dont je me sers n'employent pas cette licence ou ce déreglement poëtique. Voici comme on y lit :

 Car se bien la verité sens
 Tous les troys temps y sont presens,
 Liquels presens le jour trespasse,
 Mais ce n'est pas presens qui passe.
 En partie pour desfenir
 Dont, soit partie à venir,
 Preterit, Temps n'y fut presens,
 Et de vray, si bien je l'entens,
 Futur n'y aura ja presence,
 Tant est destable permanence.

Et l'Edition de Clement Marot met les derniers vers en la maniere suivante :

En partie pour desservir
Ne dont soit partie advenir,
N'oncq preterit, present n'y fut,
Aussi vous dis que Dieu voulut
Que le futur n'y ait presence
Tant est destable permanence.

Vers 21733. Voyez cette Historiette au Liv. X. des Metamorph. d'Ovide.

Vers 21745. *Lavine*] ou Lavinie, fille de Latinus & depuis femme d'Eneas, à ce qu'on prétend.

Si j'avois voulu poursuivre jusqu'au bout les differences des Manuscrits & des Editions du Roman de la Rose, j'aurois fait consommer beaucoup de papier au Libraire & fait perdre bien du tems aux Lecteurs, qui en murmurant auroient eu la patience de tout lire. Ce que j'en ai fait connoitre peut suffire pour montrer qu'il n'y a pas de Livre qui ait été plus changé & alteré que celui-ci. Ceux qui voudront en faire l'épreuve, auront dequoi se contenter dans les Bibliotheques du Roy & de S. Germain des Prez, & même en beaucoup d'autres qui sont remplies d'un grand nombre de Manuscrits de ce Poëme celebre.

Fin du Tome II.

www.ingramcontent.com/pod-product-compliance
Lightning Source LLC
Chambersburg PA
CBHW060544230426
43670CB00011B/1684